KB105453

귀국하는 미군 수송선에서 박정희 준장이 그린
제주도. 단기 연호 4278은 4288의 오기이다.

포병학교장 박정희 준장. 교무처장 오정식 중령(맨
왼쪽)과 참모들.

한국전쟁 당시의 송요찬 장군.

채명신(오른쪽에서 두 번째)이 20사단 60연대
장일 때의 기념 사진. 왼쪽으로부터 두 번째가
박정희 준장, 김용배 소장, 강문봉 중장(군단
장), 송석하 준장(사단장).

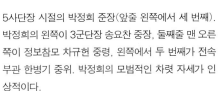

5사단장 시절의 박정희 준장(앞줄 왼쪽에서 세 번째).
박정희의 왼쪽이 3군단장 송요찬 중장, 둘째줄 맨 오른
쪽이 정보참모 차규헌 중령, 왼쪽에서 두 번째가 전속
부관 한병기 중위. 박정희의 모범적인 차렷 자세가 인
상적이다.

1960년 3월15일 정부통령 선거에서 투표하는 李대통령. 투표 후 기자들에 둘러싸인 李대통령의 얼굴이 어둡다.

4월 19일 아침. 서울 도심에서 학생 시위대가 진압경찰에 쫓기고 있다.

李대통령의 하야를 촉발한 서울시내 각 대학교수들의 데모(1960년 4월 25일).

천재 피아니스트 한동일 군의 예방을 받은 李대통령.
뒤에 군복 차림 청년이 양자 이강석 소위다(1958년
7월). 李소위는 4·19 직후 부모와 함께 자살했다.

최인규 전 내무장관 등 3 · 15부정선거 관련자들에 대한 선고 공판(61년 4월 17일)

4 · 19 이후 데모는 봇물이 터졌다.
어머니도, 어린이도 거리로 나섰다.

6관구 사령관 박정희 소장은 연설할 때도 차렷 자세를 유지하곤 했다.

대학생들을 포섭하여 시위를 일으키게 함으로써 쿠데타의 명분을 만들려고 했던 박종규 소령.

장면 총리 가족. 앞줄 왼쪽부터 장 박사, 차녀 명자, 부인, 장남 진, 뒷줄 왼쪽부터 3남 익, 5남 홍, 장녀 의숙, 차남 건, 4남 순.

데모로 날이 새고 데모로 날이 지던 시절의 국민학교 어린이 데모.

박정희와 김윤근. 두 사람은 만주군관학교 선후배 사
이였다.

5·16 뒤 유재흥 태국 주재 대사(오른쪽)를 예
방한 김종필 중앙정보부장. 4·19 직후 김종필
은 유재흥에게 용퇴를 권했고 유재흥은 이를 받
아들였다. 박정희, 이후락, 박종규를 직속 부하
로 거느린 적이 있었던 유재흥은 5·16 뒤 국방
장관 등 요직에 중용되었다.

6관구 사령관실에서 담배를 피우면서 담소하는 박정
희 소장. 그의 오른쪽은 박정희의 전임 6관구 사령관
백남권 소장이다.

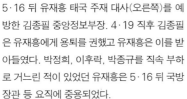

육사 9기 출신인 강상욱 중령은 자신의 집을
비밀 회합 장소로 제공했다.

국토건설사업 기공식에 참석한 윤보선 대통령(왼쪽)과 장면 총리(61년 3월 1일).

4·19 혁명 1주년을 맞아 혁명 유가족 및 학생대표를 초청, 기념촬영한 윤보선 대통령 내외
(61년 4월 19일).

1961년 3월 사방공사에 동원된 주민들.

朴正熙

3

혁명 前夜

부끄럼 타는 한 소박한 超人의 생애

'인간이란 실로 더러운 강물일 뿐이다. 인간이 스스로 더럽히지 않고
이 강물을 삼켜 버리려면 모름지기 바다가 되지 않으면 안 된다.'

박정희를 쓰면서 나는 두 단어를 생각했다. 素朴(소박)과 自主(자주).
소박은 그의 인간됨이고 자주는 그의 정치사상이다. 박정희는 소박했기
때문에 自主魂(자주혼)을 지켜 갈 수 있었다. 1963년 박정희는 《국가와
혁명과 나》의 마지막 쪽에서 유언 같은 다짐을 했다.

〈소박하고 근면하고 정직하고 성실한 서민 사회가 바탕이 된, 자주독
립된 한국의 창건, 그것이 본인의 소망의 전부다. 본인은 한마디로 말해
서 서민 속에서 나고, 자라고, 일하고, 그리하여 그 서민의 인정 속에서
생이 끝나기를 염원한다〉

1979년 11월 3일 國葬(국장). 崔圭夏 대통령 권한대행이 故박정희의
靈前(영전)에 건국훈장을 바칠 때 국립교향악단은 교향시 〈차라투스트
라는 이렇게 말했다〉를 연주했다. 독일의 리하르트 슈트라우스가 작곡
한 이 장엄한 교향시는 니체가 쓴 同名(동명)의 책 서문을 표현한 것이
다. 니체는 이 서문에서 '인간이란 실로 더러운 강물일 뿐이다' 고 썼다.

그는 '그러한 인간이 스스로를 더럽히지 않고 이 강물을 삼켜 버리려면 모름지기 바다가 되지 않으면 안 된다'고 덧붙였다. 박정희는 지옥의 문턱을 넘나든 질풍노도의 세월로도, 장기집권으로도 오염되지 않았던 혼을 자신이 죽을 때까지 유지했다. 가슴을 관통한 총탄으로 등판에서는 피가 샘솟듯 하고 있을 때도 그는 옆자리에서 시중들던 두 여인에게 "난 괜찮으니 너희들은 피해"란 말을 하려고 했다. 병원에서 그의 屍身을 만진 의사는 "시계는 허름한 세이코이고 넥타이 핀은 도금이 벗겨지고 혁대는 해져 있어 꿈에도 대통령이라고는 생각하지 못했다"고 한다.

소박한 정신의 소유자는 잡념과 위선의 포로가 되지 않으니 사물을 있는 그대로, 실용적으로, 정직하게 본다. 그는 주자학, 민주주의, 시장경제 같은 외래의 先進思潮(선진사조)도 국가의 이익과 민중의 복지를 기준으로 하여 비판적으로 소화하려고 했다. 박정희 주체성의 핵심은 사실에 근거하여 현실을 직시하고 是非(시비)를 국가 이익에 기준하여 가리려는 자세였다. 이것이 바로 實事求是(실사구시)의 정치철학이다. 필자가 박정희를 우리 민족사의 실용−자주 노선을 잇는 인물로 파악하려는 것도 이 때문이다.

金庾信(김유신)의 對唐(대당) 결전의지, 세종대왕의 한글 창제, 광해군의 國益 위주의 외교정책, 실학자들의 實事求是, 李承晚(이승만)의 反共(반공) 건국노선을 잇는 박정희의 조국 근대화 철학은 그의 소박한 인간됨에 뿌리를 두고 있다.

박정희는 파란만장의 시대를 헤쳐 가면서 榮辱(영욕)과 淸濁(청탁)을 함께 들이마셨던 사람이다. 더러운 강물 같은 한 시대를 삼켜 바다와 같은 다른 시대를 빚어낸 사람이다. 그러면서도 자신의 정신을 맑게 유지했던 超人(초인)이었다. 그는 알렉산더 대왕과 같은 호쾌한 영웅도 아니고 나폴레옹과 같은 電光石火(전광석화)의 천재도 아니었다. 부끄럼 타는 영웅이고 눈물이 많은 超人, 그리고 한 소박한 서민이었다. 그는 한국인의 애환을 느낄 줄 알고 그들의 숨결을 읽을 줄 안 土種(토종) 한국인이었다. 민족의 恨(한)을 자신의 에너지로 승화시켜 근대화로써 그 한을 푼 혁명가였다.

自主人(자주인) 박정희는 실용—자주의 정치 철학을 '한국적 민주주의'라는 그릇에 담으려고 했다. '한국적 민주주의'란, 당시 나이가 30세도 안 되는 어린 한국의 민주주의를 한국의 역사 발전 단계에 맞추려는 시도였다. 국민의 기본권 가운데 정치적인 자유를 제한하는 대신 물질적 자유의 확보를 위해서 國力을 집중적으로 투입한다는 限時的(한시적) 전략이기도 했다.

박정희는 인권 탄압자가 아니라 우리나라 역사상 가장 획기적으로 인권신장에 기여한 사람이다. 인권개념 가운데 적어도 50%는 빈곤으로부터의 해방일 것이고, 박정희는 이 '먹고 사는' 문제를 해결함으로써 다음 단계인 정신적 인권 신장으로 갈 수 있는 길을 열었다. '먹고 사는' 문제를 해결하는 것이 정치의 主題라고 생각했고 이를 성취했다는 점이 그를 역사적 인물로 만든 것이다. 위대한 정치가는 상식을 실천하는 이다.

당대의 대다수 지식인들이 하느님처럼 모시려고 했던 서구식 민주주의를 감히 한국식으로 변형시키려고 했던 점에 박정희의 위대성과 이단성이 있다. 주자학을 받아들여 朱子敎(주자교)로 교조화했던 한국 지식인의 사대성은 미국식 민주주의를 民主敎(민주교)로 만들었고 이를 주체적으로 수정하려는 박정희를 이단으로 몰아붙였다. 물론 미국은 美製

(미제) 이념을 위해서 충성을 다짐하는 기특한 지식인들에게 강력한 지원을 아끼지 않았다. 그러면서도 미국은 냉철하게 박정희에 대해선 외경심 어린 평가를, 민주화 세력에 대해선 경멸적인 평가를 내리고 있었음을, 그의 死後 글라이스틴 대사의 보고 電文에서 확인할 수 있다.

박정희는 1급 사상가였다. 그는 말을 쉽고 적게 하고 행동을 크게 하는 사상가였다. 그는 한국의 자칭 지식인들이 갖지 못한 것들을 두루 갖춘 이였다. 자주적 정신, 실용적 사고방식, 시스템 운영의 鬼才, 정확한 언어감각 등. 1392년 조선조 개국 이후 약 600년간 이 땅의 지식인들은 사대주의를 추종하면서 자주국방 의지를 잃었고, 그러다 보니 전쟁의 의미를 직시하고 군대의 중요성을 계산할 수 있는 능력을 거세당하고 말았다. 제대로 된 나라의 지도층은 文武兼全(문무겸전)일 수밖에 없는데 우리의 지도층은 문약한 반쪽 지식인들이었다. 그런 2, 3류 지식인들이 취할 길은 위선적 명분론과 무조건적인 평화론뿐이었다. 그들은 자신들과는 차원을 달리하는 선각자가 나타나면 이단이라 몰았고 적어도 그런 모함의 기술에서는 1류였다.

박정희는 日帝의 군사 교육과 한국전쟁의 체험을 통해서 전쟁과 군대의 본질을 체험한 바탕에서 600년 만에 처음으로 우리 사회에 尙武정신과 자주정신과 실용정치의 불씨를 되살렸던 것이다. 全斗煥 대통령이 퇴임한 1988년에 군사정권 시대는 끝났고 그 뒤에 우리 사회는 다시 尙武·자주·실용정신의 불씨를 꺼버리고 조선조의 파당성·문약성·명분론으로 회귀하려는 움직임을 보이고 있다. 이 복고풍이 견제되지 않으면 우리는 자유통일과 일류국가의 꿈을 접어야 할 것이다. 한국은 이승만, 박정희, 전두환, 노태우 네 대통령의 영도 하에서 국민들의 평균 수

준보다는 훨씬 앞서서 一流 국가의 문턱까지 갔으나 3代에 걸친 소위 文民 대통령의 등장으로 성장의 動力과 국가의 기강이 약화되어 제자리 걸음을 하고 있다.

1997년 IMF 관리 체제를 가져온 外換위기는 1988년부터 시작된 민주화 과정의 비싼 代價였다. 1988년에 순채권국 상태, 무역 흑자 세계 제4위, 경제 성장률 세계 제1위의 튼튼한 대한민국을 물려준 歷代 군사정권에 대해서 오늘날 국가 위기의 책임을 묻는다는 것은 세종대왕에게 한글 전용의 폐해 책임을 묻는 것만큼이나 사리에 맞지 않다.

1987년 이후 한국의 민주화는 지역 이익, 개인 이익, 당파 이익을 민주, 자유, 평등, 인권이란 명분으로 위장하여 이것들을 끝없이 추구함으로써 國益과 효율성, 그리고 국가엘리트층을 해체하고 파괴해 간 과정이기도 했다. 박정희의 근대화는 國益 우선의 부국강병책이었다. 한국의 민주화는 사회의 좌경화·저질화를 허용함으로써 박정희의 꿈이었던 강건·실질·소박한 국가건설은 어려워졌다. 한국의 민주화는 조선조적 守舊性을 되살리고 사이비 좌익에 농락됨으로써 국가위기를 불렀다. 싱가포르의 李光耀는 한국의 민주화 속도가 너무 빨라 法治의 기반을 다지지 못했다고 비판했다.

박정희는 자신의 '한국적 민주주의'를 '한국식 민주주의', 더 나아가서 '한국형 민주주의'로 국산화하는 데는 실패했다. 서구 민주주의를 우리 것으로 토착화시켜 우리의 역사적·문화적 생리에 맞는 한국형 제도로 발전시켜 가는 것은 이제 미래 세대의 임무가 되었다. 서구에서 유래한 민주주의와 시장 경제를 우리 것으로 소화하여 한국형 민주주의와 한국식 시장경제로 재창조할 수 있는가, 아니면 民主의 껍데기만 받아

들여 우상 숭배의 대상으로 삼으면서 선동가의 놀음판을 만들 것인가, 이것이 박정희가 오늘날의 우리에게 던지는 질문일 것이다.

조선일보와 月刊朝鮮에서 9년간 이어졌던 이 傳記 연재는 月刊朝鮮 전 기자 李東珝 씨의 주야 불문의 충실한 취재 지원이 없었더라면 불가능했을 것이다. 아울러 많은 자료를 보내 주시고 提報를 해주신 여러분들께 감사드린다. 이 책은 박정희와 함께 위대한 시대를 만든 분들의 공동작품이다. 필자에게 한 가지 소망이 있다면, 박정희가 소년기에 나폴레옹 傳記를 읽고서 군인의 길을 갈 결심을 했던 것처럼 누군가가 이 박정희 傳記를 읽고서 지도자의 길을 가기로 결심하는 것이다. 그리하여 그가 21세기형 박정희가 되어 이 나라를 '소박하고 근면한, 자주독립·통일된 선진국'으로 밀어 올리는 날을 기대해 보는 것이다.

2007년 3월

趙甲濟

3 혁명 前夜

제11장 激浪 속으로

제10장

가난한 軍人

朴正熙

포병단장

1953년 7월 27일 판문점에서 휴전협정 조인식을 취재하던 〈朝鮮日報(조선일보)〉崔秉宇(최병우) 기자는 '白晝夢(백주몽)과 같은 11분간의 휴전협정 조인식'이란 제하의 기사를 송고했다.

〈휴전조인이 계속되고 있는 동안 유엔 전폭기가 바로 근처 공산군 진지에 쏟아 붓고 있는 폭탄의 작렬음이 긴장된 式場(식장)의 공기를 흔들었다. 원수끼리의 증오에 찬 정략 결혼식은 서로 동석하고 있는 것조차 불쾌하듯이, 또 빨리 이 억지로 강요된 의무를 끝마치고 싶다는 듯이 산문적으로 진행된다. (중략) 거기에는 의식에 따르는 어떤 극적 요소도, 講和(강화)에서 예기할 수 있는 화해의 정신도 없다. 이것은 어디까지나 停戰(정전)이지 평화가 아니란 설명을 잘 알 수 있었다. 각기 자기 측 취미에 맞추어 가죽으로 장정하고 金(금)자로 표제를 박은 協定附圖(협정부도) 각 3권이 크게 보인다. 그 속에는 우리가 그리지 않은 분할선이 울긋불긋 우리의 강토를 종횡으로 긋고 있을 것이다. 내가 지금 앉아 있는 이곳이 우리나라인가, 이렇게 疑訝(의아)한다. 그러나 역시 우리가 살고 죽어야 할 땅은 이곳밖에 없다고 순간적으로 自答(자답)하였다〉

7월 29일자 〈조선일보〉에 실린 이 기사는 계속해서 '휴전회담에 한국을 공적으로 대표하는 사람은 한 사람도 없었다. 이리하여 한국의 운명은 또 한 번 한국인의 참여 없이 결정되는 것이다'라고 전했다.

강원도 양구에 있는 3군단 포병사령부에서 휴전을 맞은 박정희 대령은 그래도 살아남은 쪽에 속했다. 국군 전몰자(전사, 실종 포함) 약 32만 명, 유엔군(대부분이 미군) 전몰자 약 5만 8,000명, 국군 전상자 약 83

만 명. 적어도 그는 115만 명에 달하는 아군 戰死傷者(전사상자)에는 속하지 않았다. 중공군과 인민군의 전사상자는 적어도 아군의 5배 이상이었을 것이다. 여기에 남북한의 민간인 피해까지를 포함시키면 全(전) 인구의 약 20%가 생명과 신체상의 직접피해를 당했다는 推算(추산)이 가능하다. 5인 가족 중 한 사람꼴로 피해를 당했던 셈이다.

6·25 동란이 아직도 계속되고 있는 전쟁임을 보여준 것이 8사단 10연대 소속이었던 국군포로 梁珣容(양순용) 일등병의 귀환이다.

휴전 직전인 7월 13일 중공군은 점령지를 확대하기 위하여 중부 전선 금성 돌출부에 대한 최후의 대공세를 펴 9km까지 남하하는 데 성공했다. 그 대가로 중공군은 약 6만 6,000명의 전사상자를 냈고 한·미군은 약 1만 5,000명의 전사상자(실종, 포로 포함)를 냈다. 그 가운데 한 사람이 양순용이었다. 이승만 대통령이, 우리의 國益(국익)을 희생시키면서까지 전쟁을 끝내려는 미국에 대해 마지막 승부수로 던진 것이 6월 18일의 일방적인 반공 포로 석방이었다.

유엔군 관할하에 있던 2만 7,000여 명이 풀려나자 공산군은 휴전협상을 중단했고, 미국은 한미상호방위조약이란 당근으로써 이승만을 달래려고 했다. 이 반공 포로 석방에 대한 보복으로 북한 정권은 약 4만 2,000명의 국군 포로를 억류한 것으로 추정된다. 오늘날 대한민국 안보의 주춧돌 중 하나인 한미상호방위조약은 양순용을 비롯한 이들 미귀환 포로들의 희생을 딛고 있다. 미국 정부는 지금까지도 북한 지역에 남아 있는 미군의 유해까지 발굴·송환하는 노력을 계속하고 있는데 우리 歷代(역대) 정부는 살아 있는 미귀환 포로들의 문제조차 한 번도 북한 측에 제대로 제기하지 못했다.

국군포로 양순용이 귀환하여 언론에서 문제를 삼자 우리 군의 일각에서는 "누가 그 골치 아픈 자를 데리고 왔나"라는 極言(극언)을 하고 있고, 정부의 모처에선 양 씨의 가족들에게 "기자들과 만나도 국군 포로들에 대해서는 입을 닫아라"는 주문을 했다고 한다. 6·25 참전자가 한 사람도 남아 있지 않은 국군은 6·25 기념 포스터를 만들면서 '형제의 가슴에 총부리를 겨눠야 했던 아픈 기억'이란 여고생 취향의 글을 적었다. 남북 대치 상황에서 총을 잡은 군인들에게 敵愾心(적개심)을 잊도록 만들면 군대는 청년단이 될 가능성이 있다.

휴전 당시 전선에는 미군 9개 사단 약 36만 명, 한국군 14개 사단에 약 45만 명이 있었다. 군대라는 거대한 조직이 한국에 등장한 것이다. 이 조직은 전쟁을 치르면서 가장 젊고, 가장 많이 훈련되고, 가장 오래 교육되고, 가장 먼저 국제화된 선진 집단으로 성장했다. 이 패기에 찬 조직을 부리는 정치집단은 상대적으로 노쇠하고 舊態依然(구태의연)하여 결국은 이 野生馬(야생마)의 고삐를 놓치게 된다. 박정희가 8년 뒤 집권할 수 있었던 것도 이 선진 집단에 속했기 때문이었다. '대통령 박정희'는 한국전의 産物(산물)이다.

한국전은 20세기 4大(대) 전쟁의 하나로서 국제 공산주의의 확산에 최초의 제동을 걸었다. 트루먼 행정부는 6·25 남침을 소련의 세계 赤化(적화) 전략이란 관점에서 파악하고 당장 다음해(1951년)부터 국방비를 3배로 늘려 본격적인 대결 전략을 추진한다. 중공이 대만 침공을 위해 예비한 병력을 한국전에 투입하는 바람에 대만이 구제되었고, 일본은 경제부흥의 결정적인 계기를 잡았다.

1989~1991년 사이에 있었던 동구와 소련의 붕괴, 그 씨앗은 한국전에

서 뿌려진 것이다. 한국전에서 흘린 국군의 피는 조국뿐 아니라 자유세계의 수호에도 기여했다. 전쟁은 참혹하지만 전쟁에서 뿌려진 피는 역사를 전진시키고 살아남은 사람들을 더욱 안락하게 만든다. 군인의 피는 가장 비싸고 고귀한 것이다.

'일이 인간을 만든다'는 觀點(관점)에서 볼 때, 휴전과 함께 박정희가 포병 장교가 된 것은 그의 리더십 형성에 중요한 요인이 되었다. 포병은 보병에 비해 입체적—조직적—수학적이다. 보병의 개인화기와는 달리 포병의 대포는 목표를 보지 않고 사격하여 명중시켜야 한다. 간접 사격능력을 향상시키기 위해서 관측과 測圖(측도)를 통한 거리, 방향 등 사격諸元(제원)의 계산이 필수적이다. 첫 포탄이 목표 지점에 떨어진 뒤에도 이를 관측하고 오차를 수정하여 완벽한 적중률에 도달하도록 관리해 간다.

이런 관측, 발사, 오차 수정의 과정은 조직을 운영하고 일을 완수해가는 계획—실시—점검 과정과 일치한다. 포병의 5대 요소는 사격지휘, 戰砲隊(전포대), 測地(측지), 통신, 관측이다. 포병은 여러 요소들의 조직적 결합에 의하여 목표를 적중시킨다. 발사각과 방향을 정확하게 산출해도 풍향과 기온에 포탄은 민감하게 반응하여 彈着(탄착) 지점을 달리한다. 목표를 놓치지 않으면서도 변화무쌍한 상황에 대한 융통성 있는 대응이 따라야 한다. 火力(화력), 機動(기동), 融通性(융통성)을 특성으로 하는 야전 포병은 몸과 몸이 부딪치는 보병보다는 후방에 있음으로 해서 전쟁을 넓게, 객관적으로 성찰할 수 있다. 자연히 포병 장교는 문제를 시스템적으로 사고하는 안목과 습관을 갖게 된다. 포병 장교 나폴레옹처럼 박정희도 이 포병술을 부대뿐 아니라 국가운영에 잘 적용한 사람이 된다.

미국에 가다

3군단 포병단장 박정희 대령 밑에서 작전참모로 일했던 이는 육사 8기 吳定錫(오정석·준장 예편) 중령이었다. 그는 광주 포병학교에서 포술학 과장으로서 박정희를 가르친 사람이었다. 박정희 학생은 지독하게 공부했다고 한다. 밤에 교관을 숙소로 불러 과외 공부를 하기도 했다. 졸업 때 박정희는 2등이었다. 오정석 작전참모는 박정희 포병단장이 참모들에게 강조하던 말을 지금도 기억하고 있다.

"군단에서 지시가 내려가면 말단 부대의 소대장에게 전달된다. 그 후 사병들이 일을 하게 된다. 일이 어떻게 되어 가는지 물어 보면 소대장은 현장에 가 보지도 않고 전화로 중대장에게 '예, 명령 하달했습니다. 잘 되어 갑니다'라고 보고한다. 중대장은 다시 대대장에게, 대대장은 연대장에게, 연대장은 사단장에게, 사단장은 군단장에게 이런 식으로 보고한다. 이래 가지고는 일이 안 된다. 귀와 입으로 일하면 아무것도 되는 것이 없다. 다리와 눈으로 일하라."

오정석 예비역 장군은 "그분은 '명령은 5%이고 확인과 감독이 95%'라고 말하곤 했는데 그 말이 저의 군 생활에서 하나의 지침이 되었습니다"라고 했다. 박정희는 야외 훈련을 할 때는 일본 속담을 인용하여 "날아가는 새는 앉은 자리가 깨끗하다. 사람은 앉은 자리보다 떠난 자리가 깨끗해야 한다"라고 했다. 박 대령은 부대가 떠날 때는 현장에 나와서 취사장과 화장실이 있었던 곳을 꼼꼼히 챙겼다. 전속 부관 원병오에 따르면 참모들 중에는 엄격하고 돈을 모르는 박정희 밑에서 일하기를 꺼려 轉出(전출) 운동을 하는 이도 있었다고 한다.

1953년 여름, 박정희는 대구에서 서울 동숭동으로 이사했다. 방이 둘인 셋집이었다. 천장이 낮은 이 집은 西向(서향)이어서 오후가 되면 햇볕이 방 안으로 들어왔다. 육영수는 오후가 되면 근혜를 업고 동생 예수가 쓰는 아랫방으로 옮겨가야 했다. 문지방이 높았던 이 집은 막 걸음마를 시작한 근혜에게 시련을 주었다. 수시로 발이 걸려 넘어지는 바람에 이마가 성할 날이 없었다. 박정희의 당시 월급은 쌀 한 가마 값에도 못 미치는 2만 환 정도였다.

같은 해 10월, 박정희는 다시 고사북동의 독채 집으로 이사갔다. 지금의 성북구 보문동 파출소 뒤편 언덕바지의 방 세 칸에 현관이 딸린 일본식 집이었다. 원병오 부관의 사촌누나 집이었는데 원 중위의 간청으로 세든 사람을 내보내고 박정희 대령에게 세를 주었다. 박정희는 전세금을 낼 돈이 없어서 월세를 냈다. 나중에 어떤 사정으로 원 중위의 누님이 박정희에게 집을 비워달라고 했다. 육영수는 원병오에게 "이야기를 좀 잘 해달라"고 사정하여 계속 머물 수 있었다.

원 부관이 어느 날 박정희 단장 집에 들렀더니 육영수는 옷가지를 챙기고 있었다. 눈치를 보니 내다 팔 옷을 고르는 것 같았다. 원 중위가 가면 육영수는 국수를 자주 내놓았다. 멸치를 넣지 않은(또는 못한) 국물에 넣은 국수였다. 원 중위의 눈에 비친 남편으로서의 박정희는 '무뚝뚝하고 무미건조한' 사람이었다. '저런 남편하고 무슨 재미로 살까' 하는 생각이 들 정도였다. 박정희는 술에 취해 귀가하여 문을 두드릴 때만은 다정하게 "영수! 문 열어"라고 했다.

그때 26사단 참모장으로 있던 金在春(김재춘) 대령은 옛 상관 집을 찾아갔다가 우선 집을 한 채 지어드려야겠다는 생각을 했다. 26사단 지역에는 전쟁 중에 포탄과 총탄을 맞아 쓰러진 나무들이 많았다. 이 나무들을 잘라 박정희 집에 가져다 주려고 춘천에 쌓아 놓았는데 헌병에게 들켜 압수되어 버렸다.

박정희는 1953년 11월 25일에 준장으로 진급했다. 포병으로 전과한 덕분에 승진이 빨랐다. 이 무렵 박정희는 미국 육군 포병학교 고등군사반 유학생으로 선발되었다. 그러나 육군특무대에서 박정희의 남로당 연루 전력을 문제삼아 탈락시키려 했다. 박정희는 원병오 중위가 보는 앞에서 신경질을 냈다.

"누가 가고 싶어서 가는 줄 알아? 위에서 가라고 해서 가는 건데. 그 따위로 놀면 차라리 군대 그만 두겠어."

육본 정보국에 근무하던 김종필 중령이 처삼촌의 사정을 알고는 동기생 全在球(전재구) 소령을 찾아갔다. 전 소령은 백선엽 육군 참모총장의 수석부관이었다. 전 소령은 백 대장에게 보고했다. 즉석에서 백 총장은 "김창룡 특무대장에게 전화를 걸라"고 했다.

"어이, 창룡인가. 그 박정희 준장 건 말인데 우리가 살려 주었잖아. 그러니 끝까지 봐주자고. 그 사람도 미국 갔다 오면 많이 달라질 거야."

김창룡은 "예, 예"만 연발했다. 이승만의 특별한 신임을 배경으로 하여 軍內(군내)에서 막강한 권력을 휘두르던 김창룡도 백선엽 총장한테는 꼼짝을 못 했다. 肅軍(숙군) 수사 때 백선엽 당시 정보국장 아래서 일한 인연도 있었지만 그 전에 김창룡은 큰 은혜를 입었었다. 1연대 정보주임이던 김창룡은 부하들과 좌익 용의자를 수사하다가 고문해서 죽였다. 김창룡은 그때는 직속 상관도 아닌 백선엽 국장에게 달려갔다. 백선엽은 김창룡을 데리고 遺族(유족)을 찾아가 무릎을 꿇고 온갖 수모를 당하면서 수습을 해주었고 김창룡은 무사했던 것이다.

박정희 준장을 비롯한 25명의 포병 장교들은 1953년 크리스마스 직후 대구에서 미군 비행기를 탔다. 일본의 미 공군기지 다치카와 비행장에 내렸는데 다음 비행편을 기다린다고 한 일주일을 대기했다. 호놀룰루를 거쳐 샌프란시스코에 도착하자 미군 측에서는 세단을 내주어 박정희 준장, 李相國(이상국) 대령 등 고급 장교들이 관광을 하도록 했다. 유학생들은 로스앤젤레스에서 오클라호마 주의 포트 실로 가는 기차에 올랐다.

박정희에게는 만주, 일본에 이은 세 번째의 외국 나들이였다. 전쟁통을 막 벗어난 조국의 현실과 비교할 때 눈앞에 펼쳐진 미국의 풍요함과 거대함은 그에게 엄청난 충격을 주었을 것이지만 자존심이 강한 박정희는 과묵함을 유지했다. 미국에 유학 간 한국군 장교들이 써 보내는 편지에는 '자동차의 홍수, 빌딩의 숲'이란 구절이 약방의 감초처럼 들어갈 때였다.

1954년 1월부터 시작된 박정희 유학생의 포트 실 생활은 겉으로는 단조로웠다. 유학반은 한국군 통역 장교를 데리고 갔고 우리말로 번역된 敎材(교재)를 썼다. 포술학, 전술학, 자동차학, 실습 따위 과목은 박정희가 한국에서 배운 것과 큰 차이가 없었다. 그보다는 미국, 미국인, 미국 사회, 미국 군대에 대한 체험이 진짜 교육이었다.

포트 실 생활

육군 포병학교에서 공부하면서 미군들과 싸웠고, 이것이 그의 反美(반미) 성향을 심화시켰다는 俗說(속설)이 있는데 사실이 아닌 것 같다.

박정희는 언제나 그러하듯 모범생이었다. 그는 營內(영내) 숙소에서 생활하면서 미국인이나 외부와의 접촉을 활발하게 하지 않는 편이었다.

그는 다른 한 준장과 함께 유학생반의 선임자였다. 미국인들에 대해서 너무 저자세를 취하는 장교가 있으면 조용히 숙소로 불러 주의를 주는 정도였지 겉으로 불만을 드러내지는 않았다. 박정희 준장 바로 옆방을 썼던 任尙均(임상균) 중령은 혼자 있기를 좋아하고 과묵한 박정희가 어렵게 느껴졌다. 박정희는 가끔 임 중령 방의 문을 두드리고는 "맥주 좀 사다 줘"라고 했다. '저 양반 또 돈이 떨어졌구나'라고 생각한 임 중령이 자기 돈으로 사다 주면 박정희는 혼자서 마셨다. 滯在費(체재비)를 받을 때마다 박정희는 임 중령에게 맥주값을 정확히 계산해 주었다.

임 중령은 동전을 넣는 세탁기로 빨래를 직접 하는 박정희가 안쓰럽게 보여 다리미질을 대신해 주기도 했다. 박정희는 유학생들이 텍사스 주 댈러스로 단체여행을 갈 때도 빠졌다. 아마도 돈이 없었기 때문일 것이다. 박정희는 미군들이 주최하는 파티장에도 잘 나가지 않았다. 한번은 드물게 미군이 초청한 저녁 식사 자리에 참석했는데 안내 장교가 사라지는 바람에 부대로 돌아오는 길을 몰라 고생한 적이 있었다고 한다. 영어 실력이 충분하지 못했던 박정희는 적극적으로 이 未知(미지)의 세계를 탐험하고 싶은 생각이 별로 없었던 것으로 보인다. 임상균 당시 중령의 증언.

"우리 학생들은 월 150달러를 체재비로 받았습니다. 외출을 나갔다가 점심값을 아끼려고 굶고 들어오기도 했습니다. 박정희 장군은 공부를 열심히 하고 숙소에 돌아오면 조용히 지내니 옆방에 있는데도 함부로 말을 붙이기 어려웠습니다."

박정희 3군단 포병단장의 작전참모였던 오정석은 포트 실에서 정말로 배운 것은 포술학보다는 미국 그 자체였다고 회고했다.

"미국인 가정에 초대되어 그들과 며칠씩 함께 생활하는 프로그램이 있었습니다. 부모가 아이들의 말을 경청하는 자세, 남편이 아내를 대하는 태도에 무척 놀랐습니다. 늦은 밤에 人跡(인적)도 없는데 빨간 신호등에 멈춰서는 자동차, 스쿨버스가 지나가면 속도를 줄이는 차들을 보고 '아하, 사람 사는 데란 이런 곳이구나' 하는 생각이 들었습니다. 그러면서도 동기생들끼리 모이면 '이러다가는 親美派(친미파)가 되어버리는 게 아닌가' 하는 경계심을 털어놓기도 했습니다."

많은 한국군 장교들은 왜 도로에 중앙선이 있어야 하는지, 들이받힌 자동차를 몰던 장교가 들이받은 자동차를 몰던 부하를 왜 두들겨 패주지 않고 무슨 서류에 사인만 하고 보내주는지를 이해하지 못하고 있을 때였다.

1954년 4월 25일 박정희 준장이 쓴 일기.

〈포트 실(Fort Sill)의 일요일. 고국을 떠나온 지 3개월. 고국 산천에서 白雪(백설)이 粉粉(분분)하고 찬바람이 살을 에일 듯하던 날 대구공항을 떠났는데 벌써 初夏(초하)를 맞이하게 되었다. 포트 실은 봄 여름을 구별하기 어려운 고장이다. '春是春非似春(춘시춘비사춘)'이라 봄은 봄인데 봄 같지 않은 봄이었다. 4월 20일경부터는 훈풍이 넘실넘실 나뭇가지를 스치며 분명히 초하의 면목을 갖추었다. 서늘한 나무 그늘이 그윽하고 신선한 경치를 만들어서 산책하는 이의 발걸음을 상쾌하게 한다. 영수와 근혜를 생각하며 한적한 숙사에서 향수에 잠겨본다〉

유학생들이 도시 구경을 나가고 혼자 영내에 남아서 그 한적함을 즐기면서 고향과 가족을 생각하는 박정희의 모습에서 우리는 통상적인 혁명가와는 다른 조용한 인간형을 떠올릴 수 있다. 그의 性情(성정)은 침착과 사색을 바탕으로 하는 결단과 행동이었다. 결정적 시기에 보여준 그의 電光石火(전광석화) 같은 행동의 밑에는 기나긴 준비의 세월과 고독한 사색의 축적이 있었다.

박정희가 유학을 떠난 후 전속부관 원병오 중위는 2사단 포병단에서 근무하고 있었다. 어느 날 육영수가 人便(인편)으로 "쌀이 떨어졌다"는 연락을 전해 왔다.

"저는 유복한 가정에서 자라서 그런지 배고픔이란 것을 절감하지 못했어요. 왜 육 여사가 남편 부하에게 이런 구차한 부탁을 하는지 이해를 할 수 없었고 다소 기분이 나빠졌습니다. 그러나 한편 생각하니 저 같은 사람에게 부탁할 정도라면 얼마나 다급할까 싶어 26사단 김재춘(중앙정보부장 역임) 참모장을 찾아갔지요. 그는 쌀 한 가마와 1만 환을 주면서 육 여사에게 갖다 주라고 하더군요."

박정희는 귀국을 앞둔 6월 14일 이런 일기를 썼다.

〈번잡한 서울 한 모퉁이에서 내가 돌아올 날만을 기다리고 있을 영수! 인천 부두에서 기다릴 영수의 모습이 떠오른다. 근혜를 안고 "근혜, 아빠 오셨네" 하고 웃으면서 나를 맞아 줄 영수의 모습! 나의 어진 아내 영수, 그대는 내 마음의 어머니다. 셋방살이, 없는 살림, 좁은 울 안에 우물 하나 없이 구차한 집안이나 그곳은 나의 유일한 낙원이요 태평양보다도 더 넓은 마음의 안식처이다. 不遠(불원) 우리 가정에는 새로운 喜報(희보)가 기다리고 있다. 男兒(남아)일까 女兒(여아)일까. 이름은 무엇으로 할까. 남아일 때는 태평양상에서 본 구름과 같은 기운을 상징시켜 雲

(운)자를 넣을까. 時雲(시운), 秀雲(수운), 一雲(일운), 逸雲(일운), 一薰
(일훈). 여아일 때는 槿淑(근숙), 雲淑(운숙), 槿貞(근정), 槿娘(근랑), 雲
姬(운희). 결정권은 영수에게 일임하자〉

　박정희 일행은 6월 하순 시애틀에서 미군 수송선 제너럴 포프 호를 타
고 태평양을 건넜다. 일본 요코하마에서 하룻밤을 잔 뒤 규슈 남단을 돌
아 인천으로 향했다. 박정희는 船首(선수) 쪽 좋은 방을 쓰고 있었다. 6
월 26일 박정희는 아침 6시 30분에 일어나 갑판으로 나갔다. 오른쪽으
로 제주도가 보였다. 박정희는 반 년 만에 보는 조국을 스케치했다. 그
는 '내일이면 그리웠던 조국 강토에 제1보를 디디게 될 기쁨, 부두에 마
중나온 사랑하는 처자의 모습을 그리면서 선실에서의 마지막 잠을 재촉
했다' 고 썼다(일기).

포병학교장

　1954년 6월 27일 오전, 박정희 준장이 여섯 달간의 미국 유학에서 돌
아와 인천항에 내렸을 때 그 또한 대부분의 장교들처럼 '너무나 비참한
조국의 현실에 분노와 절망감' 을 느꼈을 것이다. 지금의 韓美(한미) 간
격차와는 비교도 할 수 없는 천국과 지옥의 對比(대비)를 경험하고 온
장교들의 이런 충격은 '나라를 뜯어 고쳐야겠다' 는 개혁에의 의지로 발
전된다.

　1881년 조선 정부가 紳士遊覽團(신사유람단)을 일본에 파견하여 先
進(선진) 문물을 살피고 오게 했을 때, 그 선비들은 개혁의지를 품고 돌
아왔으나 개혁의 수단을 갖지는 못했다. 그러나 1950년대 미국에서 군

사학과 미국 사회를 공부하고 돌아온 젊은 장교들은 한국 사회의 최강 집단에 소속되어 있었다. 군인들이 우리 사회의 선두 집단으로 등장한 것은 1170년 고려 武臣亂(무신란) 이후 약 800년 만의 일이었다.

미국에서 장교들이 품고 온 개혁의지가 銃口(총구)와 결합하기만 하면 '혁명의 권력'을 창출할 수 있는 조건이 성숙되어 가고 있었다. 그 결합의 매개자가 되는 박정희는 그러나 한 번도 "내가 미국에 가서 보니까 이러이러하던데…"라면서 미국식을 기준으로 한 부대 운영을 지시하지 않았다. 그의 文法(문법)은 항상 동양적 가치관과 방법론에 기초하고 있었고 미국식은 교과서가 아니고 참고서였다.

6·25 이전부터 시작된 미군에 의한 한국 장교 渡美(도미) 교육은 문화적 충격을 경험한 장교들을 배출했다. 6개월~1년간의 미국 체험을 통해서 이들은 호기심, 경외감, 열등감, 울분을 느껴 가면서 미국식 군사 敎理(교리), 과학적 조직 운영 원리, 그리고 한국인으로 태어난 의미를 깨닫게 되었다. 위관급 장교에서 3군 총사령관을 지낸 정일권까지 한국군의 핵심 장교들이 이런 체험을 共有(공유)함으로써 한국군은 가장 먼저 국제화되고 현대화되고, 그리고 개혁의지를 지닌 집단으로 변모해갔다. 교수 집단보다도, 고위 관료 집단보다도, 정치인보다도, 언론인보다도 당시의 한국군 장교단엔 외국물을 마신 사람들이 많았다.

많은 도미 교육 과정에서는 민족적 충돌이 자주 빚어졌다. 주로 미군 장교들이 민족적 자존심을 상하게 하는 言動(언동)을 하는 데 대한 한국군 장교들의 반발이었다.

일부 장교들은 이런 충돌 과정에서 修學(수학)을 포기하고 중도 귀국해 버리기도 했다. 젊은 장교들 가운데는 미군 하급 장교들에게 너무 친절한 한국군 장성들에 대하여 경멸감을 품게 되는 사람들이 늘어났다. 그러나 도미 유학은 한국군 장교들에게 압도적인 미국의 힘과 미국식의 합리성, 그리고 미국인의 선량함을 알려줌으로써 親美化(친미화)의 효과를 거두었다. 흔히 反美的(반미적)이라고 평가되는 박정희의 태도도 한국인의 자주성에 대한 미국 측의 부당한 간섭에 대한 반발이었지 카스트로나 나세르型(형)의 이념적 反美(반미)는 아니었다.

박정희는 귀국하자마자 2군단 포병사령관으로 발령났다. 그를 데리고 간 것은 張都暎(장도영) 군단장이었다. 육본 정보국장으로 있을 때인 6·25 직후 민간인 박정희를 소령으로 복직시켜 준 장도영은 9사단장―참모장 관계에 이어 세 번째로 박정희를 부하로 쓰게 된 것이다. 5·16까지 계속되는 두 사람의 관계에서 늘 베푸는 쪽에 있었던 것이 장도영이었다. 귀국 사흘 뒤 딸 槿暎(근영)이 태어났다. 박정희는 귀국할 때 선물을 하나 사왔는데 요사이 가정에서 목욕탕에 치는 비닐 커튼이었다. 육영수는 이것을 창문 커튼으로 치고 친척들에게 자랑했다.

어느 날 군단 恤兵(휼병)참모가 장도영의 숙소를 찾아왔다. '박정희 장군은 淸貧(청빈)한 것이 지나쳐 가족들이 아직도 셋방살이를 하고 있다'고 보고하는 것이었다. 장 군단장은 對民(대민) 사업으로 돈을 벌고 있던 휼병참모에게 "박 장군에게 집을 하나 구해주면 어떨까" 하고 말했다. 휼병참모도 그러겠다고 했는데 박정희가 곧 광주에 있는 육군 포병학교 교장으로 발령이 나는 바람에 成事(성사)되지 않았다.

만주군관학교에 들어가느라고 문경보통학교 교사직을 그만두었던 박정희는 1954년 10월 18일에 드디어 교장 선생님이 되었다. 포병학교는 교육총본부 소속이었다. 총본부 총장은 미국 육군대학에서 공부하고 막

귀국한 劉載興(유재흥) 중장이었다. 당시 육군은 16개소의 병과학교, 2개소의 신병훈련소, 1개소의 의무기지 사령부, 그리고 教材廠(교재창)을 거느린 거대한 교육 기관이었다. 박정희는 포병학교장으로 부임하자마자 교장실 입구에 있던 두 그루의 버드나무를 뽑아버리고 그 자리에 소나무를 심었다. 시찰 나온 유재흥 총장이 "근사하게 보인다"고 말하자 이렇게 설명했다.

"버드나무의 축 늘어진 모습이 군인의 기상과는 맞지 않다고 생각하여 뽑아 버리고 쭉 뻗은 소나무를 갖다 심었습니다."

그 뒤 유재흥 총장이 다시 찾아가 보니 잎이 빨갛게 마른 소나무가 베어져 한쪽에 쌓여 있었다. "어떻게 된 거냐"고 물었더니 박정희는 "土質(토질)이 맞질 않는지 실패했습니다"라고 했다. 이때 유재흥 총장은 '맥아더 원수의 회고록에 (그의 아버지가 한 말인지 기억이 애매하나) "군인은 나무를 자를 줄은 알아도 성장과정은 모른다"고 한 말이 생각났다'고 자신의 회고록에 적었다.

박정희는 집권한 뒤 '미국식 민주주의를 사회 발전 단계가 다른 한국에 무조건 移植(이식)하려는 것은 착각이다. 土壤(토양)이 다른 한국 땅에 미국 밀감나무를 옮겨다 심으면 탱자가 열린다'는 比喩(비유)를 동원하곤 했는데 이때의 체험에서 우러나온 이야기가 아닌지 모르겠다. 박정희는 문경보통학교 시절에 학생들을 자상하게 가르쳤듯이 참모장교들을 그렇게 교육하곤 했다. 3군단 포병단에서 작전참모로 박정희를 모셨던 오정석 중령은 포병학교에서 교무처장으로 일하고 있었다. 그는 박정희가 한 훈시를 지금도 외다시피 한다. 杜甫(두보)의 시를 인용한 訓話(훈화)에서 박정희는 이렇게 말했다.

"'어떤 사람이 봄을 찾기 위해 산과 들을 헤매다 心身(심신)이 지쳐 주저앉아 있었는데, 그가 앉은 자리에서 눈을 들어보니 바로 앞에 있는 梅花(매화)가지에 봄이 와 있더라' 는 두보의 시처럼 진리나 애국은 멀리 있는 것이 아닙니다. 애국이란 '作戰要務令(작전요무령)' 이나 철학서적에 있는 것이 아니에요. 자기 職分(직분)에 충실하는 것이 바로 애국입니다."

박정희는 10월 유신 뒤에 "유신은 거창한 것이 아니다. 자기 집 앞을 자기가 쓰는 것이 유신이다"라고 말한 적이 있다.

박정희式 일처리

박정희 포병학교장 시절 교육처장이던 오정석 중령(육군 준장 예편)이 지금도 기억하는 교장 훈시가 있다. 그 요지는 이러했다.

"尉官(위관)장교는 발로, 영관은 머리로, 장군은 배짱으로 일하는 겁니다. 위관은 항상 사병들과 더불어 먹고 자고 발로 뛰면서 일해야 합니다. 영관장교는 머리를 짜서 자기 분야에 전념하여 정보를 수집하고 분석하여 상관에게 A안, B안을 제시한 다음 각각의 장단점을 설명하고 '저는 이런 이유에서 어느 안을 추천합니다' 라고 건의할 수 있어야 합니다. 영관장교는 전문가적 식견을 갖추어 참모로서 지휘관을 보필할 수 있어야 한다는 말입니다. 장군은 참모로부터 추천받은 안을 선택하는 결심을 한 다음 배짱으로 밀고나가는 겁니다. 장군은 관리자이지 기능인이 아닙니다."

매주 월요일 오전엔 교장실에서 참모 브리핑 시간이 있었다. 한 달쯤 지나면서부터 참모들이 땀을 뻘뻘 흘리는 시간이 되었다. 박정희는 큰 소리나 욕설 없이 부하들을 꼼짝 못하게 만들어버린 것이다. 예컨대 油類(유류) 현황을 참모가 보고하는 것을 조용히 듣고 있던 박정희는 이렇게 말한다.

"이봐, 지난 주엔 232드럼 남았다고 했는데 오늘까지 추가 소모가 없었는데 왜 잔고가 212드럼이 됐어? 20드럼은 어떻게 된 거야?"

숫자에 대한 기억력이 너무 좋은 박정희의 질문에 대해서는 대충 넘어 갈 수 없었다. 현황파악이 不實(부실)했다고 自認(자인)하든지 박정희의 머리를 뛰어넘는 거짓말을 만들어야 했다. 이렇게 되니 한 달 후부터는 모든 참모들이 차트를 들고 현장을 뛰어다니면서 확인을 하고 기록하게 되었다. 거의 모든 참모들이 한 번씩 수모를 당했지만 수모를 준 교장을 존경하게 되었다. 박정희가 가장 싫어하는 것은 주먹구구식이었다. 나중에 조국 근대화 작업의 행동 철학이 되는 박정희式(식) 일처리의 핵심은 업무의 본질에 구체적으로 접근한다는 것이었다. 당시 포병학교는 논산훈련소에서 4주간 훈련을 받은 신병들을 포병단 자원으로 받아 4주간의 교육을 시키고 있었다. 이들은 운전 교육을 반드시 履修(이수)해야 했다. 운전 교육용 닛산 트럭 15대가 있었다. 어느 날 박 교장은 오정석 교육처장에게 물었다.

"신병들이 여기서 교육받아 나가면 전방에 배치되자마자 砲車(포차)를 끌어야 하는데 실제로 신병들이 운전 교육 때 핸들을 잡는 시간은 얼마나 되오?"

"알아서 보고 드리겠습니다."

"민간 교육장에서는 운전대 잡아 보는 시간이 얼마나 되오?"

오 중령은 '알 필요 없는 것까지 묻는다'고 생각했는데 곧 그것이 큰 의미가 있는 질문임을 알게 되었다. 조사를 해보니 신병들이 운전대를 잡아보는 시간은 한 시간도 안 되는데 민간인은 면허를 받을 때까지 대강 15시간가량 운전 실습을 하고 있었다. 이 사실을 보고하자 박정희 교장은 다시 지시했다.

"그러면 민간 차원으로 교육수준을 끌어올리는 데 추가로 필요한 교육 기간, 차량, 유류 소모량, 그리고 예산이 얼마인지 산출해서 보고하시오."

오정석 중령은 추가 소요를 작성하여 학교장에게 올렸고 박정희는 육군본부 회의에 참석하여 이를 건의했으나 성사되지는 않았다.

광주포병학교장 박정희 준장은 1955년 4월 24일에는 학생대대 중대장 崔忠烈(최충렬) 대위의 결혼식 주례를 섰다. 학생대장 洪鍾哲(홍종철·청와대 경호실장, 문공부 장관 역임) 중령이 박 교장에게 부탁하여 이루어졌다. 박정희는 주례사에서 "이북 출신인 최 대위가 가정을 가짐으로써 외로움을 덜게 된 것을 축하하며 동료들은 이 가정을 도와주도록 하라"고 당부했다.

최충렬 대위에 따르면 박정희 교장은 미군으로부터 받아오는 비상식량 시레이션으로 아침식사를 양식으로 만들어 장교들에게 제공했다고 한다. 다른 부대와 마찬가지로 포병학교도 厚生(후생) 사업을 하고 있었다. 부대의 트럭들을 화순의 벌목업자에게 빌려 주어 수입을 올렸다. 이 수입을 박정희 교장은 공개적으로 아주 공정하게 나누었다고 한다. 계급에 따라 차등이 있는 금액을 봉투에 집어넣어 참모들에게 직접 돌렸다고 한다. 트럭 임대료를 장작으로 받기도 했다. 박 교장은 이 장작을 연병장에 쌓아 놓고는 배분비율을 정해 주고 장교들이 越冬用(월동용)으로 가져가도록 했다.

박정희는 포병학교에서 그 뒤 25년간 동반자가 될 당번병 朴煥榮(박환영) 일병과 운전병 李他官(이타관) 상병을 만났다. 박 일병을 뽑아 올린 것은 행정처 李洛善(이낙선·국세청장, 상공부 장관 역임·작고) 소령이었다. 박환영은 '말을 건네기가 힘들 정도로 무섭게 보이던' 박정희가 알고 보니 그렇게 자상하고 따뜻할 수 없는 사람이라는 데 놀랐다고 한다.

박정희는 처음 두 달가량은 "박 병사"라고 부르더니 그 뒤로는 "환영아!"라고 했다. 박정희가 고향을 물어 "옥천입니다"라고 했더니 "옥천이면 내 장인 알겠네"라고 했다. 박정희는 "잘 만났다"면서 퇴근길에 박환영 일병을 데리고 관사로 갔다. 관사는 넓고 낡은 일본식 木造(목조) 건물이었다. 응접실과 욕실까지 있으니 서울 고사북동 시절보다는 한결 좋아진 셈이었다. 육영수와 근혜는 당번병 박환영을 "아저씨"라고 불렀다. 뜰에는 서너 그루의 향나무가 자라고 있었고 그 아래엔 탁구대가 있었다. 박정희와 육영수는 일요일엔 탁구를 즐겼다. 박정희는 당번병을 결코 下人(하인)처럼 대하지 않고 식구처럼 대했다. 최근까지도 신당동의 박정희 私邸(사저) 관리인이었던 박환영은 이렇게 말했다.

"그분은 아무리 잘못해도 처음 한두 번은 지적하지 않습니다. 세 번째쯤 실수하면 그때는 납득할 만큼 따끔하게 나무라시지요. 저에게는 평생 그런 식으로 말씀하신 적도 없었습니다."

박정희는 그때 '공작' 담배를 즐겨 피웠고 커피를 좋아했다. 그리고 항상 책을 손에서 떼지 않았다. 박환영에 이어 운전병으로 뽑혀 왔다가 10·26 사건 때까지 박정희를 모신 이타관 상병(작고)은 두 사람이 오랫동안 인연을 유지할 수 있었던 것은 "그분이 인간차별을 하지 않았기 때문이다"라고 생전에 말한 적이 있다. 박정희는 술을 마시러 갈 때도 무작정 기다리게 하지 않고 '몇 시까지 다시 오라'고 배려해 주었다. 이타관, 박환영 두 사람은 관사의 한 방에서 같이 기거하며 육영수가 해주는 식사를 했다.

5사단장

광주의 육군 포병학교 교장으로 근무하면서 박정희 준장은 휴일에는 사냥을 즐겼다. 당번병 박환영, 운전병 이타관을 데리고 무등산 기슭이나 송정리 근처 야산을 다녔다. 하루에 꿩을 서너 마리 잡았는데 돌아오다가 농민들을 만나면 나눠주곤 했다. 농민들이 農酒(농주)를 대접하면 박정희는 마다하지 않았다. 박정희는 회식이나 야외 소풍 때는 부하 장교들에게 부부 동반을 강조했다. 자연스럽게 부하들의 가정생활을 파악할 수 있었다. 박정희는 부하들이 부정 사건에 연루되면 처벌을 가볍게 하여 再起(재기)의 기회를 주려고 애썼다. 이것은 그 부하들의 가정 사정을 잘 파악하고 그런 부정을 저지르게 만든 사정을 알고 있었기 때문이다. 포병학교에서 박정희는 5·16 거사 때의 주체세력 중 한 軸(축)을 이루는 포병 인맥과 인연을 갖게 된다.

행정처 보좌관 이낙선(상공부, 건설부 장관 역임), 항공대장 李元燁(이원엽·소장 예편, 감사원장 역임), 학생대장 홍종철(대통령 경호실장, 문공부 장관 역임), 부교장 鄭寅晥(정인완·준장, 최고회의 비서실장 역임), 교관 具滋春(구자춘·서울시장, 내무장관 역임)이 박정희 교장의 인격에 감복하여 '혁명 동지'가 된 사람들이다. 홍종철 중령의 동서도 장교였다. 육영수는 장교를 남편으로 둔 자매가 서로 의지하며 살아가는 것이 부러워 동생 예수를 장교한테 중매하려고 애썼으나 어머니 이경령이 "군인 사위는 하나로 족하다"고 말렸다.

박정희가 광주포병학교 교장으로 있으면서 가슴에 새겨 둔 사건이 하나 있었다. 미국과 석유, 그리고 自主(자주)라는 단어를 話頭(화두)로 제공한 사건이었다. 그때 주한 미군은 한국군과 민간 부문에 대한 석유 공급권을 독점하고 있었다. 미군은 기름을 들여와 코스코란 회사를 통해서 민간 부문에 기름을 팔았다. 1954년 이승만 정부와 주한 미군은 換率(환율) 문제로 갈등을 빚고 있었다. 당시 공식 환율은 1달러 對(대) 180환이었다. 미군은 이를 1 대 254로 올려줄 것을 요청했다. 당시 우리 정부는 주한 미군에 韓貨(한화)를 대여하고 있었다. 미군은 환율이 오른 다음에 이 돈을 갚으면 득이 있기 때문에 한화 상환 기일이 지났는데도 갚지 않았다.

이승만 정부는 10월 1일 미군에 대한 한화 대여를 중단했다. 미군은 외출할 때 가지고 나갈 한화를 구하지 못하게 되었다. 이에 대한 보복으로 주한 미군은 코스코를 통한 民需用(민수용) 기름 판매를 중단한다고 발표했다. 軍納(군납)도 받지 않겠다고 선언했다. 당시 우리 경제의 군납에 대한 의존도를 감안하면 이것은 일종의 무역 금지 조치였다. 미군은 한술 더 떠서 코스코를 거치지 않고 미군이 직접 기름을 내다팔겠다고 위협했다. 이렇게 해서 역사상 처음으로 오일 쇼크가 한국사회를 강타했다.

斷油(단유) 20일째, 신문 사회면에는 '300여 공장 문 닫아, 서울시내

버스 운행 마비 상태'란 아우성이 실리더니 한 달이 지나자 정부는 戰時(전시)가 아닌데도 전시 생활 강조 기간을 선포하고, 내핍 생활을 촉구했다.

11월 초 기름 부족으로 인한 버스 운행 중단 비율은 서울 70%, 경남 75%, 경기 50%, 경북 100%였다. 어선들은 기름을 구하지 못해 出漁(출어)를 중단했다. 부산 어시장에 위탁 판매되던 생선이 4분의 1로 줄었다. 부산항엔 오도가도 못하는 선박 200여 척이 묶여 있었고, 목포에선 집배원이 버스를 탈 수 없어 우편 배달이 전면 중단되었다. 고집 센 이승만 정부도 기름의 힘 앞에서는 손을 들 수밖에 없었다. 미군 측의 환율 인상 요구를 들어주었다.

박정희는 이 단유 소동을 지켜보면서 석유 自給(자급) 없는 국가의 자주와 독립이 불가능하다는 것을 깨달았다. 박정희는 5·16 거사 뒤 가장 먼저 민족 자본에 의한 정유 회사를 설립하려고 했다. 정유 회사 설립은 젊은 장교들에게 민족주의적 열정의 한 상징이자 念願(염원)이 되었던 것이다. 이 상징물인 울산정유공장이 민족 자본의 부족으로 결국은 미국계 석유 회사 걸프와 합작하게 되는 과정은 자력갱생 노선에서 개방 정책으로의 전환과 궤를 같이 한다.

1955년, 박정희는 강원도 인제에 있던 5사단장으로 옮겼다. 박정희가 처음으로 전투부대의 지휘관이 된 것은 그에 대한 사상적 의심이 풀렸다는 뜻이다. 장도영 장군은 자신이 정일권 육군 참모총장에게 '자리가 비는 5사단장에 박정희 준장을 추천했다'고 밝힌 바 있다. 박정희의 사단장 취임을 막을 수 있는 입장에 있었던 김창룡 육군 특무부대장도 이 즈음에는 박정희의 전력 문제가 나오면 "그런 사람이 아니야요"라고 변호해 주었다. 정작 박정희는 교장 선생님 자리를 떠나는 것을 못내 아쉽게 생각하더라고 한다. 교육처장 오정석(준장 예편) 중령은 이렇게 회고했다.

"그분은 정말 훌륭한 교육자였습니다. 그분 스스로도 학교장이란 직책에 정이 들었습니다. 그래서 사단장으로 발령을 받고 나서도 영전이어서 기뻐해야 할 텐데 '한 일 년만 더 했으면…' 하면서 섭섭해하더군요."

넓은 관사에서 편하게 살았던 육영수와 근혜, 근영, 육예수, 그리고 이경령, 이 다섯 식구에게는 다시 고생길이 시작되었다. 광주에서 서울로 이사할 때 가족은 일단 옥천으로 가고, 당번병 박환영과 운전병 이타관이 이삿짐을 기차에 싣고 청량리역에 내렸다. 수화물 창고에 짐을 넣어놓고 누군가가 데리러 오기를 기다리는데 1주일이나 소식이 없었다. 두 사람이 의논하여 이타관은 짐을 지키고 박환영은 인제로 가서 박정희 사단장을 만났다. 박정희는 매정하게 말했다.

"다 되어 있는 줄 알았는데, 뭘 했나."

박환영은 눈물이 핑 돌았다. 사단 헌병부장이 나서서 노량진 驛前(역전)에서 부엌도 없는 문간방 두 개를 구해 주었다. 두 졸병이 이사를 하는 데 아무도 도와주지 않았다. 사단장이 조금만 신경을 쓰면 부하들을 보내줄 텐데 박정희는 이런 일에는 지나칠 정도로 결벽증이 있었다. 박환영은 지금도 기억이 생생하다.

"짐을 나르다 지쳐 퍼져 앉아 우리 신세를 한탄하기도 했습니다. 여느 사단장 같으면 부하들이 몰려나와 단숨에 해치워 버릴 일을 두 사람이 하느라고 눈물이 나올 지경이었습니다. 이사를 끝낸 뒤 허기가 져서 둘은 앓아누워 버렸어요."

이타관은 "솥을 걸 데가 없어 풍로를 사다가 냄비로 음식을 끓였다"
면서 "사단장님이 참 너무하다는 생각을 했다"고 한다.

집이 좁아 들여놓지 못한 짐은 청량리 부근에 살던 김종필 중령 집 처
마 밑에 갖다 놓았다. 운전병, 당번병 두 사람은 판자와 거적을 덮어 부
엌을 만들었다. 그런 뒤 옥천으로 연락을 해서 육영수와 가족들이 올라
오도록 했다.

전속 부관 韓丙起

육영수의 어머니 이경령은 노량진 문간방 시절이 가장 비참했다고 회
고한 적이 있다.

"방엔 불도 들이지 못하고 방바닥에서 물이 줄줄 나서… 그때 군인들
이 비옷으로 쓰던 장옷을 방바닥에 깔면 축축하게 누기가 차서 도무지
앉지도 눕지도 못하여 밤이나 낮이나 서성거리고, 밥이라고는 풍로에다
가 해서 끼니라고 때우고, 그때 참말로 고생을 말없이 하고요, 손녀딸
근혜는 아파서 울고요… ."

육예수는 언니와 함께 살면서 도끼로 장작을 패는 법도 배웠다. 십구
공탄이 아직 널리 보급되기 전, 부대에선 장교들 집에 장작을 갖다 주곤
했다. 광주로 내려가기 전 서울 고사북동에 살 때 두 자매는 물 때문에
고생했다.

"집 아래 공동 수도에서 물을 받아 와야 했는데 해가 뜨면 주민들이
물초롱을 물지게에 지고 내려와 끝도 보이지 않게 줄을 서곤 했어요. 언

니와 저는 창피해서 긴 줄을 서지 못했습니다. 그래서 새벽에 일어나 물을 받아 지고 올라왔습니다. 언니와 저는 매번 미끄러져 옷이 젖곤 했는데 겨울엔 집에 와서 보면 옷이 꽁꽁 얼어붙어 있었습니다.

말이 장성집이지 최하층 빈민 생활이었습니다. 장작이 떨어지니 돈도 떨어지고요. 그때 우리가 지내던 방은 '뼈가 얼던 방'이었습니다. 영하 20도까지 내려가는 추위를 어떻게 견뎠는지… 그때 그 시절은 평생 잊혀지지 않습니다."

박정희 준장이 5사단장이던 때 직속상관인 3군단장은 송요찬 중장, 부사단장은 崔在鴻(최재홍) 대령, 참모장은 張泰明(장태명) 대령, 정보참모는 車圭憲(차규헌) 중령, 군수참모는 尹必鏞(윤필용) 중령, 작전참모는 李根燮(이근섭) 중령, 인사참모는 曺千成(조천성) 중령이었다. 육사 동기생이자 동향인인 金載圭(김재규) 대령은 연대장이었다.

박정희는 사단장으로 부임하자마자 生面不知(생면부지)의 윤필용 대대장을 군수참모로 발탁했는데 이것은 부대를 깨끗하게 운영하겠다는 선언적 행동이었다. 당시 사단 업무의 80%는 군수와 관련된 것이었고 부정이 介在(개재)될 소지도 넓었다.

윤필용은 곧 박정희 사단장이 '자상하면서도 무서운 사람'임을 알게 된다. 5사단에서도 여느 부대처럼 사단 지역 내의 나무들을 잘라 후방에 내다 팔아 돈을 만들고 이를 장교들끼리 나눠가지는 이른바 '후생사업'을 하고 있었다. 정부에선 '산림 도벌의 엄단'을 외치고 있었지만 현지 관청에서는 薄俸(박봉)에 허덕이는 장교들의 사정 때문에 막을 수 없다고 판단하고 있었다. 다만 나무를 자를 때 그루터기를 남기지 말아 달라고 사단장에게 부탁했다. 박 사단장은 산비탈에 나무를 베고 남긴 밑둥

치들이 많은 것을 보고 윤필용에게 정리하라고 지시했다.

　며칠 뒤 현장을 시찰한 박정희는 자신의 지시가 이행되지 않은 것을 알고는 재차 지시했다. 윤 중령은 이 두 번째 지시도 잊어버렸다. 다시 그곳에 들른 박정희는 산비탈을 보지 않는 방향으로 일부러 등을 돌리더니 전혀 딴 화제를 끄집어냈다. 윤필용은 구멍으로 들어가고 싶을 지경이 되었다.

　박정희 사단장은 통역장교인 韓丙起(한병기) 중위를 전속 부관으로 발탁했다. 한병기는 '미래의 장인'이 워낙 엄격하게 보여 '이런 분을 어떻게 모시나' 하고 고민했다. 더구나 한병기는 잠이 많은 청년이었다. 관사에서 연락병과 함께 잤는데 꼭 그가 깨워야 일어났다. 어느 날 연락병이 흔들어 깨우는데 "사단장이 기다리고 계신다"는 것이었다.

　"저는 후다닥 일어나 군화 끈도 매는 둥 마는 둥 머플러는 손에 들고 뛰어나가니 사단장께서 지프에 오르시지도 않고 제가 나오기를 기다리고 계셨습니다. 저의 자리가 뒷자리이기 때문에 제가 안 타면 사단장이 바깥에서 기다리셔야 하는 거지요. 허겁지겁 타긴 탔는데 송구스러워 죽을 지경이었습니다. 뭐라고 나무라시면 오히려 마음이 편하겠는데 그분은 한마디도 안 하셔요. 그런데 며칠 뒤 제가 또 늦잠을 자다가 똑같은 실수를 했습니다. 허둥대면서 차를 타니까 박 장군께서 딱 한마디를 하십디다.

　'임마, 누가 부관이야!'"

　박정희는 상관들에게는 할 말을 하는 사람이었다. 죽은 이용문의 친구로서 박정희와도 자주 어울렸던 시인 具常은 이 무렵 3군단 지역을 방문했다. 영남일보 주필이던 그를 환영하는 술자리가 벌어졌다. 박정희 준장은 송요찬 군단장 등 네 명의 장성들과 함께 참석했다. 분위기가 무르익자 노래가 나왔다. 박정희는 일본의 漢詩(한시)를 읊었다.

"말채찍 소리도 고요히 밤을 타서 강을 건너니 / 새벽에 大將旗(대장기)를 에워싼 병사떼를 보네."

동석한 한 소장이 "그, 일본 것 되게 좋아하네"라고 빈정댔다. 박정희는 이 상관의 시비를 무시하고 있었는데, 그는 좀더 집요하게 박정희를 물고 늘어졌다. 그러자 박 준장은 벌떡 일어나더니 구상을 향해서 소리쳤다.

"具兄(구형), 갑시다. 이런 속물들하고는 술 못 마시겠어요."

"아니, 내 옆에 이런 美姬(미희)들이 있는데 내 어찌 자리를 뜰 수 있겠소."

박정희는 횅하니 혼자 나가 버렸다. 다음날 구상은 간밤의 일이 걱정이 되어 박 사단장에게 물었다.

"혹시, 송 장군한테 당하지 않았어요."

박정희는 대수롭지 않게 "아무일 없었다"고 했다. 박정희의 오기도 오기지만 그런 것을 다 포용해 주는 송요찬 군단장이 대단하다는 생각이 들었다.

이즈음 큰딸 박재옥은 김종필·朴榮玉(박영옥) 부부와 함께 서울 제기동에서 살고 있었다. 어느 날 육영수가 예고 없이 제기동 집에 나타났다. 육영수는 동덕여고에 다니고 있던 재옥을 데리러 온 것이었다. 재옥이 처음 보는 육영수는 '깔끔한 한복을 입은 조용한 사람'이었다. 재옥은 두말 없이 새엄마를 따라나섰다. 속으로는 영옥이 언니가 섭섭하게 생각할 것이라고 걱정했다. '나에게 너무나 잘해 주었던 언니가 미련없이 떠나는 나를 보고는 다 소용없는 일이라고 생각했을지 모르지만 나는 매를 맞고 살아도 아버지와 함께 살고 싶었다'는 것이다. 다음은 박재옥의 증언이다.

〈그때의 나는 어머니에 대한 그리움이 사무쳐서 나중에는 繼母(계모)든 庶母(서모)든, 아픈 어머니든 미친 어머니든 내겐 어머니란 존재가 필요했다. 나는 노량진의 아버지 집으로 가면서 몇 번이고 다짐했다. 어떤 일이 있어도 나 때문에 아버지와 육 여사가 싸우는 일은 없도록 최대한 조심하자고〉

雪禍

박정희의 셋째 형으로서 대구폭동 때 죽은 朴相熙(박상희)의 미망인 趙貴粉(조귀분)은 큰딸 박영옥을 김종필에게 시집보내고도 다섯 자녀를 키운다고 모진 고생을 하고 있었다. 조 씨는 그때 군인 가족들에게 지급되던 양곡표라도 얻어달라고 朴在錫(박재석·박정희 둘째 형의 장남)을 시동생에게 보낸다.

1955년 겨울 구미국민학교 앞에서 문방구를 열고 있던 박재석이 5사단 사령부를 방문하니 바싹 마른 부관 한병기 중위가 나왔다. 사병에게 "저 사람이 누구입니꺼"라고 물으니 "부관인데 사단장님 영어 선생이기도 합니다"라고 했다. 박정희 사단장은 그날 조카를 부관과 한 방에 재웠다. 한 중위는 凍傷(동상)에 걸려 있었는데 밤에는 콩을 담은 자루를 발가락에 대고 자는 것이었다. 그래야 동상이 풀린다고 했다.

1956년 1월 31일, 박정희는 부대를 찾아온 박영옥을 통해서 박재석에게 편지를 보낸다.

〈在錫君(재석 군), 嚴冬之節(엄동지절)에 더욱 건승을 빌며 집안이 다들 무고한지 궁금하다. 전번 貴君(귀군)이 이야기하고 간 군인가족 식량 배급표는 서울 지구에 있는 경리대에서 別紙確認證(별지확인증)을 얻어 왔으니 이것을 가지고 대구 제2지구 경리대에 가서 통장을 얻어오면 매월 식량을 수령할 수 있다고 한다. 이 확인증을 가지고 가서 통장을 받도록 하여라.

1월 31일 叔父書(숙부서)〉

별지의 메모장에는 박정희가 대구 지구 경리대장 앞으로 보내는 글이 적혀 있었다. '이 확인증을 지참하는 박재석에게 식량 통장을 교부하여 주시기 仰望(앙망)한다' 는 내용이다.

1956년 1월 30일 육군특무대장 김창룡 소장이 서울에서 출근길에 저격을 받고 사망했다. 姜文奉(강문봉) 2군사령관—許泰榮(허태영) 서울 지구 병사구 사령관(대령)이 암살 지령자, 사병 두 명이 실행자로 밝혀졌다. 군법회의에서 이들은 사형을 선고받았으나 강문봉만은 이 대통령에 의해 무기징역형으로 감형되었다. 이 사건은 대통령의 신임을 업고 정일권 육군참모총장 계열의 非理(비리)를 캐던 김창룡을 정일권의 측근인 강문봉이 제거한 사건이다. 軍內(군내)의 파벌 싸움, 부패, 정치화를 복합적으로 보여준 사건이다. 박정희는 '생명의 恩人(은인)' 이기도 했던 김창룡 암살에 접하자 큰 충격을 드러냈다.

"허, 그 사람이 그렇게 죽다니 … 참, 내가 사형받을 뻔했는데 그 사람 덕분에 살아났는데 말이야 … ."

1956년 2월 27일 3군단은 군단 지휘조 훈련(CPX)에 들어갔다. 강원

도 인제군 원통리에서 북쪽으로 한 6km 떨어진 북면 송학리에 있던 3
군단 예하 5사단 사령부에서도 모든 지휘관들과 참모들이 상황실에 모
여 圖上(도상) 훈련을 하고 있었다. 바깥에서는 눈이 펑펑 내리고 있었
다. 전날부터 시작된 눈이었다. 박정희 사단장은 훈련에 신경을 쓰다 보
니 暴雪(폭설)의 심각성을 알지 못했다. 눈은 다음날에도 내렸다. 전방
고지의 積雪量(적설량)은 1m를 넘어서고 있었다. 사단과 휘하 부대의
전화선은 들러붙는 눈의 무게를 견디지 못하고 탱 탱 끊어지고 있었다.

29일 오전에 눈이 일단 그쳤을 때 적설량은 3~6m나 되었다. 이날 아
침 작전장교 曺圭東(조규동)은 상황실에서 작전참모 李根燮(이근섭) 중
령이 불러 문을 열고 나가다가 기겁을 했다. 눈이 키 높이까지 쌓였는데
불과 30m를 헤쳐 상황실까지 가는 데 15분이 걸렸다. 조 소위의 보고에
놀란 박정희 사단장이 바깥으로 나와 보고는 군단장에게 전화를 걸어
도상 훈련의 중단을 건의하고 사태 수습에 나섰다. 그러나 유선 통신망
이 마비되어 예하 부대와 연락이 제대로 되지 않았다.

본격적인 제설 작업과 구조 작업이 시작된 것은 3월 3일부터였다. 사
상최악의 폭설은 6, 5, 3사단 지역을 강타했는데. 특히 5사단이 심했다.
헬리콥터가 동원되어 고지에 고립된 부대로 식량을 空輸(공수)했다. 박
정희는 이런 전단을 만들어 뿌렸다.

〈雪中(설중)에 건투하는 제군들의 노고에 대하여 충심으로 경의를 표
한다.

1. 며칠만 더 참으면 이 난관을 타개할 것이니 불절불굴의 용기를 발
휘하여 인명 피해를 최소화하라.

2. 상급, 인접 부대와 통신을 유지하는 데 최선을 다하라.

3. 급한 환자가 생기면 백방으로 노력하여 상부에 보고하라.

4. 식량이 부족하면 완전히 소비하기 전에 여하한 수단을 사용하여서 라도 신속히 보고하라.

5. 눈이 내릴 때도 위험하지만 눈이 녹을 때 더 위험하다. 벙커와 막사에 대하여 주의하라.

6. 제설작업 때 손발이 오래 젖어 있으면 동상에 걸리니 주의하라.

7. 먼 곳에 혼자 가는 것이 가장 위험하다.

8. 통신이 잘 되면 여하한 일이 있더라도 제군들의 생명을 구출할 수 있으니 유선, 무선을 통하는 데 노력을 다하라.

축 건투, 사단장 준장 박정희〉

제설 작업을 하던 중 36연대 7중대 소속 소대장 이규홍 중위 외 8명의 사병이 눈 속에서 걷는 자세로 얼어 죽어 있는 것이 발견되었다. 폭설이 쏟아지던 2월 28일 밤 한 소대원이 탈영했다. 이 중위는 소대원 7명을 이끌고 마을로 내려가 탈영병을 붙잡아 돌아올 때 헌병검문소를 피하기 위해 산길을 걸어오다가 폭설에 파묻힌 것이었다. 이규홍 중위는 선두에서 進路(진로)를 개척하다가 자신의 부대가 가까워지자 기관단총을 발사하여 신호를 보냈으나 수십m 전방에 있던 부대에서는 폭설로 이 총성을 듣지 못했다. 수십 발의 탄피들만 눈 속에서 발굴되었다.

토치카나 영구 막사에 있던 장병들은 무사했으나 숯을 굽는다고 가건물을 지어 놓고 잠자던 장병들은 지붕이 무너져서, 陣地壕(진지호)에서 숯불을 피워 놓고 잠자던 장병들은 가스 중독으로 죽고, 막사가 눈에 파묻혀 질식사한 사병들도 있었다. 당시 전방 사단에서는 이른바 후생 사업의 하나로 나무를 잘라 숯을 만들어 민간인들에게 팔고 그 수입은 장교들이 나누어 갖고 있었다.

5사단에서만 모두 59명이 죽었다. 3군단 전체에서는 118명이 죽고 147명이 다쳤다. 정일권 육군참모총장이 雪禍(설화) 현장을 시찰했다. 박정희가 "각하, 면목이 없습니다"라고 보고하니 정 총장은 "그래도 박 장군이 있었기에 이 정도로 그쳤다"고 오히려 위로했다. 박정희는 나중에 "총장으로부터 그런 말을 들으니 부하들에게도 부드러운 말이 나가게 되더라"고 회고했다. 1군 사령부에서는 3사단장 정래혁과 박정희에게 설화 대책에 고생했다고 표창장을 주었다. 박정희는 "부하들을 떼죽음 당하게 해놓고 무슨 낯으로 상을 받겠나"라면서 부사단장을 대신 보냈다고 한다.

부정선거와 越北사건

1956년 5월 15일로 예정된 제3대 정부통령 선거가 다가오자 全軍(전군)은 선거 열풍에 휘말렸다. '못 살겠다 갈아보자'란 구호를 앞세운 민주당의 신익희 대통령 후보·張勉(장면) 부통령 후보는 한강 백사장 유세에서 수십 만의 청중을 동원했다. 이승만·李起鵬(이기붕)의 자유당은 '舊官(구관)이 名官(명관)이다'라는 구호대로 방어적인 자세로 대응했는데 민심의 大勢(대세)가 신익희 쪽으로 기우는 조짐이 나타나기 시작했다. 그럴수록 군인표에 대한 단속이 강화되었다.

송요찬 3군단장은 예하 부대를 돌아다니면서 이승만을 지지하라는 독려를 했다. 박정희 사단장은 군단장으로부터 선거 운동을 하라는 압력을 받고 있었다. 박정희가 참모회의에 이 문제를 부쳤더니 찬반이 엇갈렸다. 박정희는 이 자리에서 "선거에 관한 한 지금부터 나는 사단장이 아니다"라고 선언했다. 사단장이 나서서 선거운동은 할 수 없지만 사단 특무대가 설치고 다니면서 선거운동을 하는 것은 막지 않겠다는 소극적 저항이었다.

"그 정도의 저항이라도 한 사단장은 그분뿐이었을 것입니다."

윤필용 당시 군수참모의 말이다. 사단장이 움직이지 않으니 송요찬 군단장이 직접 내려와 소대원들을 모아 놓고 이승만 지지를 역설하고 다녔다. 사단 사령부에서 모의 투표를 해보니 90% 이상이 신익희 후보 지지였다. 그 신익희가 5월 5일 호남선 열차 안에서 심장마비로 急逝(급서)하자 박정희를 비롯한 사단 사령부의 많은 장교들은 아쉬워했다. 그 직후 군단 정훈장교가 5사단 사령부로 내려와 강당에 사병들을 모아놓고 선거 운동을 했다.

"신익희는 죽었고 曹奉岩(조봉암)은 기권했다. 이제는 찍을 사람이 이승만 박사뿐이다. 야당은 민주주의, 민주주의 하는데 영국 신문이 보도하기를 우리나라에서 민주주의를 기대하는 것은 쓰레기통에서 장미가 피어나기를 기대하는 것과 같다고 했다."

작전장교 曹圭東(조규동) 소위가 "질문이 있습니다" 하고 손을 번쩍 들었다.

"오늘 아침 신문을 다 봤는데 조봉암 후보가 기권했다는 기사는 없던데요."

場內(장내)에서 폭소가 터졌다. 5월 15일의 투표는 군대에선 사실상의 공개 투표였다. 투표소에 입회한 감독자에게 사병들은 자신의 기표용지를 보이고는 투표함에 집어넣어야 했다. 다른 부대와 마찬가지로 5사단에서도 이승만·이기붕 지지는 99% 이상을 기록했다. 그런 감시가 덜했던 사단 사령부에선 이승만의 득표율이 50%를 밑돌았다. 이승만은 이 선거에서 유효 투표수의 약 52%를 얻어 당선되었다. 죽은 신익희에 대한 일종의 추모 표가 약 20%나 달해 민심의 向方(향방)을 보여준 데다가 부통령으로는 張勉(장면)이 당선되었다. 이 선거는 이승만 정권의 종말을 예고한 전환점이 되었다.

5·15 선거 며칠 뒤 5사단 지역 비무장지대의 한 哨所長(초소장)이 당번병을 데리고 越北(월북)하는 사고가 났다. 이 急報(급보)를 접한 박정희는 상황장교 高澤根(고택근) 중위, 전속 부관 한병기 중위를 데리고 초소로 갔다. 운전병 이타관이 모는 지프가 사고 초소에 당도했을 때는 날이 어둑했고 벌써 북측 확성기는 두 사람의 入北(입북)을 선전하고 있었다. 월북한 소대장은 사단장, 연대장, 중대장 앞으로 편지를 세 장 남겼다. 박정희는 읽어 보더니 高 중위에게 말없이 넘겼다. 사령부로 돌아오는 車中(차중)에서 박정희는 독백하듯이 내뱉었다.

"바보 같은 놈들, 난들 어떻게 해."

당시 5사단 정보처 보안장교였던 李盛範(이성범) 중위의 기억에 따르면 편지의 요지는 이러했다.

〈사단장 앞 편지: 박정희, 너 이번 선거를 어떻게 치렀는지 잘 알지. 우리는 머지않아 다시 돌아와서 너를 심판하겠다.

연대장 앞: 연대장, 너는 이번 선거를 어떻게 치렀는지 잘 알겠지. 우리는 머지않아 다시 돌아와서 너를 처단하겠다. 중대장은 죄가 없으니 처벌하지 말라.

중대장 앞: 폐를 끼쳐 미안하다〉

이성범 중위는 이 사건을 조사한 사람인데 이런 기억을 갖고 있다.

"월북한 소대장은 경남 진주 출신인데 부산의 모 대학을 졸업했습니다. 투표 일주일쯤 전에 애인이 임신을 하여 면회를 온 적이 있었습니다. 사상적인 동기는 찾을 수 없었습니다. 제 기억으로는 1973년 무렵에 南派(남파) 간첩으로 내려왔다가 검거된 것으로 압니다."

사고는 이걸로 끝나지 않았다. 사단 사령부에 근무하던 작전장교 조규동 소위는 월북사건이 난 그 週(주) 토요일에 가짜 출장 명령서를 만들어 서울로 나왔다. 5사단에서 벌어진 부정 선거에 울분이 복받쳐 견딜 수 없었다. 다음날 〈조선일보〉 편집국을 찾아갔다. 거기서 洪鍾仁(홍종인) 주필을 만났다. 일본에서 오래 살아 우리말 발음이 서툴렀던 조 소위는 목청을 높여 투표 부정을 설명했다.

잠자코 듣고 있는 홍종인 주필을 찾아온 손님 둘이 있었다. 육본 정훈차감과 육군 특무대 고위 간부였다. 두 사람은 옆자리에 앉아 홍종인의 면담이 끝나기를 기다리고 있다가 조 소위의 말을 엿듣게 되었다. 홍 주필은 두 사람을 향해서 "당신들 이 말 들었지. 이래도 되는 거야"라고 말했다. 특무대 간부가 가만히 밖으로 나와 5사단 특무대로 전화를 걸었다. 사단 특무대에서는 이성범 중위에게 연락했다. 이 중위는 조 소위의 독신자 숙소를 뒤졌다. 별다른 자료가 있을 리 없었다. 조 소위는 월요일 밤에 귀대했다.

박정희는 이날 아침 참모들에게 신경질을 냈다.

"부하 장교들을 장악하지 못하고 이게 뭐야. 조 소위 들어오면 영창에 집어넣어!"

박정희는 그러나 사단 특무대장이 조 소위를 연행하여 조사한 뒤 구속하겠다고 하니까 "내가 확인하지 않았으니 가만 있어"라고 제지했다. 참모회의에서 윤필용 군수참모는 이렇게 말했다고 한다.

"때를 잘못 만나 그렇지 부정을 고발한 조 소위에게는 훈장을 주어야 합니다."

박정희는 작전참모 이근섭 중령에게 말했다.

"특무대에 두지 말고 작전참모 집에 데려다 방 하나 주고 감시하면서 선도하시오."

며칠 뒤 이 중령이 조규동에게 "자네도 알다시피 우리 집이 이렇게 좁아서 안 되겠어. 그러니 헌병대 숙소에 보내줄 테니 거기서 말썽 부리지 말고 있어"라고 했다. 조 소위는 헌병대 장교숙소에서 일종의 軟禁(연금) 생활을 하게 되었다. 그는 여기서 작전장교의 일도 거들어주고 식사도 잘했다. 열흘쯤 지나자 박 사단장이 불렀다.

'장군 학생'

조규동 소위가 사단장실에 들어가니 박정희는 부사단장 최재홍 대령에게 "자리를 좀 비켜주시오"라고 했다. 일 대 일 對面(대면)이 되자 박정희 준장은 조규동 소위에게 敬語(경어)를 써가면서 타일렀다.

"임자가 나쁘다는 것이 아니오. 그런 선거를 나도 하고 싶어서 한 것이 아니오. 군단장이 시키고 하니 나도 어찌할 수 없었던 거요. 만약 임자도 연대장이었으면 그런 지시를 거부할 수 없었을 거요. 청년 장교로서 임자의 정의감을 나도 인정합니다. 그러나 수술이란 때가 있는 법입니다. 섣불리 건드리면 도집니다. 지금 수술하면 희생만 큽니다. 때를 기다릴 줄 알아야 합니다."

조규동 소위는 지금도 "그분이 말씀을 참 어질게 했다"고 기억하고 있다. 이로써 조 소위의 양심선언 사건은 처벌 없이 끝났다. 그러나 인사 기록엔 이 사건이 실렸다. 나중에 조규동 소령은 베트남전에 참전하여 화랑무공훈장도 받았으나 중령 진급에 누락되어 轉役(전역)하게 된다.

1956년 5월에 있었던 부정 선거와 부하들의 잇따른 월북과 양심선언 사건은 박정희 사단장의 마음속에 하나의 결심을 심어 준다. '난들 어쩌란 말인가'란 自嘲(자조)가 보름 사이 '나라가 곪을 대로 곪도록 내버려 둔 다음 수술을 해야 희생이 덜하다'는 냉철한 계산으로 바뀐 것이다. 박정희는 권력을 잡아야 이 모순 덩어리의 상황을 뒤집어 놓을 수 있다는 결론을 내린 것이다. 이때 이후 박정희의 태도가 달라진다. '내 사람들'을 만들기 시작하는 것이다.

박정희는 두 달에 한 번 정도 서울 집에 들르고 있었다. 노량진 셋방에는 방이 두 개뿐이라 운전병 이타관은 바깥에 세워 둔 지프 안에서 잠을 자야 했다. 아침에 일어나면 추워 부엌 아궁이 옆에서 육영수와 함께 불을 때면서 몸을 녹였다.

박정희가 '내 집'을 마련한 것은 1956년 4월이었다. 서울 충현동의 낡은 2층 일본식 집을 샀다. 연건평이 약 30평. 지금 장충체육관 근처에 있었던 이 집을 살 수 있었던 것은 은행에서 융자를 해주었기 때문이다. 그래도 돈이 모자라 2층의 방 하나는 월세를 끼고 산 것이었다. 이 방에는 한 여자가 살고 있었는데 가끔 들르는 미국인의 현지처로 보였다. 집 옆에는 높은 축대가 있어 낮에도 어두웠고 홍수가 나면 下水(하수)가 逆流(역류)하여 마당이 물바다가 되곤 했다.

육영수는 가끔 인제군의 사단 사령부를 찾아왔다. 그럴 때마다 차와 과일로써 장교들을 대접하곤 했다. 육영수는 젊은 장교들에게 "다른 사단장들 집에는 차가 다 있는데 저 영감에게 차 한 대 달라고 해도 안 주세요"라고 남편 흉을 보듯 농담하다가도 금방 "그래도 저분이 인정은 참 많아요"라고 말을 돌렸다. 끝에 가선 항상 남편 칭찬이었다. 밤이 되면 육영수는 보온병에 커피를 넣어 사단장 숙소 주변에 있는 초소를 찾아갔다.

박정희 사단장은 私情(사정)과 公務(공무)를 좀처럼 혼동하지 않았다. 통신중대 副(부)중대장이었던 高燦國(고찬국) 당시 중위는 "사단장의 내무 사열이 가장 무서웠다"고 기억한다.

"사단장은 통신참모 沈(심) 중령을 총애했습니다. 심 중령은 그분의 바둑 상대였습니다. 우리는 이런 관계를 잘 알고 있기 때문에 통신중대의 내무 사열에 대해서 안심을 했습니다. 그런데 막상 내무 사열이 시작되자 사단장은 통신참모가 타고 다니던 지프부터 검열하는 것이었습니다. 차를 도크 위로 올려놓게 한 뒤 지휘봉을 든 그분이 자동차 아래로 들어가더니 손가락으로 쓰윽 문질러 보고는 '재검열!' 하고 나가 버렸습니다. 설마 자동차의 밑까지 보리라고는 생각도 못 했습니다. 모든 장교들이 차를 한 대씩 맡아 밤을 새워 가면서 윤이 반들반들 나도록 닦았습니다. 우리는 '일본 육사 출신이 무섭기는 무섭구나'라고 한마디씩 했습니다."

1956년 7월 15일 박정희는 5사단장직에서 해임되고 진해 육군대학교 入校(입교)를 명령받았다. 장군이 학생이 된 것은 박정희가 처음이었다고 한다. 5사단 장교들은, 대통령 선거에 대한 사단장의 非(비)협조와 장교의 월북 사고, 그리고 조규동 소위의 양심선언이 박정희의 左遷性(좌천성) 인사의 원인이라고 생각했다. 박정희는 진해 여좌동에 있는 집의 방 두 칸을 빌렸다. 육군대학 총장 官舍(관사)가 내려다보이는 언덕배기 집이었다. 박 준장이 방 하나를 썼고 당번병 박환영과 이타관 운전병이 다른 방을 썼다. 식사는 함안이 고향인 할머니가 食母(식모)로 들어와 해주었다.

육영수는 양식이 떨어지면 내려와 열흘쯤 머물다가 가곤 했다. 박정희·육영수 부부의 생애에서 그런 진해 생활은 가장 '오붓했던' 시절로 기록될 것이다. 박 준장은 교육을 끝내면 일찍 집으로 돌아왔다. 여름 해는 길었다. 해질 때까지의 시간을 이용하여 內外(내외)가 해안을 따라 걷기도 하고 언덕에 올라가 장엄한 落照(낙조)를 구경하기도 했다. 밤에는 교재를 뒤적이는 학생으로 돌아갔다. 육영수에게는 싱싱한 생선을 싼 값에 살 수 있다는 것이 다행이었다.

짧은 시간 박정희를 따라와 있었던 전속 부관 한병기 중위에 따르면, 박 준장은 여기서도 가끔 쌀이 떨어지는 생활을 해야 했다. 그때는 준장 월급으로도 생계 유지가 곤란했다는 것이다. 박정희는 "이승만 대통령이 일부러 장교들의 처우를 나쁘게 해놓고는 군대를 통제하려고 한다"고 분노하고 있었다.

모든 장교들을 잠재적 범죄자로 만들어 놓으면 특무대가 누구든지 잡아넣을 수 있으므로 군대에 대한 감시가 쉬워진다는 풀이였다. 6·25 후 이승만은 상이군인들을 구호하지 않고 사회 속에서 방치하여 이들이 생존을 위한 구걸과 강요를 하도록 만들었다.

김일성이 戰死者(전사자) 가족을 우대한 것과는 판이한 이승만의 이

실책은 많은 국군장교들을 反(반)이승만 정서로 돌려놓았다. 어느 날 박정희는 한병기 중위에게 편지를 써 주더니 광주 1관구 사령부의 김재춘 참모장을 찾아가 보라고 했다.

김 대령은 편지를 뜯어보고는 쌀 다섯 가마를 구해 주었다. 한 중위는 기차 편으로 여수까지 쌀을 싣고 갔으나 헌병의 검문에 걸릴까 두려운 나머지 5만 환을 받고 팔았다. 진해로 돌아와 이 돈을 내어놓으니 박정희는 일단 받아두었다가 한 중위가 서울로 돌아갈 때 2만 환을 떼 주었다.

박정희는 한 중위가 무료하게 지내는 것이 안쓰러웠던지 "내일부터는 도시락을 싸 줄 테니 바닷가에 가서 해수욕이나 하고 오라"고 했다. 며칠 뒤 한 중위는 李亨根(이형근) 참모총장의 측근에게 부탁, 陸本(육본) 補任課(보임과)에서 근무할 수 있도록 손을 쓴 뒤 박정희의 허락을 받았다. 쾌히 승낙한 박정희는 "서울에 가면 우리 집에 빈 방이 있으니 거기서 출퇴근하라"고 했다.

부부 싸움

육영수는 식량이나 돈이 떨어지면 진해로 내려와 육군대학에 다니는 박정희 준장한테서 얻어 가곤 했다. 육영수는 남한테는 절대로 남편에 대한 불평을 드러내지 않았으나 두 사람만 있을 때는 집요하게 따지는 면도 있었다. 부부 싸움의 주제는 주로 가난과 外道(외도)였다. 어느 날 한밤중에 식모 할머니가 당번병 박환영을 깨웠다. 옆방에서 두 사람의 高聲(고성)이 들려 왔다.

박환영은 싸움을 말리려고 머리를 썼다. 옆방 문을 두드리면서 "장군님, 저를 부르셨습니까?"라고 했다. 때마침 박정희는 따지고 드는 아내에게 던질 물건을 찾고 있던 중이었다. 손에 물주전자가 잡혀 있었다. 박정희는 "임마, 내가 언제 널 찾았어?"라고 소리를 빽 지르면서 물주전자를 던졌다. 박환영은 물을 뒤집어썼지만 부부 싸움은 그쳤다.

다음날 박환영은 진해의 집을 나섰다. 박정희와 육사 동기생인 韓雄震(한웅진) 장군을 찾아 전주로 갔다. 후방 부대에 근무하고 있던 한 준장은 박환영을 알아보고는 사무실에선 아무 말도 못 하게 하더니 시내로 데리고 나갔다.

"어떻게 온 거야?"

"박 장군님 생활이 말이 아닙니다. 5사단에 있을 때보다 더 어려워 가정불화가 잦습니다."

"그래? 여기서 잠시 기다려 봐."

한웅진은 어딘가 나갔다가 오더니 두툼한 봉투를 건네 주었다. 야간 군용 열차 편으로 진해로 돌아온 박환영은 봉투를 박정희에게 전달했다.

송요찬 3군단장이 어느 날 진해로 내려와 육군대학에 들렀다가 과거의 부하들에게 봉투를 돌렸다. 다른 사람들은 3만 환씩인데 박정희의 봉투엔 10만 환이 들어 있었다. 박정희는 이런 식으로 동기, 선후배들의 금전적인 도움을 많이 받았다. 그래서인지 박정희는 자신의 淸貧(청빈)을 내세우거나 부하에게 강요하려고 하지는 않았다. 오히려 "모두가 도둑놈들인데 난들 도둑질하지 말란 법이 있느냐"고 말하면서 자신을 낮추었다. 박정희가 자신의 청빈을 자랑하고 다녔더라면 그의 주위에는 사람들이 모이지 않았을 것이다.

육영수는 집안에서는 쌀이 떨어지고 있어도 당번병 박환영이 외출 나올 때 미군의 비상식량인 시레이션과 건빵을 근혜에게 갖다 주는 것을 보고는 야단을 쳤다. 고스란히 다시 싸주면서 "군인들이 먹을 음식을 가지고 나오면 누군가는 굶게 되는 것 아닌가요"라고 말했다.

박정희는 육영수에 대한 찬양시를 일기에다가 적어 놓을 만큼 아내를 좋아했지만 술집 여자들도 좋아했다. 술을 마시면 꼭 여자를 불렀다. 박정희는 여자를 고르는 審美眼(심미안)이 높고 까다로웠다. 그의 옆자리에 앉은 여자들은 키가 크고 얼굴이 긴 특징이 있었다. 대체로 육영수型(형)의 외모를 좋아했다.

3군단 포병사령관 시절 박정희는 단골 술집 여자가 "쌀이 다 떨어졌다"고 하니까 자기 집 쌀은 걱정하지도 않던 사람이 부대 쌀을 갖다 주기도 했다고 한다. 박정희가 강원도 화천에서 2군단 포병사령관으로 근무하고 있을 때 그를 찾아갔던 옛 부하장교는 匿名(익명)을 조건으로 이런 증언을 했다.

"저를 반갑게 맞으시더니 부관에게 '참모장교들에게 알려. 오늘 귀한 손님이 오셨으니 술값 가지고 집합하라고 그래' 라고 했어요. 장교들 사이로 여자들이 끼어 앉았는데 박 장군은 '여러분, 잘 들어. 오늘 이 여자들은 전부 이 손님 꺼야. 건드리지 마, 알아서 술 마셔' 라고 해요. 박 장군은 술자리에서는 상하 관계를 무시하는 사람입니다. 일본군 장교들이 술을 마실 땐 부하가 상관의 머리에 젓가락을 두드리면서 노래를 부른다고 들었는데 그분이 그런 식이었습니다. 그날 모든 장교들이 자리를 뜨고 난 뒤에도 박 장군은 단골 작부와 떨어질 줄을 몰랐습니다. 그러나 다음날 아침에 만나니 언제 그런 일이 있었냐는 듯 예의 그 찬바람 나는 군인으로 돌아와 있더군요."

박정희는 야전에 근무할 때는 꼭 단골 술집을 정해 놓고 다녔다고 한다. 일과 시간엔 엄격한 군인, 일과 후엔 소탈한 인간으로 돌아가 술과 여자를 가까이 한 박정희는 이 두 가지 면을 혼합시키지 않고 선명하게 구분해 놓았다. 그러나 육영수의 입장은 달랐다.

육영수는 소실을 다섯이나 둔 아버지 아래서 본처인 어머니가 얼마나 마음고생을 하는지를 지켜보면서 어린 시절을 보냈다. 남편의 외도를 허용하면 자신도 어머니처럼 될 위험이 있다고 판단했는지 박정희의 여자 문제에 대해서는 보통 여자들보다도 더 예민하게 반응했다. 이런 태도는 청와대 생활에까지 이어져 대통령 수행 경호원들은 육영수만 보면 겁을 먹곤 했다. 슈夫人(영부인)에게 붙들려가서 간밤 대통령의 행적에 대해서 추궁을 당한 직원들도 있었다. 충현동 집에서 함께 살던 여고생 박재옥의 눈에 비친 육영수도 행복하기만 한 주부는 아니었다.

〈나는 아버지와 육 여사가 싸우는 것을 딱 한 번 봤다. 어느 날 아침 온 가족이 식사를 하는데 근혜가 큰 소리로 떠드니까 아버지가 꾸중을 하셨다. 육 여사가 싫은 기색을 보였다. 큰 소리가 오갈 조짐이었다. 아버지는 내게 영옥이 언니 집에 잠깐만 가 있으라고 하셨다. 그 뒤 두 분이 어떻게 다투셨는지는 알지 못한다. 이상하게 육 여사의 얼굴은 밝지 않았다. 혹시 나 때문에 그러신 것은 아닐까, 나는 마음이 편치 못했다. 그 의문이 풀린 것은 내가 결혼한 뒤였다. 아버지 부관이었던 남편에게서 들은 바에 의하면 육 여사는 아버지의 여자 문제 때문에 늘 수심에 잠겨 있었다는 것이다〉

박정희·육영수는 다른 사람들에게는 박재옥을 딸이라고 적극적으로 소개하지 않아 박환영 당번병은 오랫동안 육영수의 친척 동생 정도로 알고 있었다고 한다. 손님이 오면 박재옥은 조용히 2층 방으로 올라가곤 했는데 분위기와 행동거지가 육영수와 매우 닮았었다고 한다. 육영수는 미혼인 남편의 부하들이 들르면 넌지시 "고등학교밖에 나오지 않았지만 좋은 閨秀(규수)가 한 사람 있는데…"라고 말하면서 눈치를 보곤 했다.

7사단장

박정희 준장이 진해 육군대학 학생으로 있을 때인 1957년 1월 처제 육예수는 고려대학교 사무원으로 일하던 趙泰浩(조태호)와 약혼했다. 박정희의 장모 이경령은 신랑집에서 보내온 婚書函(혼서함)을, 자신의 팔자가 사납다면서 사위에게 열도록 했다. 그 해 3월 20일 박정희는 벚꽃이 막 피기 시작한 진해에서 육군대학을 우등생으로 졸업, 열흘 뒤 6군단 副군단장으로 발령을 받아 경기도 포천의 군단 사령부로 부임했다.

당번병 박환영 하사는 "관사를 배정받았는데 전기가 안 들어와 석유 남폿불을 밝히고 살았다. 군단장 관사에만 전기가 들어왔다"고 기억한다. 6군단장은 당시 육군 참모총장 백선엽 대장의 동생 白仁燁(백인엽·전 선인학원 설립자) 중장이었다. 外柔內剛(외유내강)의 兄(형)과는 판이한 성격의 소유자인 백인엽에게는 勇將(용장)이란 단어와 함께 '즉결 처분권의 남용', '이승만의 총애', '부패 장성'이란 단어도 따라다녔다. 백인엽의 부하로 근무했던 장교들을 만나 보았더니 "그로부터 당한 모욕감에 순간적으로 이성을 잃고 나도 모르게 권총으로 손이 갔다"고 고백한 사람, "그가 나를 즉결 처분하려고 하면 나도 같이 쏘고 죽을 결심을 하고 권총에 손을 대고 있었더니 그냥 갔다"고 말한 사람도 있었다. 이런 성격의 백인엽 군단장 아래서 엘리트 의식과 자존심이 강한 박정희 준장은 모욕을 견뎌야 했다. 박환영의 증언.

"부대에 비상이 걸리면 박정희 장군도 철모에 완전 군장을 하고 대열의 선두에 섰습니다. 백인엽 군단장은 지휘봉으로 박 장군의 철모를 탁탁 치면서 무슨 훈계 같은 걸 하곤 했습니다. 박 장군은 그런 대우를 받고도 꾹꾹 참고 일절 내색을 하지 않았습니다. 다만 일과가 끝나면 過飮(과음)하여 제가 업고 숙소로 돌아오는 일들이 잦았습니다."

이 무렵 6군단은 미군이 개발한 5각 편제(1개 사단을 5개 연대, 1개 연대를 5개 대대로 나누고 부사단장이 2개 연대를 지휘)를 시험하는 훈련을 예하 사단을 상대로 하고 있었다. 박정희 副군단장은 이 훈련의 사단 통제관이었다. 이 훈련 중에 박정희는 당시 7사단의 작전장교 孫永吉(손영길) 중위를 만난다. 정규 육사 1기(통산 11기) 출신으로 全斗煥(전두환), 盧泰愚(노태우)와 동기인 손 중위는 울산농고를 졸업했는데 교장이 박정희가 대구사범에 다닐 때 스승이던 朴寬洙(박관수)였다. 박 교장을 통해서 박정희 장군의 이름을 알고 있었던 손 중위가 인사를 올렸다. 박정희는 그 뒤로 각별한 관심을 갖고 손영길을 지도해 주었다.

"사병들은 전시에는 장교의 명령 하나로 목숨을 바치게 된다. 그렇게 만들려면 平時(평시)에 잘해 주어야 한다."

"너희들은 선배들의 좋은 점만 본받고 나쁜 점은 쳐다보지도 말라. 앞으로는 너희들이 우리 군을 이끌어야 한다."

손 중위의 눈에 비친 선배 장교들 가운데는 부하들을 종처럼 부리고 군수물자를 빼돌려 자기 집을 짓는 따위의 행동을 거침없이 하는 이들이 많았다. 박정희는 그런 大勢(대세)를 홀로 거스르고 있는 고독한 모습이었다. 군 장성들의 무능과 부패에 분노하고 있었던 박정희도 4년제 陸士(육사)의 첫 졸업생인 11기 장교들에게 큰 기대를 걸었다. 이 기대는 5·16 뒤 손영길·전두환 그룹에 대한 총애와 하나회의 결성으로 발전하는 계기를 만든다.

백인엽 군단장으로부터의 모욕을 참고 있던 박정희는 결국 군단장을 들이받게 되고 두 사람은 같은 부대에서 근무하기 어렵게 되었다. 백선엽 참모총장과 참모차장 장도영 중장이 힘을 써 박정희는 1957년 9월 3일 제 7사단장으로 전보되어 강원도 인제로 갔다.

떠날 때 박정희는 마당에서 기르던 수십 마리의 닭들을 장교 가족들에게 나누어 주었다. 군인 가족들은 길 양쪽으로 도열하여 박정희와의 이별을 아쉬워했다고 한다. 백인엽은 5·16 직후 부정축재 혐의로 구속되어 이른바 혁명 재판을 받고 실형을 선고받았다. 그 혐의 중엔 박정희가 副군단장으로 재직 중일 때 있었던 軍納(군납)업체로부터의 受賂(수뢰)와 기름 처분에 의한 蓄財(축재) 사실이 포함되어 있었다.

박정희가 사단장 취임식을 할 때 사열을 지휘한 사람이 손영길 중위였다. 그 뒤로 박정희는 손 중위를 수시로 숙소나 회식장으로 불렀다. 사단장의 총애 덕분에 손영길은 대령급 장교들 사이에 끼여 술을 마시곤 했다. 박정희는 "이것도 공부야, 잘 배워 둬"라고 했다. 박정희는 상급부대에서 시찰을 오면 사단 훈련 시범을 손영길에게 맡기다시피 했다. 박정희는 또 越冬用(월동용) 김장을 할 때 손영길을 감독장교로 지명하여 떼먹는 사람이 없도록 했다. 손영길의 기억에 따르면 그때 김장용 식료품을 납품한 사람은 박정희의 매형이었다. 손 중위가 규정량대로 고춧가루, 마늘, 생강을 넣도록 하는 바람에 그 매형은 손해를 보았다고 한다.

박정희 신임 7사단장은 5사단 때의 참모 차규헌 중령을 인사참모로, 윤필용 중령을 군수참모로 데리고 왔다. 박정희가 자기 사람을 데리고 다닌 것은 이때가 처음이다. 그가 의식적으로 人脈(인맥)을 구축하기 시작한 것이다.

박 준장이 7사단장으로 부임한 직후 평상시의 군대사고로는 가장 큰 보급 창고 화재 사건이 났다. 월동용 보급품이 창고에 들어온 날 밤 11시쯤 불이 났다. 人夫(인부)들이 일하다가 담배꽁초를 버린 것이 火因(화인)이었다. 1개 연대분의 피복이 몽땅 타 버렸다. 박정희는 문책을 각오했다. 그런데 당시 1군사령관 송요찬 중장이 박정희에게 전화를 걸어왔다.

"그 병참부장 혼 좀 내시오. 너무 걱정하지 마시오. 불탄 피복은 다 바꾸어 줄 테니 피해량을 조사해서 보고하시오."

박정희는 그 전에 잃어버린 피복까지 피해품으로 보고하여 새로 보급을 받았다. 박정희는 그때 우리 군의 痼疾(고질)인 구조적 부패를 개혁하려고 했다. 양곡 관리 상황을 감사하여 400가마의 결손을 발견했다. 박정희는 양곡 관리의 책임자를 군법회의에 넘겨 엄벌하도록 지시했다. 재판장에게도 사단장이 특별히 당부했다.

"쌀 도둑질 하는 놈들을 군법회의에 넘겨도 결국엔 다 빠져나가버리고 옥살이 하는 걸 보지 못했어. 이번엔 내가 도시락을 싸들고 다니면서 어떻게 되는지 확인할 테야."

무책임한 家長

　7사단장 시절 박정희 준장의 법무참모는 박 대통령 밑에서 법무장관과 중앙정보부장을 지낸 申稙秀(신직수) 중령이었다. 군법회의는 양곡 관리 관련자들에게 重刑(중형)을 선고했다. 군법회의의 선고는 지휘관이 그 刑量(형량)을 확인해야 발효된다. 7사단장 박정희는 한 달이 지나도록 결재를 미루었다. 하루는 참모들과 만나서 다른 이야기를 나누던 그가 고민스런 표정으로 이렇게 입을 여는 것이었다.

　"내가 이 중령이 빼먹었다는 양곡 400가마의 내역을 보니까 저 혼자 먹은 것은 얼마 안 되더군. 거의 다 뜯기고 상관들에게 바친 것이야. 아마도 내가 그동안 부대에서 가져다 쓴 양곡도 다 합치면 꽤 될 거야. 그런 이 중령을 감옥에 보내자니 가슴이 맺히는군."

　군수참모 윤필용 중령이 "각하의 고민을 잘 알겠습니다. 어떻게 선처할까요"라고 물었다.

　"이 중령이 집을 팔든지 해서 변상시키고 파면만 시키는 것이 어떨까?"

　윤필용에 따르면 당시 양곡을 부대에서 떼먹는 일은 구조화되어 있었다고 한다.

　"그때 장교들 월급으로는 담뱃값도 못 댈 정도였습니다. 장병 급식용 양곡에서 쌀을 빼내가는 관행이 생기지 않을 수 없었습니다. 쌀가마가 여러 단계를 거치는 과정에서 축이 나 막상 사병에게 전달될 때는 쌀가마니를 한 손으로도 들 수 있을 정도였습니다. 대부분의 사단장들은 '눈 감아 줄 테니 알아서 하라'는 식이었습니다. 그 말 속에는 재수 없이 발각되면 난 책임지지 않겠다는 뜻이 들어 있었지요. 박 사단장은 이 문제를 양성화했습니다. 쌀 한 가마에 2kg씩 떼 내도록 했습니다. 1kg은 사단 운영비나 장교들에 대한 생활보조금으로 쓰고 나머지는 병참부장에게 모아 주어 결손이 난 양곡을 보충하도록 했습니다."

1958년 3월 박정희 7사단장은 소장으로 진급했다. 이때도 '생명의 은인' 백선엽 육군 참모총장의 도움이 있었다. 경무대로 올라간 소장 진급자 명단을 본 郭永周(곽영주) 경무관(대통령 경호실장격)이 백 대장에게 전화를 걸어 왔다.

"박정희 장군의 신원조회에 左翼(좌익) 활동 경력이 나타났습니다."

백 대장은 단호하게 말했다.

"박 장군에 대해서는 내가 보증합니다."

박정희는 肅軍(숙군)에 걸려 1년 남짓한 공백이 생겼지만 육사 2기생 가운데는 가장 먼저 소장으로 진급했다. 백선엽, 장도영, 송요찬 같은 군 수뇌부 인사들이 그의 인간됨을 이해하고 덮어 주고 끌어 주었기 때문이다. 박정희는 사람을 대할 때 좋고 나쁘고가 너무 분명한 면이 있었다. 당시 직속상관은 吳德俊(오덕준) 3군단장이었는데 박정희는 그를 높게 평가하지 않았다.

어느 날 오덕준이 전속 부관 한병기 대위에게 전화를 걸어 "나 거기로 갈 테니 사단장과 점심 식사를 같이 하고 싶다고 전해줘!"라고 했다. 박정희는 "나 없다고 해!"라고 했다. 한 대위가 다시 군단으로 전화를 걸었더니 군단장은 출발한 뒤였다. 박정희는 휑하니 사무실을 나가면서 내뱉었다.

"참모장 보고 접대하라고 해!"

7사단에 대한 국정감사가 있을 때였다. 여당인 자유당은 어물쩍 넘어가려고 하고 야당인 민주당 의원들은 사단장을 상대로 꼬치꼬치 따졌다. 감사가 끝난 뒤 부하들을 모아 놓고 박정희는 자유당 의원들을 擧名(거명)하면서 "저것들이 무슨 국회의원이냐"고 경멸투로 말했다. 그러면서 참모장더러 자유당 의원들을 접대하라고 시키고 자신은 李哲承(이철승) 등 야당 의원들을 모시고 나가 접대했다. 그 뒤로도 박정희는 이철승 의원을 좋아했고 이 의원도 박정희를 높게 평가했다.

1958년의 4대 총선 때 청년 정치인 金大中(김대중)은 7사단이 있는 인제 선거구에 민주당 후보로 등록하려고 했으나 官權(관권)의 방해를 받아 무소속 후보로 출마하여 자유당 후보와 맞섰다.

〈이때 우연히도 인제에 박 대통령이 7사단장으로 주재하고 있었다. 당시 그와 부정 선거와는 관계가 없던 것이지만 나는 정부와 여당의 소행이 너무나도 괘씸해서 이같은 실상을 그에게 호소해 보려고 군청에서 20m쯤 떨어진 사단장 관사를 찾아갔다. 박 사단장은 不在中(부재중)이어서 만나지 못했지만…〉(《행동하는 양심으로》에서 인용)

그 뒤로 박정희가 죽을 때까지 두 사람 사이의 일 대 일 對面(대면)은 한 번도 없었다.

1958년 5월 박정희는 서울의 충현동에서 신당동으로 이사했다. 대지 100평, 건평 30평쯤 되는 일본식 단층집이었다. 이 집을 사는 데 든 450만 환을 만드는 데는 7사단의 연대장들과 포병단장이 도움을 주었다고 한다. 박정희는 사단장 정보비가 나오면 참모들에게 나누어주었다. 자기 가정의 생계에 대해서는 무책임할 정도로 무관심하였다. 참모 중 한 사람이 독일산 사냥개 와이마르너 암컷을 육영수에게 주었다. 육영수는 이 개를 키워 새끼를 낳으면 시장에 내다팔아 생활비에 보탰다. 윤필용 중령이 "저 개가 새끼를 낳으면 한 마리 주세요"라고 미리 부탁을 해놓았는데도 다 팔아버리더라고 한다.

7사단장 시절에도 육영수는 한 달에 한 번꼴로 인제로 와서 남편과 함께 있다가 가곤 했다. 부부 싸움을 하고 헤어지는 경우가 더러 있었다. 박정희의 여자 문제 때문이었다. 7사단의 어느 장교 아내가 육영수에게 그동안 있었던 사단장의 여성 편력을 고자질하곤 했다. 어느 날 그 장교 집에서 집들이 회식이 있었다. 윤필용 중령이 사단장을 모시러 갔다. 박정희는 퉁명스럽게 말했다.

"난 안 가겠어. 그 여편네는 이상한 여자 아냐? 자기 남편 감시나 잘하지 왜 남의 남편을 감독해!"

1958년 10월 3일 박정희와 첫 부인 김호남 사이의 첫딸 박재옥이 전속 부관 한병기 대위와 결혼식을 올렸다. 종로 동원예식장에서 있었던 결혼식에서 주례는 박정희가 만주군관학교 생도 시절부터 따랐던 元容德(원용덕) 헌병총사령관이었다. 박정희는 이날 '기분이 좋아 보였지만 한편으로는 착잡한 것 같았고 술을 많이 마셨다'고 한다(박재옥의 기억).

박재옥은 이부자리 한 채와 백금반지 하나가 婚需(혼수)의 전부였다고 기억한다. 결혼식 의상도 따로 짓지 않고 한복으로 때웠다. 한병기는 반지도 구리로 하자고 했다. 보석으로 만들면 가난으로 팔아버릴 가능성이 있기 때문이란 것이었다. 이것만은 박재옥이 반대했다. 신혼부부는 경주로 여행을 갔다. 박재옥은 어머니가 경주에 살고 있다는 소식을 전해 들었기 때문에 혹시 만날 수 있을까 해서였다.

1軍 참모장

박정희 소장의 7사단은 설악산 일대를 관할 지역으로 하고 있었다. 대청봉 능선에서 8연대가 예비진지 공사를 하고 있었다. 예비진지란 제1선이 붕괴되었을 때에 대비한 제2선의 참호와 교통호였다.

박정희는 어느 날 아침 회의를 하다가 8연대장이 이 진지 공사 현장에 한 번도 올라가 보지 않았다고 하자 화를 내더니 같이 가 보자고 일어섰다. 박정희는 '스페어 깡'이라 불리던 20리터들이 야전 철통 20개에다가 막걸리를 담아 들고 오게 했다. 사단장과 참모들은 설악산 등산을 시작했다. 정상 바로 아래서 반달곰을 발견하여 사살했다. 박정희는 곰고기를 삶아먹도록 했는데 비릿한 맛이었다고 한다.

해발 1,000m를 훨씬 넘는 고지에서 참호 공사를 하던 병사들은 사단장이 갖고 온 막걸리와 곰고기를 飽食(포식)했다. 진지 공사를 지휘하던 대대장이 박정희에게 보고했다.

"제가 전쟁 때 이곳에서 소대장으로 근무하다가 적의 기습을 받고 후퇴했는데 부하 사병 한 사람이 호 안에서 죽어 있는 것을 수습하지 못했습니다. 비옷으로 시신을 덮어 놓고 돌로 호를 채운 뒤 표시를 해두고 물러났는데 이번에 이 공사를 하러 와서 유골을 찾았습니다."

"그것 잘 됐다. 좀 기다려 봐."

박정희는 마치 地官(지관)처럼 사방을 둘러보더니 "이곳에 매장하자"고 했다. 즉석에서 묘를 파고 유골을 옮겨 묻었다. 그리고 原木(원목)을 깎아 碑木(비목)을 세웠다. 그러고는 막걸리를 붓고 위령제를 지냈다.

며칠 뒤 8연대 방첩대 파견대장 李東傑(이동걸) 소령이 사단장 숙소에 들렀더니 박정희는 마분지 위에 무엇을 놓고 태우고 있었다. 이 소령이 "그게 뭡니까"라고 묻자 박정희는 씩 웃으면서 "웅담을 말리는 중이야" 라고 했다. 이동걸 소령은 '사단장이 별것까지 알고 있다'고 생각했다. 방첩대 장교의 눈에 비친 박정희는 약점이 없는 사람이었다. 지휘관들 이 부패하면 방첩대 장교들의 눈치를 보면서 비굴한 태도를 취하는데 박정희는 그런 게 없으니까 오히려 방첩대가 여러 가지로 도움을 청해 야 했다.

박정희는 폭음을 하고 있었다. 술자리에서 업혀 나오는 경우가 많았 다. 술자리에선 천진난만한 어린아이 같았다. 어느 날 박정희는 이동걸 에게 "어이, 자네가 남자해라. 내가 여자할게"라고 하더니 酌婦(작부)의 치마를 벗겨 자신이 입고는 이동걸을 데리고 마루로 나와선 마루판이 꺼질 정도로 뛰고 춤추고 했다.

방첩대가 관리하고 있던 박정희의 신상기록표엔 좌익 前歷(전력)이 적혀 있긴 했지만 방첩대에선 그런 면에선 더 이상 신경 쓰지 않았다고 한다. 이동걸은 "박 사단장은 파렴치범은 가차 없이 군법회의에 넘겼지 만 업무상 잘못을 저지른 부하들은 과감하게 용서했다. 그 구분이 철저 했다"고 기억한다.

1958년 6월 17일 박정희 소장은 1군 사령부 참모장으로 임명되어 원 주로 부임했다. 그 전해 1군 사령관으로 승진한 송요찬 중장이 그를 데 리고 간 것이다. 송요찬은 대외적인 활동에 바빠 야전군의 안살림을 박 정희에게 맡기다시피 했다. 치밀한 박정희와 호탕한 송요찬은 서로 잘 맞았다. 박정희로서는 야전군의 사단장들 및 참모들과 업무적으로 친해 져 자연스럽게 인맥을 구축하는 기회가 되었다. 박정희 참모장 아래를 거쳐 간 참모진은 인사 朴敬遠(박경원·육군 소장 예편), 작전 崔澤元(최택원·총무처 차관 역임), 작전 蔡命新(채명신·주월 한국군 사령관 역임), 정보 金容珣(김용순·중앙정보부장 역임) 등이었다. 모두 5·16 거사 때와 박정희 정권 시절에 重用(중용)되었다.

송요찬·박정희 콤비는 이때 국군 역사상 가장 큰 개혁 중의 하나를 했다. 즉, 후생 사업을 중단시킨 것이다. 군대 차량을 민간인에게 대여해주어 돈을 받고 이 돈으로 월급이 적은 장교들을 도와준다는 취지로 한국전 때부터 묵인되었던 후생 사업을 1군에서부터 없애자 곧 全軍(전군)으로 파급되었다. 이 후생 사업으로 많은 장교들은 부패, 치부하면서 정치권과 언론한테는 약점이 잡혀 있었다. 이런 구조적 부패 요인을 뜯어고치자니 반발이 없을 수 없었다. 작전참모 채명신 준장은 이렇게 적었다(회고록 《死線(사선)을 넘고 넘어》).

〈후생 사업으로 군내의 갈등이나 상하 간의 불신은 말이 아니었다. 돈욕심이 많은 지휘관이 있는 부대는 특히 심했다. 송요찬 사령관은 말했다.

"후생 사업으로 인해 전쟁에 써야 할 차량이 폐차로 변해 가는데 이러다가 정말 전쟁이라도 나면 어떻게 하겠소. 그러니 어렵지만 후생 사업을 중지합시다."

정말 당시로선 대단한 결심이었지만 우려의 소리가 흘러나왔다.

"어렵습니다. 그간 부대 운영에 상당한 도움을 주었는데. 게다가 권력기관이나 육본, 국방부와도 마찰을 부를 우려가 있습니다."

박정희 참모장과 나는 "지금 하지 않으면 시기를 놓치게 됩니다"면서 송 장군의 방침을 지지했다. 결국 우리는 甲論乙駁(갑론을박) 끝에 후생

사업과 단절할 것을 결심했다〉

송요찬은 지휘관들을 불러 모아놓고 이렇게 지시했다.

"앞으로 30일 이내에 민간인들에게 대여해 준 모든 차량을 원대복귀시킨 다음 정비를 마치고 지휘검열을 받을 준비를 하라!"

송요찬은 이어서 1군 전 부대에 대한 毛布實査(모포실사)를 했다. 그때까지 장부상으로는 사병 1인당 여섯 장이 지급된 것으로 되어 있었다. 실사를 해 보니 1인당 한 장꼴도 되지 않았다. 수십만 장의 모포가 없어진 셈인데 그래놓고도 미군에 대해서 추가적인 모포 지급을 요청해야 했다. 송요찬은 이어서 부대의 난방, 취사용 연료를 장작에서 석탄으로 바꾸어나갔다. 군부대가 있는 곳에 숲이 남아나지 않는다고 해서 '송충이' 란 별명까지 얻게 했고 벌목 때문에 지휘관들이 기자들의 밥이 되도록 했던 시대를 마감할 수 있었던 것은 이 무렵 황지를 중심지로 한 석탄 增産(증산) 붐 덕분이었다.

휴전 후 우리 군대는 막사 건설, 진지 구축, 전술도로 공사에 열중했다. 외부에서 資材(자재)를 지원받지 않고 거의 自力(자력)으로 이런 건설공사를 하자니 나무가 남아나질 않았다. 금화 남쪽 사창리에 주둔하고 있던 6사단에 근무했던 李建榮(이건영·12·12 사건 때 3군 사령관) 당시 중령은 이렇게 썼다(회고록 《敗者(패자)의 勝利(승리)》).

〈스리쿼터의 차바퀴를 빼고 긴 피댓줄을 걸어 톱을 설치, 산골짜기에 놓고 製材(제재)를 했다. 야전삽에 날을 세우고 곡괭이는 끌, 도끼, 까뀌 등 훌륭한 건축 工具(공구)가 되어 돌을 깎고 모나게 하는 데 쓰였다. 삽과 곡괭이는 너무 써서 원형마저 잃을 정도였다. 철조망을 잘라서 못을 만들어 썼다. 막사를 짓고 도배는 건빵봉지와 피우고 난 빈 담뱃갑으로

했다〉

逆境(역경)에 처했을 때 위대한 생존력을 발휘하는 한국인들의 '無 (무)에서 有(유)를 만드는 능력'은 1950년대의 군대에서부터 단련되고 있었다.

CIA지부 개설과 李厚洛의 등장

누군가는 해야 했던 군대의 구조적 문제점을 개혁한, '고양이 목에 방 울을 단' 송요찬 1군 사령관에게 모략이 쏟아졌다. 국회에서도 감사반을 보냈다. 개혁에 대한 이런 반발을 무난히 극복할 수 있었던 것은 박정희 소장을 중심으로 참모진이 똘똘 뭉쳐 외부 압력에 대응했기 때문이었 다. 송요찬은 별명이 '石頭(석두)'였다. 그러나 그는 아랫사람의 直言(직 언)과 發想(발상)을 순수하게 받아들이는 포용력이 있었다. 그는 부하인 박정희 참모장을 어렵게 대했다. 한번은 헌병부장이 참모장을 거치지 않고 바로 송 사령관의 결재를 받아 차량 관리 책임자를 군법회의에 넘 긴 적이 있었다. 이런 越權(월권)을 참을 사람이 아닌 박정희는 헌병부 장을 불러 재떨이를 날린 다음 송요찬을 찾아갔다.

"각하, 시정을 해주시든지 저의 사표를 받으십시오."

송요찬은 껄껄 웃으면서 말했다.

"내가 워낙 결재를 많이 하다가 보니 그것이 그냥 묻어 넘어간 모양이 구려."

송요찬 장군이 깐깐한 박정희 참모장을 휘어잡는 방법이 있었다. 그는 술고래였다. 定評(정평)이 난 박정희의 酒量(주량)도 송요찬에 비할 바가

못 되었다. 부하 30여 명을 상대로 毒酒(독주)로 對酌(대작)을 한 다음날 아침에 송요찬은 칼날처럼 定時(정시)에 출근했다. 참모회의를 소집하여 놓고 결근한 자리가 많을수록 그는 "다 안 나왔나?"라고 하면서 기분 좋아했다. 그때마다 "여기 작전참모 있습니다"라고 말하는 이는 채명신 준장이었다. 채 준장은 술을 전혀 못 하기 때문에 항상 列外(열외)였던 것이다. 박정희도 송 장군과 마신 뒤엔 늦게 출근하곤 했다.

박정희는 5사단장 시절부터 총애해온 윤필용 중령을 1군 참모장 보좌관으로 데리고 있었다. 어느 날 그는 윤 중령을 불러 조용히 부탁을 하는 것이었다.

"기밀비에서 5만 환을 떼어서 채명신 방에서 기다리는 사람에게 건네주되 나는 전방 시찰 중이라고 전해."

그날 저녁 박정희 소장은 윤필용에게 이런 사연을 털어놓았다.

"숙군 시절에 내가 서대문 형무소에서 조사를 받고 있을 때 아까 그 친구가 나를 訊問(신문)한 헌병이었어. 내가 육사 중대장으로서 가르친 5기생이지. 나는 조사받지 않을 때는 취조실 문쪽 바닥에 늘 꿇어앉아 있곤 했어. 아까 그 친구는 복도를 왔다 갔다 하다가 내가 꿇어 앉아 있어 복도에서 보이지 않으니까 '박정희 그 새끼 어디 있어!' 하고 호통을 치곤 했지. 그 사람이 군복을 벗었는데 채명신이한테 돈을 얻으러 온 거야. 내가 직접 전해주자니 그 사람 얼굴을 보면 옛날 생각이 날 것 같아 자네를 시킨 걸세."

1군 참모장 박정희 소장의 당번병 박환영 하사는 제대를 하게 되었다. 박정희에게 전역 인사를 하러 갔더니 이렇게 말하는 것이었다.

"환영아, 5급 공무원 정도의 월급을 받도록 해줄 테니 나하고 같이 있자."

박환영은 인간 차별을 하지 않고 식구처럼 대해 주었던 박정희의 권유를 거절할 수 없었다. 운전병 이타관 하사도 일단 제대했다가 박정희의 권유를 받고 재입대했다. 두 사람 모두 박정희가 죽을 때까지 모시게 된다.

1959년 2월 송요찬 1군 사령관이 육군 참모총장으로 榮轉(영전)하고 유재흥 연합참모본부 의장이 그의 後任(후임)이 되었다. 유 중장은 박정희 참모장 등 부하들을 모아 놓고 훈시를 했다. 이 훈시 가운데 '우리는 김 씨의 군대도, 박 씨의 군대도 아닌 국민의 군대이다' 라는 대목이 있었다. 그 며칠 뒤 경무대에서 "불충한 발언이다"는 詰問(힐문)이 내려왔다.

유재흥은 閔機植(민기식) 소장을 부사령관으로 임명한 뒤 1군 사령관으로 부임했는데 이번엔 자유당의 실력자인 이기붕 국회의장 쪽에서 반발했다. 민 장군이 선거 때 자유당에 협조하지 않았다는 것이 이유였다. 이 무렵 군 상층부는 이미 정치바람을 크게 타고 있었다.

당시 국방장관은 공군 참모총장 출신인 金貞烈(김정렬)이었다. 하루는 웨인 넬슨이라는 미국인이 김 장관을 찾아왔다. 미국 중앙정보국, 즉 CIA 간부라고 자신을 소개한 넬슨은 CIA 서울 지부를 창설하러 왔다고 말하는 것이었다. 어리둥절해하는 김 장관에게 넬슨은 전임 장관인 金用雨(김용우)와 CIA 국장 앨런 덜레스가 함께 서명한 협약서를 제시했다. 한미 두 나라의 정보 협력에 대해서 규정한 문서였는데 김정렬은 이런 것이 있는 줄 그때 처음 알게 되었다.

넬슨은 이 협약에 따라 CIA 지부를 개설하고 이 기구와 상대할 한국 측 정보기관도 만들어 줄 것을 요청했다. 김 장관이 이 문제를 이승만 대통령과 상의했더니 대통령은 내키지 않는 표정으로 CIA 지부의 창설을 허가하면서도 주의를 주는 것이었다.

"CIA는 못된 놈들이야. 조심해!"

6·25 동란 중 CIA는 진해 근방의 한 섬을 차지하여 특수부대를 훈련시키고 있었다. 이승만이 낚싯배를 타고 이 섬을 지나가자 미처 통보를 받지 못한 특수부대원이 발포하는 사건이 있었다. 다친 사람은 없었지만 화가 난 대통령은 CIA 요원들을 추방시켜 버렸던 것이다. 이런 배경을 알고 있던 넬슨은 CIA원들에게 외교관 특권을 제공해 주고 자신들을 주한 미군이나 미 대사관과는 다른 별도의 독립된 존재로 대우해 달라고 요구했다.

김정렬은 CIA 지부를 미 대사관 안에 설치하고 요원들도 형식상 대사관 직원으로 등록하면 외교관 특권을 받을 수 있지 않겠느냐고 제안했다. 넬슨은 독립 기관 대우를 계속 요구하다가 결국은 '대사관內(내) 설치'로 낙착되었다. 이 이후 CIA 지부는 대사관의 한 부서로 위장하고 지부장은 대사의 특별보좌관이란 對外職名(대외직명)을 갖게 되었다.

김정렬 장관은 CIA와 상대할 우리 쪽 정보기관을 창설하는 과정에서 李厚洛(이후락) 소장을 발탁하게 되었다. 이후락은 군사영어학교 출신이고, 박정희 소령이 軍內(군내) 남로당 수사에 걸려 군복을 벗었을 때는 그의 뒤를 이어 육본 정보국 전투정보과장으로 일한 적이 있었다. 이때는 주미 대사관에서 武官(무관)으로 3년간 근무하고 귀국하여 일정한 직책을 받지 못하고 있었다. 이후락은 군내에서는 유재흥 장군 계열로 알려져 있었다. 유재흥 중장이 교육 총본부를 창설하여 초대 총장이 되었을 때는 그의 비서실장이었다.

김정렬의 회고록에 따르면 이후락은 미국 근무에서 귀국한 뒤 유재흥을 찾아가 補職(보직)을 부탁했다고 한다. 유재흥은 김정렬 장관을 찾아와 이후락을 써 달라고 간청했다. 김정렬 장관은 그를 CIA 한국지부장의 상대역으로 삼기로 했다. 우선 국방장관 직속으로 '중앙정보부'를 창설하고 이후락을 그 책임자로 임명했다. 인원은 육·해·공군에서 뽑은 40명의 장교와 사병들로 구성하고 남산에 있던 연합참모본부 건물에 사무실을 냈다.

"썩은 고목 같은 것이…"

1959년 1월에 공식적으로 발족한 이후락 소장의 중앙정보부가 처음에 한 일은 미 CIA가 넘겨 주는 방대한 양의 정보 문서를 정리하는 것이었다. 정보부는 자료실을 설치, 공산권의 국가별 정보 분류를 시작했다. CIA가 제공한 공산권 정보를 정리하여 이후락의 정보부는 매일 국방부 장관 비서실장에게 보고하고 비서실장은 일주일에 한 번씩 이를 요약하여 김정렬 장관에게 보고하는 체계를 세웠다. 정보부는 북한 측 정보를 정리하여 CIA 측에 넘겨주곤 했는데 우리의 對北(대북) 정보망이 허약하여 줄 것이 별로 없었다고 한다.

이후락은 중앙정보부를 '79호실'이란 암호명으로 부르자고 김 장관에게 제의했다. 김 장관은 이를 허락한 뒤에야 79라는 숫자가 이후락의 군번인 10079에서 딴 것임을 알게 되었다. 1958년 라오스에서 콩레 대위가 이끄는 좌익 쿠데타가 일어나 내전에 돌입했다. 이승만 대통령은 라오스에 국군을 파병하여 우익 정권을 돕는 방안을 검토하라고 국방부에 지시했다. 이후락 소장은 극비리에 라오스에 잠입하여 우익 지도자 노사반 장군을 만나고 왔다.

　김정렬 장관이 이후락을 데리고 이승만 대통령한테 보고했다. 이후락은 "노 노 노 노사반 장군이…"라고 더듬거려 김정렬이 진땀을 빼면서 도와 주었다. 라오스 파병은 구상 단계에서 더 진전되지 않았다. 김정렬 장관은 또 국무회의 때 10분 정도 시간을 내어 이후락으로 하여금 국제 정세, 특히 동구권 정세를 보고하도록 했다. 박정희 정권의 3대 인물 박정희, 이후락, 김종필, 세 사람은 정보장교였다는 공통점이 있고 국가 운영에서 정보가 차지하는 중요성을 체험적으로 알고 있었던 사람들이다.

　1959년 7월 1일 박정희는 서울 지역을 관할하는 6관구 사령관으로 자리를 옮겼다. 요사이의 수도방위사령부에 해당하는 要職(요직)이었다. 이 해 겨울, 박정희는 또 불을 냈다. 영등포의 사령부 건물 내 교육과장(과장 李洛善·이낙선) 사무실에서 난로 과열로 불이 나 사령관실, 참모장실, 고문관실, 작전정보처 사무실을 모두 태웠다. 다행히도 기밀 서류만은 건졌다. 팔짱을 끼고 불구경을 하던 박정희 소장은 관할 경찰서장이 옆에 와서 火因(화인)을 꼬치꼬치 묻자 신경질을 내면서 일격을 가해 벌렁 나자빠지게 만들었다. 안면이 넓고 수완이 좋은 참모장 김재춘 대령이 뛰어다녀 이 화재는 언론에 보도되지 않고 조용히 넘어갔다.

　서울을 衛戍(위수) 지역으로 하고 있던 제6관구의 사령관은 상당히 정치적인 자리였다. 국회의원들과 권력층의 청탁이 많이 들어왔고 언론과 접촉하는 기회도 많았다. 박정희는 이런 對外的(대외적)인 일들을 김재춘 참모장에게 주로 맡겼다. 그런 박정희도 부대 내에서 어려운 문제가 터지면 정치권에 부탁을 했다.

당시 대구 출신 辛道煥(신도환) 의원은 자유당의 젊은 實勢(실세)였다. 이승만 대통령과 이기붕 국회의장의 총애를 받아 반공청년단 단장, 대한체육회장 서리로 있었다. 어느 날 그가 묵고 있던 명동 사보이 호텔의 접수대에서 그의 방으로 전화가 걸려왔다. 육군 소장이 찾아 왔다는 것이었다. 신도환은 최홍희 장군이 또 태권도 협회의 분규 타결 방안을 의논하려 온 것으로 생각했다. 문을 두드리는 소리가 들려 "들어오시오"라고 해도 가만히 있어 신 의원이 문을 열었다. 작은 키에 깡마른 소장이 서 있었다. 눈매가 날카로웠다.

박정희는 방으로 들어와서 "6관구 사령관 박정희"라고 인사를 하더니 바로 본론으로 들어갔다. 부대에서 영관급 장교들이 부정 사건에 연루되어 구속되었는데 그 사건은 자신과는 무관하니 선처해 달라는 취지였다.

신도환은 기분이 나빴다. 태도도 당돌할 뿐 아니라 부하의 잘못을 상관이 책임질 생각은 하지 않고 혼자서 살 길을 찾는 것 같았기 때문이다. 박정희는 자신은 대구가 제2의 고향이라 대구 출신인 신 의원을 찾아왔다고 했다. 신도환 의원은 듣기 싫은 말을 해주고 박정희를 돌려보냈다. 그 뒤 신도환은 대구에 있는 2군 사령관 崔榮喜(최영희) 중장에게 "박정희가 어떤 사람이냐"고 물었다. 최 중장은 "아주 청렴한 군인이다"고 칭찬을 아끼지 않았다.

신도환은 그 뒤 군 수뇌부 인사를 만나면 최영희 장군의 인물평을 전해 주면서 박정희를 두둔했다고 한다. 신도환은 4·19 뒤 고대생 습격사건으로 구속되어 재판을 받았으나 무죄를 선고받고 풀려났다. 5·16 뒤 소급 입법으로 신설된 혁명재판소에 의해서 법정 구속되어 20년형을 선고받고 8년 10개월을 복역했다.

1959년 가을 박정희는 자유중국 정부의 초청을 받고 여러 장성들과 함께 대만을 방문했다. 이들 장성은 경무대로 가서 이승만 대통령에게 인사를 한 뒤 '서대문 경무대'로 불리던 이기붕 국회의장 집에도 찾아갔다고 한다(이낙선 증언). 대만 시찰에서 돌아온 박정희는 이런 불평을 했다.

"경무대엔 군 통수권자가 계신 곳이니 응당 가서 인사를 올려야겠지만 서대문엔 뭣 하러 안내한단 말이야. 국회의장이 군하고 무슨 관계가 있나. 썩은 고목 같은 사람이 무슨 정치를 한다고. 팔팔한 새 나무를 심어도 꽃이 필까말까 하는 땅인데… ."

참모들이 "각하, 그만하십시오"라고 말리자 박정희는 내뱉듯이 말했다.

"내가 군복을 벗으면 될 것 아니야."

이 무렵, 즉 1960년 월간잡지 〈思想界(사상계)〉 1월호에 장교들을 자극하는 논문이 한편 실렸다. 미 상원 외교분과위원회가 콜론 연구소(Colon Associates Institution)에 의뢰하여 작성한 '미국의 對(대)아시아 정책'이란 題下(제하)의 논문이었다. 장교들이 관심을 가지고 읽은 부분이 있었다.

〈한국에서도 다른 나라의 예대로 군사 지배가 정당을 대체하는 사태가 있을 수 있는가. 그 가능성은 당분간 희박하다. 현재 한국군에는 정치적 신망이나 조직력을 가진 군인이 없다. 육군엔 야심가는 많이 있으나 지금까지 육군은 정부의 주인이 아니라 그 도구에 불과했다. 그것은 부분적으로 자유당 정부, 특히 이승만 대통령의 군부 조종 기술 때문에 그렇게 된 것이다. 政敵(정적)이 될 만한 사람은 실각당했고 강력한 독립성을 가진 지휘관은 냉대받았다. 만일 정부가 완전히 실패하게 되면 언젠가 한 번은 군부 지배가 출현하리라는 것은 확실히 가능한 일이지만 가까운 장래에 그런 일이 일어나리라고는 상상할 수 없다〉

제11장

激浪 속으로

朴正熙

최초의 發說

'한국군이 정권을 잡는 일은 당분간 불가능할 것이다'는 잘못된 예측을 한 미국 콜론 보고서가 실린 1960년 1월호 〈사상계〉를 읽은 많은 장교들 가운데는 박정희 소장도 있었다. 이 보고서를 작성하는 데 관여했던 미국 샌프란시스코 근교 버클리 소재 캘리포니아 주립대학의 스칼라피노 교수는 5·16 직후 서울에 와서 박정희 의장을 만났는데 콜론 보고서가 話題(화제)가 되었다고 한다.

콜론 보고서 발간 1년여 뒤 5·16 새벽 한강을 선두에서 건넜던 김포해병 1여단의 金潤根(김윤근) 준장은 이 무렵(1960년 초)엔 진해의 해병교육단장으로 근무 중이었다. 어느 날 친구의 아우인 해병 중위가 찾아오더니 "콜론 보고서를 읽었습니까"라고 물었다. 그 중위는 "콜론 보고서가 한국군의 기개 없음을 비웃고 있다"고 흥분하고 있었다.

"나라가 이렇게 어수선하고 어지러운데 군부가 방관만 하고 있을 수는 없지 않겠습니까. 군부가 救國(구국)을 위해서 궐기할 때입니다."

장교가 상관 앞에서 입에 담아선 안 되는 이야기를 해도 부하를 나무라지 않고 달래야 할 정도로 이승만 정권과 한국 사회는 벼랑을 향해서 달려가고 있었다.

"군인이 나서서 정치를 한다고 정치인들보다 잘 한다는 보장이 있나, 이 사람아. 중남미 여러 나라의 예를 봐. 군인은 국방에 전념하고 정치는 정치인에게 맡겨야지."

김윤근의 이런 원론적인 설득에 그 중위는 승복하는 것 같지가 않았다고 한다. 김윤근은 '콜론 보고서는 젊은 장교들을 분개시켜서 결국은

5·16 군사 혁명을 태동케 한 遠因(원인)이 되었다'고 썼다(회고록 《해병대와 5·16》).

1960년 1월 21일 박정희 소장은 6관구 사령관에서 부산에 있는 군수기지사령부의 초대 사령관으로 轉補(전보)되었다. 군수기지사령부의 産婆役(산파역)은 육본 군수참모부장 金雄洙(김웅수) 소장이었다. 그때까지 軍需(군수) 기능은 2군 사령부 소속으로 부산 근처에 집결해 있으면서 7개의 기술 부대로 분산, 운영되고 있었다. 김웅수 소장은 이들 부대를 공병감, 통신감, 의무감, 화학감 등 기술감 아래로 모았다.

그리고 이 부대들을 행정적으로 통합, 지휘하고 戰時(전시)에는 군수지원을 총괄, 통제할 사령탑으로서 군수기지사령부를 창설했다. 박정희를 군수기지사령관 겸 군수참모차장으로 추천한 이도 김웅수였다. 우리나라 군대 조직의 관리에 미국의 선진 제도를 도입하는 데 큰 기여를 한 김 장군은 그때까지도 박정희를 만난 적이 없었다.

평판을 들어보니 박정희는 '정직하고 열심히 일하는 장군'이란 것이었다. 그래서 방대한 군수물자를 관리하는 책임자로는 적임이라 판단하여 그를 송요찬 참모총장에게 추천하였고 총장도 쾌히 승인해 주었다.

박정희 군수기지사령관의 취임식에 참석한 김 소장이 호텔로 돌아와 있는데 박정희가 찾아왔다.

"각하, 이거 혁명이라도 해야지 나라가 이게 되겠습니까."

김 소장은 '내가 族靑(족청) 계열이라고 주목받고 있다니까 나를 떠보는구나' 하고 생각했다.

그래서 "군대가 혁명을 한다고 나라가 잘 된다는 보장이라도 있답니까"라면서 말머리를 돌려 버리고 말았다. 비슷한 시기에 해병 중위와 육군 소장이 똑같이 군사 혁명의 필요성을 이야기하고 있었다. 이 시기가 문제인데 3월 15일로 예정된 정·부통령 선거를 전후하여 온 나라가 요동치던 때였다.

趙炳玉(조병옥) 민주당 후보의 病死(병사), 軍內(군내)의 부정 선거 공작, 3·15 부정선거, 바로 그 날의 마산의거, 잇단 학생 시위, 그리고 4·19로 달려가는 상황 속에 70만 군대가 있었고 그 안에 박정희가 있었다. 傭兵(용병)이 아닌 國軍(국군)은 국가와 국민, 그리고 사회의 변화와 맞물려 돌아가는 톱니바퀴이다. 急變(급변)하는 정치 상황의 영향권 안에 들어간 군대 안에서 박정희는 처음으로 '군사 혁명'이란 말을 거침없이 뱉어 냈다. 그런 어마어마한 말을 해도 그냥 넘어갈 정도의 불만이 이 거대 집단 안에서 형성되고 있었다.

박정희가 김웅수 장군에게 지나가는 말처럼 내뱉은 말이 말에 머물지 않고 행동 계획으로 구체화되고 있었음을 보여주는 자료가 있다. 기자가 '5·16의 史官(사관)' 이낙선 전 상공부 장관(작고) 집에서 찾아낸 자료 중에 '군사 혁명 참여자 증언 기록 카드'가 있다. '5·16 군사 혁명사'의 편찬 실무 간사였던 이낙선 중령(당시 국가재건최고회의 의장 비서관)이 수백 명의 참여자들로부터 청취한 증언이 연필로 기록된 200여 장의 카드는 혁명사 집필 때 1차 자료로 씌어졌다. 이 카드에 의하면 최초로 '군사 혁명'이 논의된 시기는 단기 4293년(서기 1960년) 1월이다. 그 요지는 이러하다.

〈박 장군은 서울 신당동의 자택에서 金東河(김동하·포항 주둔 해병 제1상륙 사단장) 소장과 만나 '급진하는 민심의 동향과 결과적으로 군부에서 이를 수습해야 한다'는 수습책을 논의하고 이를 추진키로 합의했다. 다음날에는 김동하 장군 집에서 두 사람이 만나 '해군·해병대는 김동하 장군이, 육군은 박정희 장군이 각각 맡아 조직력을 갖추기로 합의'했다〉

이 최초의 구상은 그 다음해 5·16을 성공시킨 부대 동원의 기본이 되었다. 김동하 장군이 김포에 있던 해병 1여단을, 박정희가 공수단, 6군단 예하 포병단 등 나머지 육군 부대를 동원했던 것이다. 김동하 소장은 박정희의 만주군관학교 1기 선배였다. 그 20년 전, 만 스물세 살의 박정희 교사는 '긴 칼을 차고 싶어서' 안정된 직장을 버리고 만주군관학교 생도로 입교했다.

그 뒤 20년 동안 그는 한시도 국가와 혁명과 권력이란 話頭(화두)를 놓지 않고서 生死(생사)를 오가는 위기와 고통을 견디어 냈던 것이다. 枯木(고목) 같은 이승만 정권의 황혼, 분출하는 학생과 민중의 顧望(원망)은 박정희에게 기회를 제공한다. 그는 20년 동안 깔아놓은 자신의 人脈(인맥), 그 그물을 잡아당기기 시작한 것이다.

박정희가 공개적으로 언론 앞에 등장한 것은 군수기지사령관으로 부임한 직후의 기자회견이 처음이었다. 당시 부산일보의 軍(군) 출입기자 金鍾信(김종신)은 이런 관찰기를 남겼다.

〈박 장군의 걸음걸이는 작은 키와는 반대로 무척 육중하게 보였다. 시멘트 바닥에 움푹 발자국이라도 낼 듯이 힘차게 한 발 한 발을 옮기며 걸어왔다. 나는 팔뚝 시계를 보았다. '이번 사령관은 또 얼마나 늦으셨누' 하는 장난스런 심경에서였다. 시계바늘은 정확하게 90도, 1분이 틀리지 않는 아홉 시를 가리키고 있었다. 육중하나 느리지 않은 걸음걸이, 90도의 시계바늘, 이 두 가지 影像(영상)은 그의 진로를 예견케 하는 것

이었다〉(《零時(영시)의 횃불》)

독한 사람

1960년 1월 하순 박정희 군수기지사령관이 처음 기자들과 만나는 날 부산 문화방송 全應德(전응덕) 보도과장이 마이크를 갖다 대면서 "부임 소신을 피력해 달라"고 했더니 박정희는 마이크를 밀어버리면서 말했다.

"우리 뭐, 이런 딱딱한 분위기는 치워버리고 얘기나 합시다. 나는 경상도 사람이라 부산에 오니까 마치 고향에 온 것 같습니다. 뭐 물을 것 있으면 물어보십시오."

상투적인 '부임 소감의 피력'은 생략했다. 부산일보 軍(군) 출입 기자 김종신이 나섰다.

"부산에 있는 부대들은 말썽이 많다는 것을 알고 오셨을 텐데 앞으로 부대 운영은 어떻게 해나갈 작정입니까?"

박정희 사령관은 한참 있더니 천천히 입을 뗐다.

"잘해 나갈 작정입니다."

담담하게 말하는 박정희의 얼굴에는 엄숙함과 함께 기자들을 비웃는 듯한 冷笑(냉소)의 그림자가 스쳐 지나갔다. 그 비웃음은 기자들에 대한 박정희의 생각을 정직하게 드러낸 것이었다. 9사단 참모장 박정희 아래서 정훈장교로 근무한 인연으로 그 뒤로도 오랫동안 교분을 유지하고 있던 李容相(이용상) 대령은 그때 국방부 보도과장이었다. 그는 "박 장군은 구상, 張德祚(장덕조), 金八峰(김팔봉) 같은 문인 출신 언론인들하고는 절친했지만 다른 기자들을 대체로 경멸했고 기피했다. 기자들도 약점이 별로 없는 박 장군을 무서워했다"고 말했다. 박정희는 기자들을 호칭할 때는 '그 자식들' 식으로 감정을 드러내곤 했다. 이용상은 "당시 일부 군장성들과 일부 군 출입 기자들 사이에는 일종의 부패구조가 형성되어 있었다"고 했다.

"일부 고위 장교들은 부정 때문에 기자들에게 약점이 잡혀 있었고, 또 언론을 통해서 경무대에 잘 보이려고 기자들을 매수하기도 했습니다. 군의 문제점을 보도하는 데는 거의 자유롭던 시대이니 장성들은 기자들을 두려워하기도 하고 출세에 이용하려고도 했지요. 6관구 사령관 시절 박정희 장군은 그런 기자들과의 접촉은 김재춘 참모장한테 맡겨 놓고 직접 만나지는 않으려 하더군요."

기자들로부터 어떤 대접을 받는가는 장성들의 자세나 자질에 달린 것이기도 했다. 군수기지사령관에 부임한 박정희를 부산의 군 출입 기자들은 달리 대하게 되었다. 젊은 기자가 젊은 장성들(그때 장성들은 거의가 30대였다)에게 친구처럼 접근하던 시절인데 박정희는 위엄이 풍겨 함부로 말을 붙이기도 어렵고 잡담을 할 분위기가 아니었다는 것이다. 당시 국제신보의 薛英佑(설영우) 기자는 "박 장군이 온 뒤에는 우리 기자들의 자세가 달라졌다"고 했다.

이 무렵 박정희의 心中(심중)을 엿보게 하는 편지 두 통이 있다. 한 통은 그가 군수기지사령관으로 부임한 직후 매형 韓禎鳳(한정봉)에게 보낸 편지이다. 한 씨는 박정희보다 네 살 위 누님 朴在熙(박재희)의 남편으로서 그때 경북 상주에서 살고 있었다. 맞춤법만 손을 본 뒤 원문대로 옮긴다.

〈時下寒冷之節(시하한냉지절), 氣體萬康(기체만강)하옵시고 누님께서도 安寧(안녕)하시오며 龍雄(용웅)이 男妹(남매)도 충실하다 하시오니 甚幸(심행)으로 생각하옵고 仰祝(앙축)하옵나이다. 저도 이번에 갑자기 命(명)을 받고 이곳에 와서 어려운 일을 맡게 되어 每日(매일) 業務(업무)에 奔走(분주)하게 지내고 있습니다. 下送(하송)하신 書信(서신)은 잘 拜讀(배독)하였습니다만 아시다시피 지금 軍에서 장사를 한다든가 軍을 상대로 事業(사업)을 한다는 것은 도저히 不可能(불가능)한 일이고 더욱이 형님과 같이 資本(자본)도 없고 사입 경험도 없는 분은 絶對(절대) 可望(가망)도 없는 일이오니 기대하시지도 마시고 공연히 되지도 않을 일로 旅費(여비)까지 써서 이곳까지 오실 必要(필요)도 없으니 斷念(단념)하시기를 바랍니다. 勿論(물론) 兄(형)님의 딱한 사정도 잘 아는 바이나 되지도 않을 일로 오셔서 딱한 이야기만 하시면 저만 마음 괴로울 뿐이니 이 점 諒解(양해)해 주시기 伏望(복망)하나이다〉

70만 대군이 쓰는 물자 공급을 책임진 군수기지사령부는 利權(이권)이 가장 많은 부대였다. 더구나 한정봉은 박정희가 교사직을 버리고 만주군관학교에 들어갈 때나 光復(광복) 뒤 박정희가 고향에서 실업자 생활을 하고 있을 때 물질적인 도움을 많이 준 매형이었다. 그런데도 이처럼 매정하게 그의 부탁을 거절하고 있는 것이다.

이때 박정희는 쿠데타 구상을 구체화시키고 있었다. 목숨을 거는 독한 결심을 한 마당에 사사로운 부탁은 더욱 그의 眼中(안중)에 들지 않았을 것이다. 박정희는 대통령이 된 뒤 박재희 누님이 서울로 이사 오자 경찰관들을 집 주위에 배치하여 청탁자의 출입을 감시하도록 했다.

박정희가 문경보통학교 교사이던 때 제자였던 鄭順玉(정순옥)은 결혼하여 3남매를 둔 주부가 되어 있었다. 1959년 봄 박정희 1군 참모장에게 편지를 썼다. 박정희 소장이 이 편지에 대한 답장으로 보낸 것을 정순옥 할머니는 지금까지 보관하고 있다.

〈20년 전의 추억을 더듬으면 천진난만한 순옥이의 소녀 시절의 모습이 떠오르지만은 지금은 3남매의 어머니가 되었다니 모습도 많이 변했겠지. 뜻밖에도 보내 주신 서신 반가이 拜讀(배독)했습니다. 대구에 있을 적에 순옥이 부친께서 찾아오셔서 순옥이 이야기도 잘 듣고 泰泳(태영)이 이야기도 잘 들었는데 그 후 태영 군이 출정하여 소식이 없어졌다니 안타까워하시는 부모님의 심정 무엇에 비할 것인지. 순옥인들 얼마나 슬퍼했을까? 3남매의 어머니가 된 순옥이를 순옥이라고 불러서 어떨는지. 그러나 옛날 어릴 적의 생각으로 순옥이라고 부르는 것이 더 다정스러울 것 같으니 용서를 하시도록.

가끔 옛날 제자들로부터 편지를 받고 소식을 듣는 것이 가장 기쁜 일이라오. 그래 夫君(부군)께서는 무엇을 하시며 3남매는 모두 몇 살씩이나 되며 가정의 재미는 어떠하신지. 서울에는 나의 가족들도 살고 있으니 언제 한번 가족끼리 만날 수 있는 기회를 만들었으면 하고 있어요. 우리 집도 딸 형제를 가진 가정이 되었다오. 다음 기회에 가족 동반으로 옛날 이야기나 실컷 하도록 연락을 해주길 바라네. 친정 부모님들은 지금도 문경에 살고 계시는지? 사촌 復泳(복영) 군은 동래 병기학교에 있다는 소식을 들었는데 지금도 그곳에 있는지. 그럼 내내 안녕하시기를 축복하오며 상봉의 기회를 고대하면서 오늘은 이만 붓을 놓겠습니다.

5월 1일 朴正熙 拜〉

박정희는 대통령이 된 뒤에도 개인적인 편지나 봉투에는 절대로 '대통령'이란 직책을 쓰지 않고 '朴正熙 拜'라고만 표기했다. 公的(공적)인

자리에선 찬바람이 일고 매정한 박정희는 私的(사적)인 자리에선 多感(다감)하고 겸손한 사람이었다.

인사참모 朴泰俊 대령

박정희 군수기지사령관 아래의 참모진은 참모장 黃弼周(황필주)－金容珣(김용순) 준장, 인사참모 朴泰俊(박태준) 대령, 작전참모 金景沃(김경옥) 대령, 헌병부장 金詩珍(김시진) 대령, 비서실장 윤필용 중령, 공보실장 이낙선 소령 등이었다. 모두 그 전에 박정희와 함께 근무했거나 육사 시절 제자였던 '박정희 사람들' 이었다. 이들은 5·16 뒤에도 박정희 대통령을 측근에서 보좌하게 된다. 육사 6기 출신인 박태준(전 자민련 총재) 대령은 육본 보임과장이란 要職(요직)에 있다가 박정희에 의해서 발탁되었다.

"어느 날 내 방에 오시더니 어깨를 툭 치셔요. '어쩐 일입니까' 하고 물었더니 '군수기지사령관으로 내정되었는데 함께 내려가자' 는 거였습니다. 그러시면서 사령부 창설에 따른 참모진 및 요원 편성을 해보라고 했어요."

박태준 대령은 25사단에서 연대장, 참모장을 지낼 때도 몇 차례 당시 1군 참모장 박정희 소장으로부터 "함께 일하자"는 제의를 받았었다. 박정희가 본부사령직을 제의하기에 "그건 밥장사 아닙니까"하면서 거절한 적도 있었다. 박태준 自民聯(자민련) 전 총재는 박정희와의 운명적인 만남에 대해서 이렇게 말했다.

"제가 육사에서 생도 교육을 받을 때 그분은 중대장으로서 포병술을 강의했습니다. 삼각함수도 가르쳐 주시고요. 중대장 훈시를 들으면서 강인한 인상을 받았습니다. 무언가 꽉 차고 무거운 분이란 느낌이 왔습니다. 이상하게도 저의 視野(시야)에는 그분만이 들어와요. 어린 소견으로도 많은 장교들 속에서 그분만이 반짝반짝하는 것 같고 어쨌든 눈에 자주 뜨이는 거예요. 그분이 내무 사열을 하러 실내로 들어오면 어떤 氣(기)가 느껴지기도 했습니다. 군수기지사령관으로 모셔보니 '아, 이 분은 이 정도 자리에 있을 사람이 아니구나' 하는 생각을 단박에 할 수 있었습니다."

박정희 사령관은 軍紀(군기) 담당이기도 한 박태준 대령에게 "후방부대는 일선과 멀리 떨어져 있고 對民(대민) 접촉이 많으니 적절한 훈련을 통해서 규율을 확립하라"고 지시했다. 박정희는 또 박태준에게, 軍需司(군수사) 예하 부대와 부산 시민들이 함께 참여하는 체육대회를 동대신동 운동장에서 개최하도록 했다.

박 사령관은 여야 정치인들의 청탁에 대해서는 원칙에 의해서 처리했다. 합리적인 부탁이면 야당 의원이라도 들어주고 무리한 청탁은 묵살했다. 자유당 실세 의원의 친척이 관련된 軍內(군내) 부정사건도 철저하게 수사하도록 했다. 수사 책임자가 머뭇거리자 "자네는 사실대로 수사해. 책임은 내가 지는 거야'라고 했다. 그 자유당 의원이 항의차 사령관실을 찾아오자 몇 시간이고 기다리게 해놓고는 끝내 만나 주지도 않고 돌려보냈다.

박태준 대령은 그때 한국군 안에서 자라나고 있었던 새로운 엘리트 집단을 대표하고 있었다. 미군 보병학교와 행정학교에 두 번 유학하여 현대적 전술학뿐 아니라 조직관리학을 배운 그는 1956년에 수색에서 국방연구원(현 국방대학원의 전신)이 개교하자 국가정책 담당 교수가 되었다.

그때 교수부장은 柳炳賢(유병현·합참의장, 주미 대사 역임) 대령, 경제 정책 담당 교수는 李勳燮(이훈섭·철도청장 역임) 대령과 崔永斗(최영두·군정내각통제실 요원) 대령이었다. 이 학교는 고급 장교들에게 국가전략, 경제, 행정에 대한 폭넓은 지식과 시각을 제공했다. 이들은 5·16 뒤 국정 운영에서 이때 얻은 지식을 활용할 수 있었다.

국방연구원이 문을 열고 첫 시험기 과정(Pilot Course·6개월)에 학생 겸 강사로 참여한 사람이 李漢彬(이한빈·부총리역임)이었다. 하버드 경영대학원을 졸업하고 귀국하여 부흥부에 들어가 예산국장으로 내정되어 있었던 이 씨는 젊은 장교들의 熱意(열의)에 깊은 인상을 받았다.

이한빈은 당시 미국 육군에서 개발한 '기획예산제도'(Program Budgeting System)를 우리 육군이 받아들여 적용하려 하고 있는 것에 관심을 가졌다. 이 기획예산제도는 예산 편성에 생산성과 효율성 개념을 도입한 것이었다. 그때까지 우리나라 예산 편성은 부서별로 예산을 나누어 갖고는 무엇을 구입하는 데 얼마가 소요된다는 평면적인 계산만 하고 있었다.

군에서 도입한 기획예산제도는 어떤 사업을 하는 데 있어서 얼마의 돈을 투입하면 얼마의 성과가 나오는가를 따져 예산을 짜고 계획─실행─확인 과정을 통해서 그 사업의 進度(진도)를 제도적으로 검증하도록 했다. 이 선진 기법은 5·16 뒤 군에 의해서 우리 행정기관에 도입되고 각 부처에 기획실장이란 자리가 만들어져 기획예산업무를 총괄하게 된다.

이한빈은 국방연구원과 거의 동시에 세워진 육군 군수학교에 출강하여 최고급 지휘관들을 상대로 하버드 경영대학원에서 배운 미국식 조직 운영에 대한 강의를 했다. 그는 이것이 계기가 되어 5·16 뒤에 중요한 역할을 하게 된다.

박태준 전 총리는 '당시 군대의 행정 수준이 民官(민관) 부문보다 훨씬 선진되어 있었다'고 했다.

"그때 민간 관료들의 행정은 일제 시대의 방법을 답습하여 법대를 나온 사람들이 법을 기준으로 하고 있었지만 군대에선 미군 제도를 받아들여 행정 전문가가 시스템을 통해서 조직을 관리하고 있었습니다. 4·19 계엄령 직후 나는 부산 시청 통제관으로 근무했는데 공무원들의 낙후성을 목격하고 놀랐습니다. 군대에서는 한글 타자기를 써 요점 위주로 문서들을 작성하고 있었는데 공무원들은 펜대로써 '首題之件(수제지건)에 대하여'로 시작되는 유장한 글을 쓰고 있더군요."

젊은 군대의 한글 타자기와 노쇠한 관청의 펜대. 그 상징성만큼이나 당시 한국군 장교단은 양과 질 모든 면에서 奇型的(기형적)으로 급성장하고 있었다. 약 70만 대군이 정부 예산의 약 30%를 쓰고 있었으니 이 집단에서 지도층이 배출된 것은 당연했다.

創軍(창군) 이래 1960년 말까지 육군에서 渡美(도미) 유학한 장병(대부분이 장교)의 누계는 7,049명이었다. 미국 보병학교 유학생이 1,551명, 포병학교가 1,202명으로 가장 많았다. 장교들이 다녀온 학교의 이름만 살펴보아도 이들이 무엇을 배우고 왔는지를 짐작할 수 있다. 참모학교, 화학학교, 이어서 공병, 군의, 병기, 병참, 통신, 부관, 경리, 軍宗(군종), 기갑, 정훈, 헌병, 고사포, 수송, 심리전, 항공, 여군, 군수, 법무학교.

이 한국군 장교들은 미국 여행을 통해서 전술학뿐 아니라 조직, 경영,

기술을 배웠고 이 세계가 어떻게 돌아가고 있는지를 알고 '돼지우리 같은' 조국을 개혁해야 한다는 울분을 품고 귀국하기도 했다. 외무부 공무원보다도 한국군 장교단의 渡美(도미) 유학자 비율(약 10%)이 더 높았다. 1953년의 경우 우리나라의 민간인 외국 유학자 수는 모두 613명이었는데 이 해 장교 유학자는 983명이나 됐다.

이 도미 유학 장교들이 매개한 미국의 선진 방법론에 의해서 국군은 한국 사회의 최강 집단에서 선진 집단으로 실석인 변모를 하면서 거대한 개혁 에너지의 분출구를 찾고 있었던 것이고, 박정희는 이 잠재력을 정권 장악과 국가 개조에 이용하게 되는 것이다.

친구 黃龍珠의 격려

육사 8기 출신으로서 1960년에 특무부대 중령이었던 全在球(전재구)의 경우 12년의 복무 기간 중 1년 7개월을 교육받는 데 보냈다. 미국에 가서 보병학교에서 6개월, 정보학교에서 2개월, 귀국해선 陸大(육대)에서 6개월, 그리고 원자력학교에서 2개월간의 교육을 받았다.

1950년대 후반 주한 미군에 핵무기가 도입된 것과 보조를 맞추어 한국군에선 核戰(핵전)에 대비한 원자력 교육이 실시되고 있었다. 대학에 원자력공학과가 설치되기 전이었다. 民官(민관)부문에선 아직 재교육이란 개념이 도입도 되기 전에 장교들은 끊임없이 교육을 받으면서 자신의 기능을 발전시키고 있었다.

한국군에 미국식 행정제도를 도입하는 데 지도적 역할을 한 사람으로 꼽히는 金雄洙(김웅수) 소장은 5·16 쿠데타 때 6군단장으로서 박정희에 협조하지 않았다가 옥살이를 한 뒤 미국에 건너가 워싱턴 가톨릭 대학에서 교수(경제학)로 근무했다. 건양대학교(충남 논산 소재)에서 경제학 교수로 재직하기도 했다. 그는 한국군의 질적, 양적 팽창이 5·16의 한 원인이었다고 말했다.

"1960년 당시 한국의 대표적 조직체는 군대, 경찰, 정당, 행정부서였습니다. 정치와 행정조직의 생산성은 퍽 낮았습니다. 경찰은 서열 질서를, 군대는 무기를 가진 강력한 조직이었습니다. 도미 유학 장교들이 많은 군대는 국제화되어 있었고, 미 고문관들은 국군의 각 부대에 조직관리 기술을 전수했습니다. 도미 유학 장교들은 민주주의를 배우러 간 것은 아니지만 서구 선진 사회의 작동 원리를 배우고 왔습니다. 국방연구원은 장교들에게 정치·외교·경제를 가르치게 되었는데, 정부 고관들의 강의 수준에 대해서 이 장교들은 '저 정도밖에 안 되나' 하는 생각을 가지면서 '우리가 하면 훨씬 잘 하겠다'는 자신감을 갖기도 했지요. 한국군 장교단은 점차 정치화되어 갔는데 이를 억제해야 할 정치가 제 구실을 못 하니 군대가 나서는 것을 막을 수 없었던 것입니다."

1960년 육본 정보국에서 근무하던 육사 8기 李永根(이영근·유정회 총무 역임) 중령은 "장교들은 영내에서 점심을 굶고 '不食米(불식미)'라는 전표를 모아 쌀로 바꾸곤 그릇도 마땅치 않아 군용 地圖(지도)에 받아서 집으로 가져가곤 했다. 미국에 군사 유학까지 다녀온 장교가 쌀이 부족해 군용 파카의 털 달린 안감을 시장에 내다 팔아야 살던 시대였다. 울분이 절로 솟았다"고 했다.

1960년 육군 연감에 따르면 이 해 복무 중 각종 사고로 죽은 군인은 1,347명이나 됐다. 요사이 군 사고 사망자 비율보다 3~4배나 높았다.

死因(사인)별로는 근무 중 순직사 45명, 病死(병사) 378명, 자살 251명. 이 해 탈영자는 1만 6,787명이나 되었고 월북자는 12명, 월북 기도자는 6명. 軍紀(군기) 위반으로는 무임승차가 많던 시절이었다. 1956~1960년 사이 강원도 화천 3사단 포병중대의 행정병으로 근무했던 姜鎬昌(강호창·인천 거주)은 필자에게 전화를 걸어와 이렇게 증언했다.

〈휴가 나간 사병이 안 돌아오는 경우가 많았습니다. 데리러 가보면 '배가 고파서 못 견디겠다'고 귀내를 거부하는 판이있지요. 군단징 숯굴, 사단장 숯굴, 연대장 숯굴, 대대장 숯굴의 숯을 구워주는 데 날마다 동원되고 땔감과 건축자재용 木材(목재)를 잘라내는 데 사역을 하다가 보니 중대원 100명 가운데 부대에 남아 있는 인원은 10명 남짓했습니다. 상부에서 검열이 오면 이웃 부대에서 병력을 꾸어 와서 속여 넘기기도 했어요.

많은 장교들이 도둑질로 먹고 살고 있었습니다. 화천 시내로 훈련을 나가던 우리 중대의 트럭이 낮게 드리워진 여당 의원의 선거 플래카드를 건드려 떨어뜨린 사건이 있었습니다. 부대원들은 특무대에 몽땅 연행되어 조사를 받고 풀려났습니다. 그런 가운데서도 5사단에 가면 배가 고프지 않다는 소문이 퍼졌는데 뒤에 알고 보니 사단장은 박정희 준장이었습니다〉

당시의 사회상을 반영한 군대의 이런 모습은 정치의 계절에 휩쓸려 들면서 더욱 일그러진다. 이낙선의 《5·16 혁명사 증언록》에 따르면 1960년 2월에 들어가면 박정희 군수기지사령관의 行跡(행적)이 분주해진다. 포항의 해병상륙사단장 김동하 소장과의 합의로 시작된 謀議(모의)는 포섭 범위를 넓혀 나갔다. 박정희의 증언록을 옮긴다.

〈동래 온천장 별관, 백녹관 숙소, 해운대 호텔 등지에서 김동하, 李周一(이주일·당시 2군 참모장) 소장, 홍종철(6군단 작전참모) 중령, 全斗烈(전두열) 대령과 만나서 혁명을 의논했다. 당시의 정세는 3·15 선거를 앞두고 군내에서도 3인조, 9인조, 비둘기작전 등 공공연한 부정 선거 지령이 군 고위층으로부터 하달되고 있었다. 청년 장교들의 구국의 일념이 高潮(고조)되고 있었다. 혁명에 동원할 부대로는 포항 해병사단, 2군 사령부 예하 부대, 김포 주둔 해병여단을 검토했으나 계획의 중심지가 부산이기 때문에 곤란이 있었다. 때마침 장도영 2군 사령관이 부산으로 내려왔다. 나는 그를 해운대 호텔로 초치하여 부패한 자유당 정권을 넘어뜨리고 군부에서 일어나야겠다는 계획을 설명하고 그의 협조를 요구하니 그는 원칙에는 찬동하면서도 그 시기와 방법에 대해서는 좀더 두고 연구하자고 다짐했다.

송요찬 육군 참모총장이 도미하는 1960년 5월 8일을 거사일로 결정했다. 작전계획은 '이주일 참모장이 2군 병력을 지휘하여 부산을 점령하고 해병사단이 부산에 출동한다. 인천 고사포단과 김포 해병여단은 서울을 점령한다'는 것이었다〉

안동 36사단장 尹泰日(윤태일) 준장은 김동하 소장과 만주군관학교 동기로서 박정희보다 1년 선배였다. 그도 이 모의에 가담, 영주 점령의 임무를 받았다. 박정희와 김동하는 특무대의 감시를 피해서 경주에서 여러 번 만났다. 박정희는 경주로 놀러 가는 것처럼 위장했다. 한번은 자신의 대구사범 동기로서 부산에서 내과의사로 있던 曺增出(조증출)을, '육군병원 간호사들과 함께 경주로 놀러가자'고 꾀어내어 데리고 가서는 불국사에서 김동하와 밀담하는 것을 야유회로 위장했다.

그때 부산일보의 편집국장 겸 주필은 黃龍珠(황용주)였다. 박정희와는 대구사범 동기인데 사회주의 서적을 읽고 독서회에 참여했다가 학교 당국에 들켜서 퇴학당한 뒤 일본으로 건너가서 와세다 대학을 나왔다. 황용주와 박정희는 자주 어울렸다. 황용주는 박정희가 미국과 미군이 혁명의 가장 큰 장애가 될 것이라고 걱정하는 것을 보고 용기를 불어 넣어주려고 했다.

"나는 미국이 큰 문제가 되지 않을 것이라고 설명해 주었습니다. 南美(남미)의 소소한 나라들에서 쿠데타가 일어나도 미국은 몰아붙이지 않았습니다. 1952년 부산 정치 파동 때도 이승만 대통령이 계엄령을 펴고 그 다음해에는 마음대로 반공 포로를 석방했지만 미국은 실력으로 막지 않았다는 것을 설명해 주면서 너무 걱정하지 말라고 했죠."

李炳注의 관찰기

1960년 이른 봄 군사 혁명을 모의하고 있던 군수기지사령관 박정희 소장을 가깝게 관찰한 사람 가운데는 소설가 李炳注(이병주)도 있었다. 국제신보 주필 겸 편집국장으로 있던 그는 부산일보 황용주 주필과 함께 부산언론의 論調(논조)를 이끌고 있었다.

〈처음 그를 본 것은 경상남도 도청의회 회의실에서다. 무슨 일이었던가는 기억할 수 없는데 愼道晟(신도성) 도지사가 기관장 회의를 소집했고 나는 사장을 대리하여 참석했다. 회의가 시작되기 얼마 전 여윈 몸집으로 작달막한 군인이 육군 소장의 계급장을 달고 색안경을 쓰고 가죽으로 된 말채찍을 든 채 회의장에 들어섰다. 도지사와 인사를 나누고 도지사가 지정한 자리에 가서 앉았다. 그리곤 회의장을 둘러보는 듯하더니 후다닥 일어나서 휙 하고 나가 버렸다. 회의가 시작되었는데도 그는 돌아오지 않았다. 회의가 끝난 후 도지사에게 물어보았다. 신도성이 쓴 웃음을 띠고 한 대답을 요약하면, 그는 박정희 소장인데 자리가 도지사석과 시장석과는 먼 末席(말석)인 것이 불만이어서 화를 내고 돌아갔다는 것이었다〉(《대통령들의 초상》)

이병주는 그 뒤 박정희, 황용주, 조증출과 함께 더러 술자리에서 어울렸다. 국제신보 軍(군) 출입 기자 설영우가 이병주의 논설에 동감과 관심을 보이는 박정희에게 한 번 만나 볼 것을 권해서 이루어진 자리가 그 뒤로도 이어졌다고 한다.

〈술자리에 앉기만 하면 나에게 던지는 그의 첫 말은 다음과 같았다. "이 주필, 나라가 이래 갖고 되겠소?" 그런데 이것은 묻는 말이 아니고 자기의 자세를 다지는 일종의 제스처란 것을 알 수 있었다. 황용주에게 대한 첫 말은 "어때, 부인 잘 계시나"였다. 이렇게 한마디 해놓고는 별반 말이 없다. 묵묵하게 잔을 비우고 있는 사이 사이 間投詞(간투사)를 닮은 말이 끼일 뿐이다.

"부정 선거를 하느니 차라리 선거를 하지 말지."

그러곤 잠깐 말을 끊었다가, "이놈 저놈 모두 썩어빠졌어" 하고 혀를 찼다. 그러다가 뜬금없는 말이 튀어나온다.

"학생이면 데모를 해야지. 이왕 할 바엔 열심히 해야지."

마산사건에 제5列(열)이 섞였다고 정부가 발설했을 때이다. 여느 때처럼 "이 주필, 나라가 이래 가지고 되겠소" 해놓곤 대뜸 시작했다.

"도대체 5열이란 게 뭣고. 5열이 약방의 감초가? 감당 못 할 사건이 생기면 5열이 튀어나와. 5열이 어딘가에 대기하고 있다가 자유당이 필요로 하겠다 싶으면 출동하는 모양이지. 국민을 편하게 할 방도는 생각하지 않고 생사람 죽일 궁리만 하고 있으니 원!"

박정희 소장은 대개 묵묵했지만 입을 열었다 하면 나라 걱정이고 민족 걱정이었다. 그는 공기를 호흡하고 있는 것이 아니라 애국애족을 호흡하고 있었다〉

자유당 정권이 제4대 정부통령 선거 날짜를 1960년 3월 15일로 정한 것은 3월 26일이 이승만 대통령의 만 85세 생일이란 것과 관계가 있었다고 한다. 당시 자유당의 온건파를 이끌고 있었던 李在鶴(이재학) 국회 부의장의 증언에 따르면 자유당 강경파는 '노인을 기쁘게 해드려야 한다. 탄신일 이전에 당선시켜 드린 다음 탄신일을 거족적인 祝日(축일)로 하자'고 早期(조기) 선거를 밀어붙였다는 것이다.

2월 15일 조병옥 민주당 대통령 후보가 미국 월트 리드 육군병원에서 서거했다. 이로써 이승만 후보는 단일 후보로 사실상 당선이 확정되었다. 문제는 자유당의 이기붕과 민주당의 장면 간의 부통령 선거였다. 자유당 강경파에선 年老(연로)한 이승만 대통령이 有故(유고)가 될 경우 대통령직을 승계하게 되어 있는 부통령직에는 반드시 이기붕을 당선시켜 놓아야 안심을 할 수 있다고 판단했다.

자유당은 崔仁圭(최인규) 내무장관과 李康學(이강학) 치안국장 지휘 하에 행정과 경찰 조직을 총동원한 전국적인 부정선거를 획책하게 되었다. 이재학의 증언에 따르면 이승만은 경무대를 찾는 자유당 간부들에게 하는 당부가 '공명선거 부탁뿐이었다'고 한다. 이재학은 지역구인 강원도 홍천에 내려와 보고는 깜짝 놀랐다. 경찰서장의 진두 지휘하에

투·개표 부정 작전이 착착 진행되고 있었다. 이 의원이 "당장 취소하라" 고 해도 서장은 난색을 보였다.

"치안국장이 '나의 육성으로 변경을 명령하기 전까지는 누가 뭐라고 하더라도 밀어붙여라'고 했으니 명령을 따라야 합니다."

권력자가 하나를 하라고 하면 아랫사람은 열 개를 알아서 하려는 이 과잉 충성은 조선 왕조에서 이승만, 박정희 정권을 거쳐 지금까지 계속 되고 있는 우리나라의 끈질긴 정치 문화이다. 권력자가 가장 하기 어려 운 일은 권력자를 위한다면서 열심으로 무리하는 아랫사람을 제어하는 일인데, 그런 아부자는 실은 권력자를 위한다면서 私益(사익)을 챙기고 私怨(사원)을 갚는 경우가 대부분이다.

군대도 부정 선거 공작에 휩쓸렸다. 육군 참모총장 송요찬 중장은 비 리의 온상이던 후생 사업을 금지시키고 미국의 선진 행정기술을 도입하 는 등 공이 많았으나 부정 선거 공작에 앞장서는 실수를 범함으로써 4· 19 뒤의 혼란기 때 군에서 밀려난다. 박정희 군수기지사령관은 陸本(육 본)으로부터 내려오는 부정 선거 지시에 협조하지 않았다.

3월 어느 날 작전참모 金景沃(김경옥·준장 예편, 주일 대사관 공사 역 임) 대령은 특무대장 모 대령과 함께 사령관실에서 회의를 하고 있었다. 부관 손영길 대위가 투표 통지서를 가져와서 박정희 사령관에게 드렸 다. 박정희는 용지를 받아들더니 "이 따위 투표는 해선 뭘해"라면서 북 북 찢어 내버렸다. 김경옥은 특무대장을 바깥으로 데리고 나가 상부에 보고하지 말 것을 당부했다. 그 대신 자신이 나서서 장병들에게 기권 방 지 운동을 하겠다고 약속했다.

손영길은 "그때 박 장군은 자신이 부산으로 주소지를 옮긴 지 석 달이 안 되어 부산에서는 투표권이 없는데도 투표용지가 나온 것을 보니 원천적 부정 선거라고 흥분했다"고 기억한다. 그때 송요찬 참모총장 부관은 손 대위와 육사 11기 동기인 金聖鎭(김성진) 대위였다. 김 대위가 손영길에게 전화를 걸어왔다. 부산병기학교에 교관으로 있는 육사 후배가 여당 후보 지지 교육을 사병들에게 하라는 지시를 거부했다가 구속되었으니 선처해 달라는 내용이었다. 손 대위는 박정희에게 보고했다. 박정희는 즉시 전화기를 들어 병기학교장에게 지시했다.

"그 장교에 대한 처벌 조치를 중지하시오."

"특무대에서 한 일입니다."

"무슨 소리야. 내가 사령관인데. 내 명령대로 하시오."

馬釜사태

3·15 투표일이 임박하자 군내 부정 선거를 지휘하던 방첩대 본부에서 군수기지사령부로 회식비를 내려 보냈다. 작전참모 김경옥 대령이 그 돈을 수령해서 박정희에게 주었더니 "몽땅 돌려주라"고 하는 것이었다. 할 수 없이 김경옥은 돈을 부산 지구 특무대장에게 갖다 주고는 "너희가 쓰고 보고할 때는 우리가 썼다고 하라"고 했다.

투표 며칠 전 송요찬 육군 참모총장이 부산에 왔다. 송 총장은 출입 기자들을 시내 중앙동 일식당으로 초대했다. 기자들이 '박 사령관은 근래 기자들과 접촉이 없다' 고 불평했다.

"거, 잘 봐주시오. 그러니 오늘 이렇게 모인 게 아니겠소. 앞으로 중대사도 있는데. 어디 박 장군도 바빠서 그렇지 기자 선생님들을 싫어해서 그랬겠소?"

이 자리에 있었던 부산일보 金鍾信(김종신) 기자는 1966년에 "이 말을 듣고 있던 박 장군이 'x 같은 새끼!' 라고 내뱉었다"고 《零時(영시)의 횃불》에서 썼다. 이 책을 읽은 박 대통령은 당시 청와대 출입 기자 김종신을 부르더니 "내가 송 장군에게 그런 욕을 한 기억은 없어요"라고 했다. 김종신은 "맞습니다. 제가 실감을 주기 위해서 좀 과장을 했습니다"라고 했다. 박정희가 덧붙였다.

"그 말 지우면 책이 안 팔리나."

"역시 그런 대목이 있어야 박력이 풍기고 판매에도 도움이 됩니다."

"많이 팔린다면 할 수 없지."

1960년 당시 문제의 술자리에 참석했던 국제신보 설영우 기자는 '송요찬이 이번 선거에 협조해 달라는 당부를 하자 박정희가 여러 기자들 앞에서 정색을 하고 "그럴 수는 없습니다"라고 반박하여 분위기가 어색해졌는데 송요찬은 그런 박정희 사령관을 상당히 어렵게 여기는 것 같았다'고 기억하고 있다. 송요찬 총장과 특무대가 주도한 군내의 부정 선거 공작에 반대한 장교들은 많았다. 이한림 육사교장은 "사관생도들에게 부정을 가르칠 수는 없다"면서 '투표장에 나가서 서 있어만 달라'는 특무대의 부탁도 거절했다고 한다.

작용이 있으면 반작용도 생기는 법. 2월 28일 대구에서 경북고등학교 학생들을 중심으로 한 부정 선거 반대 시위가 일어났다. 당국이 일요일인 이날 민주당 장면 부통령 후보의 유세에 학생들이 참석하지 못하게 하려고 등교를 시킨 데 반발한 것이다.

투표일인 3월 15일에는 자유당의 노골적인 투표 부정을 규탄하는 시위가 마산에서 터졌다. 시민들이 파출소를 습격하여 불태우고 경찰이 발포하여 10여 명이 죽었다. 마산 시위를 전국적으로 확산시키는 중계지 역할을 한 곳은 부산의 언론과 고등학생들이었다. 1979년에 일어난 釜馬(부마)사태는 부산 시위가 마산으로 번졌다가 권력의 심장부로 옮겨 박 정권을 붕괴에 이르게 한 경우이고, 1960년엔 마산이 먼저 일어나고 부산이 응원하여 서울로 北上(북상)한 馬釜(마부)사태였다. 나중에 부산 지구 계엄분소장이 되는 박정희나 그의 대구사범 동기생 황용주 부산일보 주필은 학생 시위를 지원하는 편에 섰다. 황씨의 증언.

〈3월 15일 마산 주재 기자가 '북마산 파출소가 불타고 데모대와 경찰이 대치하고 있다'는 기사를 보냈는데 경남 도경에서 보도관제를 해달라는 전화 연락을 해왔다. 저녁 때 부산일보와 자매 관계에 있던 부산 문화방송 아나운서가 부산일보 사장실에 와서 3·15 선거 발표 내용을 읽고 있었다. 나는 마산 시위 기사를 적어 아나운서에게 전해주곤 '방금 들어온 특급 뉴스를 말씀 드리겠습니다' 하면서 읽도록 했다.

중간 중간 그런 식으로 소식을 전하고 있는데 金智泰(김지태) 사장이 적극적으로 지원했다. 그런데 도경국장이 와서 생방송을 하는 것을 지켜보고 있는 것이 아닌가. 나는 사장과 도경국장 두 사람을 데리고 바깥으로 나가면서 아나운서에게 계속하라고 눈을 껌벅거렸다. 그러고 나서 일본 방송을 틀어보았더니 '한국 부산 문화방송의 보도에 따르면…' 하고 마산 시위가 보도되고 있었다.

이튿날에는 문화방송 기자가 마산 시위 현장에 가서 경찰의 발포 銃聲(총성)까지 녹음해 가지고 와서 일종의 시위 중계방송을 하여 시민들을 흥분시켰다. 4월 11일 저녁 최루탄이 눈에 박힌 金朱烈(김주열) 군의 시체가 마산 바다에서 떠올랐을 때 부산일보 사진부 기자가 그 사진을 특종했다. 그때는 신문이 매일 조·석간을 내고 있었는데 '다음날 조간에 시체 사진을 낼 수 있느냐' 하는 반론도 있었다. 옥신각신 끝에 '아침이고 지랄이고가 어딨노? 무슨 일이 있더라도 실어야 한다'는 주장이 우세하여 이 충격적인 사진이 실렸다. 이 사진은 다른 신문에 轉載(전재)되면서 전국의 민심을 확 돌려놓았다〉

개국한 지 1년밖에 안 되는 부산 문화방송은 거의 매일 총성과 구호, 비명과 노래가 들려오는 시위 현장 속에 기자를 들여보내 생생한 시위 중계방송을 했는데 이 때문에 시청률이 높아지고 광고가 몰려들어 우리나라 최초의 상업 방송으로 뿌리를 내리는 계기를 잡았다.

방송이 시위를 현장 중계한 것은 前無後無(전무후무)한 일이다. 이승만 정부의 언론 통제가 얼마나 허술했는지를 짐작케 해준다.

부산일보는 김주열 시신 사진이 나간 날 1면에 金泰洪(김태홍) 논설위원이 쓴 '馬山은!'이란 자극적인 시도 실었다.

〈봄비에 눈물이 말없이 어둠 속에 괴면 / 눈동자에 彈丸(탄환)이 박힌 少年(소년)의 屍體(시체)가 / 대낮에 표류하는 / 학생과 학생과 시민이 / '戰友(전우)의 시체를 넘고 넘어' / 民主主義(민주주의)와 愛國歌(애국가)와 / 목이 말라 온통 설레는 埠頭(부두)인 것이다〉

고교생들을 중심으로 한 학생 시위가 전국으로 번져나가는 가운데 박정희의 마음도 바빠지기 시작했다. 5월 8일 송요찬 육군 참모총장이 미국 방문을 위해 떠날 시점을 거사일로 잡아 놓고 동지들을 포섭하고 있었는데 사태가 급박해져 그때까지 기다릴 여유가 없을 것 같았다.

3월 17일 부산으로 내려온 육본 戰史監(전사감) 崔周鍾(최주종) 준장은 박정희를 관사에서 만나 거사일을 4월 초순으로 앞당기는 문제를 의논했다. 육본의 柳元植(유원식) 대령은 이승만 대통령이 진해로 휴양을 갈 때 납치하자는 의견을 내기도 했다.

1961년 5·16 혁명 직후 박정희가 이낙선에게 구술한 《증언록》에 따르면 당시 동원이 가능한 부대는 대강 이러했다.

〈• 부산 지역: 군수기지사령부 예하 부대, 홍종철 중령의 고사포부대, 포항 김농하 소상의 해병사단.

• 서울 지역: 육본 전사감 최주종 준장, 육본 유원식 대령, 전두열 대령, 김종필 중령 외 영관급 약간명.

• 대구 지역: 2군사령관 장도영 중장, 안동사단의 윤태일 준장, 이주일 2군 참모장.

• 인천 지역: 고사포 대대장 정석윤 중령.

• 진해: 陸大(육대) 재학생 공작 중〉

위의 명단엔 장도영 중장과 같은 포섭 대상자도 들어 있고 아직 병력 동원의 세부 계획도 마련되지 않았다. 군사 혁명의 구상과 포섭 단계이지 행동 계획을 구체화시킬 수준으로 성숙되지는 않고 있었다.

李錫濟 중령의 경우

박정희는 이낙선에게 구술한 《5·16 혁명사 증언록》에서 이렇게 말했다.

〈나는 4·19 학생 혁명 직전 서울 출장에서 돌아오는 길에 대구에 들러 2군 사령관인 장도영 중장을 만났다. 혁명의 필요성을 역설하고 함께 일하자고 했다. 장 장군은 그 취지엔 찬동하면서 그 시기, 방법을 더 연구하자고 답했다. 나는 "그러면 그 시기는 언제쯤이 적당하겠느냐"고 반문했다. 장 장군은 "얼마 전 밴플리트 장군 동상 제막식에서 이 대통령을 보았는데 건강 상태가 아주 형편이 없으니 아마 금년에는 이기붕 씨가 집권하게 될 것 같다. 그때 군이 비상수단을 써서 군정을 하자"고 말했다. 눈치를 보니 생각은 있으나 결심은 못 하는 것 같으므로 나는 "그렇다면 이 계획은 포기하겠다"고 말했다. 그와 손잡고 일하지 못할 바에야 하지 않는다고 말해 두는 것이 좋기 때문에 그렇게 말하고는 귀대하였다.

이때 서울, 부산, 전방 등의 조직이 어느 정도 되어 있었으며 2군은 사령관만 호응하면 거사는 쉽게 될 것으로 판단하여 장 장군을 포섭키로 했던 것이다. 결론적으로 장 장군은 직접 행동에서는 제외키로 작정하였다. 그는 뜻은 있어도 결단은 내리지 못하는 사람이라고 판단하였다〉

군수기지사령관 박정희 소장 밑에서 인사참모로 있던 박태준 대령은 혁명 모의에 가담하지는 않았으나 사령관이 무엇을 도모하고 있는지는 알고 있었다고 한다. 학생 시위가 전국으로 번져가는 것을 바라보면서 사령관이 학생들에게 先手(선수)를 빼앗기는 게 아닌가 하고 박 대령은 불안해졌다. 영국 기자가 썼던 대로 '한국에서 민주주의를 기대하는 것은 쓰레기통에서 장미가 피어나기를 기다리는 것'과 같았다. 하지만 그 쓰레기가 충분히 썩을 때는 장미를 피워 내는 거름으로 변할 수도 있었다. 1960년 4·19 혁명을 전후하여 대한민국이란 쓰레기통은 모든 모순덩어리가 뒤죽박죽되어 뒤엉키고 발효하고 發熱(발열)하면서 몸부림치고 있었다. 그것은 새로운 꿈과 시대를 낳으려는 産痛(산통)이었다.

이 모순의 극치를 경험하면서 현실 타파의 방법으로서 혁명을 꿈꾸고 있었던 것은 한국 사회의 두 조직된 젊은 집단―약 10만의 대학생들과 약 70만의 군대였다. 이들은 20대의 순진한 정의감과 30대의 정열과 40대의 야망을 에너지원으로 하고 있었다. 20대 장정과 30, 40대 장교들로 구성된 이들은 광복 후 민주주의 교육과 미국식 조직관리술을 배운 新(신)한국인이었다.

이들을 다스리고 있던 정치인들은 이승만 같은 독립투사, 張暻根(장경근) 같은 일제시대 관료 출신, 많은 민주당 의원 같은 地主(지주) 출신들이었다. 나이도 80대에서 60대에 걸쳐 있었다. 1960년 현재 이승만이 85세, 장면이 61세, 尹潽善(윤보선)이 63세, 허정이 64세였던 데 비해 박정희는 43세, 송요찬은 42세, 장도영은 37세, 김종필은 36세였다. 이들 젊은 집단은 이승만 대통령에 대한 존경심을 간직하면서도 노쇠한 여야 정치 지도자들을 싸잡아 '무능하고 부패한 사대적·봉건적·당파적 정치 세력'으로 경멸하고 있었다.

성균관대학교 정치학과 金一榮(김일영) 교수는 자유당·민주당 세력을 전통사회에 기반한 전통 엘리트로, 5·16 이후에 새로 등장한 군부 세력을 국가 엘리트로 분류한다. 통상적으로 전통 엘리트는 파당적 이해관계에 집착하는 반면, 국가 엘리트는 국익과 국가 발전의 추구에 힘쓴다는 것으로 정의된다.

1960년 봄, 학생들은 民主(민주)에 관심이 많았고 장교들은 民生(민생)에 관심이 많았다. 학생들이 구세대에 대한 절망을 시위로써 표현하고 있을 때 젊은 장교들은 혁명모의로써 준비하고 있었다. 박정희는 여러 갈래로 움직이던 군내의 혁신 세력 중 한 갈래를 대표하고 있을 뿐이었다. 해병대, 송요찬, 族青系(족청계) 장교들도 정치적인 뜻을 키워가고 있었다. 군대를 정치에 이용해 온 정권은 호랑이를 키우고 있었던 셈이다. '처자식을 굶겨 죽이지 않고 먹여 살린 장교들은 모두 도둑놈이다'란 자조적인 말이 나오는 군대에서 '군 본연의 임무는 오로지 국방'이란 원칙론은 점차 설득력을 잃어 가고 있었다.

육대 교관 李錫濟(이석제) 중령은 월급으로는 15일간만 식구를 부양할 수 있었다. 며칠째 양식이 떨어져 식구들이 穀氣(곡기)를 끊을 때 그도 일어설 힘이 없어 출근을 포기하고 누워서 맹물로 허기를 달래는 판이었다.

〈참다못한 집사람이 양식을 구해 보겠다며 나서는 것을 말릴 수 없었다. 솔직한 심정으로는 어디 가서 보리쌀이라도 구해다가 식구들 허기를 채워 주길 은근히 기대하는 졸장부로 전락한 것이다. 고급 장교가 부대 보급품에서 빼낸 쌀자루를 어깨에 짊어지고 귀가하는 모습이 군대 사회의 일반적 풍속도이던 시절이었다. 나는 양식을 얻으러 나갔다가 눈물을 훔치고 돌아온 아내에게 '목숨 걸고 나라를 지키는 장교를 제대로 먹이지도 못하는 이러한 군대에 더 이상 충성을 바칠 생각이 없다'고 비장한 각오를 밝혔다〉(회고록《각하, 우리 혁명합시다》)

이석제는 그 뒤 낮에는 강의를 하고 밤에는 考試(고시) 공부를 하기 시작했다. 그가 법률 공부를 하면서 놀란 것은 대한민국이 조선총독부 官報(관보)에 실렸던 일본법과 미 군정 시대에 공포된 영어로 된 법률에 의하여 통치되고 있다는 사실이었다. '한글 전용법이 만들어진 것이 1948년인데 아직도 식민지, 군정 시대 법률을 번역도 하지 않고 일본어, 영어로 나라를 다스리고 있는 자유당, 민주당의 국회의원과 각료, 공무원들의 정신 상태를 의심하지 않을 수 없었다'는 것이다. 이석제 중령은 考試 공부의 경험을 살려 5·16 뒤에 최고회의 법사위원장으로서 우리나라 법령 정비 및 한글화 작업을 하게 된다. 그 뒤 총무처 장관, 감사원장으로 약 14년간 재직하면서 우리나라 공무원 조직의 개혁과 현대화를 주도했다.

이석제가 1년 반 동안 계속하던 考試 공부를 포기하고 군사 혁명으로 방향을 돌린 것은 3·15 의거와 4·19로 이어지는 소용돌이를 거치면서였다.

이석제는 민간 정치인들이 나라를 맡고 있는 한 국민들은 '꿈도 없는 자포자기의 생활을 할 수밖에 없다'는 결론을 내렸다. 육사 8특기 출신인 그는 '강의 자료 수집'이란 명목으로 육본과 야전군으로 출장을 다니면서 동기생들을 설득했다.

"정신 못 차린 정치 모리배들에게 정신을 차리게 해주고 싶은데 우리같이 나라를 뒤집어보세."

이석제 중령은 그러다가 김종필 그룹을 만나고 그들을 통해서 박정희와 연결된다.

4·19 비상계엄

1960년 4월 18일 저녁, 국회의사당 앞 시위를 마치고 돌아가던 고려대학생들이 종로 4가에서 쇠뭉치, 쇠사슬, 곤봉을 휘두르는 정치깡패들로부터 습격받는 사건이 일어났다. 19일자 조선일보에 실린 피투성이 대학생들의 특종 사진은 학생들과 시민들을 흥분시키기에 충분했다. 이날 아침 대통령 경호책임자 郭永周(곽영주)는 서울 지구를 관할하는 육군 6관구 사령관 嚴鴻燮(엄홍섭) 소장에게 병력을 파견해 줄 것을 요청했다. 엄 사령관은 鄭雨湜(정우식) 헌병부장 겸 헌병 5대대장이 지휘하는 2개 중대 병력을 이끌고 청와대로 갔다.

이들은 총은 들고 갔지만 실탄은 휴대하지 않았다. 경무대에 간 엄 사령관이 김재춘 참모장에게 "서울의 요소를 지키는 병력에 실탄을 지급하라"고 지시했다. 김 대령은 군인이 실탄을 지니게 되면 격앙된 상황에서 시위대에 발포할 우려가 있다고 판단했다. 시위대 때문에 길이 막혔다는 핑계를 대면서 실탄 지급을 회피했다. 육본에서도 독촉이 내려왔다. 엄 사령관은 질책하는 전화를 걸어왔다. 김재춘은 지연작전을 벌이다가 넉 달 전까지 직속상관으로 모시던 박정희 군수기지사령관이 생각났다. 부산으로 장거리 전화를 걸었다.

"김 대령, 요즘 어때요. 잘 되어 갑니까. 서울도 상당히 불안한 모양이던데."

"서울은 지금 야단입니다. 전 시민이 궐기해서 모든 차량의 통행이 불가능해졌습니다. 그것보다 각하… ."

김재춘으로부터 실탄 지급 명령이 떨어졌다는 이야기를 들은 박정희가 말했다.

"저 사람들이 이제는 완전히 돌았군 그래. 우리도 못 하는 救國(구국) 운동을 젊은 학생들과 시민들이 하겠다는데 뒤에서 밀어주지는 못할망정 실탄 사격을 하겠다니… . 실탄 공급은 참모장이 막아야 합니다. 이 기회에 아주 바로잡아야지, 나라가 위태로워요."

"알겠습니다. 목숨을 걸고 막겠습니다."

정오 무렵부터 경무대 앞에서 발포가 있었다. 1960년도 육군연감은 '이 발포에는 경무대로 파견된 헌병들이 가담하지 않았다'고 주장하고 있다.

〈150명의 헌병들은 M1소총과 공포탄만 가지고 출동했기 때문에 경찰이 쓰는 카빈 실탄을 받아서 쏠래야 쏠 수가 없었다. 군의 不發砲(불발포) 방침은 사실상 이때부터 출발했다〉

(그러나 당시 발포 사진에는 경찰관들이 M1소총을 쓰는 장면이 찍혀 있고 헌병들도 발포에 가담했다는 주장도 있다.)

4월 19일 경무대에서 있었던 국무회의는 오전 11시에 끝났다. 김정렬 국방장관이 프랑스 주재 武官(무관)의 외화 사용건에 대한 대통령 결재를 받고 나오니 경무대 바깥이 소란스러웠다. 시위 군중의 함성과 空砲(공포)를 쏘는 소리가 들려왔다. 정오를 넘기자 탕 탕 탕 하는 실탄 사격소리가 들리는 게 아닌가.

"이건 實砲(실포) 소린데, 아니 진짜 발포를 하나."

옆에 있던 洪璡基(홍진기) 법무장관이 물었다.

"아니, 실포가 뭐요?"

"진짜 탄환 말이오. 공포가 아닌 진짜 탄환!"

홍 장관은 부산하게 연락을 취해 보더니 김 장관에게 다가와서 말했다.

"아무래도 계엄령을 걸어야겠소. 경찰의 능력은 한계에 다다른 것 같습니다."

"아니 경찰이 책임지고 막아야지 군대가 어떻게 시위 군중을 해산시킵니까."

경찰 발포로 약 100명 사망, 경찰관도 광화문에서 시위 군중에게 맞아 죽음, 서울신문사와 반공회관 방화, 파출소들이 불타고 있음. 이런 보고에 이어 광화문에 있는 경찰 중앙 무기고가 습격당했다는 보고가 들어왔다. 김정렬 장관은 '정말 경찰 가지고는 안 되겠구나' 하는 판단을 했다. 홍 장관과 함께 대통령 집무실로 들어갔다. 두 사람이 상황을 보고하니 이승만은 놀라면서 反問(반문)했다.

"뭐, 부정선거? 아니 후보자가 나 혼자였는데 무슨 부정선거야?"

"사실은 부통령 선거에서 경찰이 잘못 생각을 해서 부정을 저질렀습니다."

김정렬은 회고록에서 이때 이승만 대통령이 '각지에서 부정선거를 규탄하는 데모가 일어났는데도 부정선거란 말조차 들어 보지 못하신 것 같았다'고 썼다. 아마도 人(인)의 장막을 친 비서들과 자유당 강경파가 老(노)대통령의 심기에 지장을 줄 만한 신문과 정보를 차단한 때문이라고 김 장관은 생각했다.

육군연감은 4·19 계엄 부분을 서술하면서 이렇게 적었다.

〈대통령은 공보실에서 발행하는 영자 신문 〈코리언 리퍼블릭〉밖에 읽지 않았다. 외국 신문, 통신도 관계 각료나 비서들이 스크랩해 주는 정도만 읽었다. 외교나 군사 문제를 제외하고는 바깥에서 무슨 일이 일어나는지도 몰랐다. 이 틈을 이용해서 자유당 간부 몇몇 사람들이 권세를 휘둘렀다〉

"아니, 그런데 데모 군중이 그렇게 많이 죽었나?"

"예, 사태가 그렇게 되었습니다."

"자네들, 계엄령이 무엇인지 아나?"

홍진기 장관이 "… 전시, 사변 또는 이에 준하는 국가 비상사태가 발생했을 경우나 적과 교전 상태에 있거나…"하면서 法典(법전)을 외우듯이 대답하자 대통령은 "아니, 학생이 적인가?"하고 질책했다.

"아닙니다."

"그런데 무슨 계엄령이야. 계엄령은 그런 데 내는 게 아니야."

김, 홍 두 장관은 대통령을 설득하는 데 한 시간이 걸렸다. 오후 1시로 소급하여 서울 지구에만 경비계엄을 선포하기로 하고 계엄사령관으로는 원용덕 헌병총사령관을 내정했다. 그런데 시위가 부산, 대구, 대전, 광주 등 지방에서도 확산되고 있다는 보고가 들어왔다.

서울에는 헌병대와 공병대 병력밖에 없었다. 김정렬 장관은 경비계엄을 비상계엄으로 바꾸고 서울, 부산, 대전, 대구, 광주로 확대하여 이를 선포하기로 하고 송요찬 육군 참모총장을 계엄사령관으로 임명하도록 다시 대통령의 결재를 받았다. 김정렬 장관은 하와이로 출장 간 매그루더 주한 미군 사령관을 대리하고 있는 에머슨 커밍스 부사령관에게 상황을 설명하고 가평 15사단을 계엄군으로 삼아 서울에 진주시키겠다고 통보하여 양해를 받았다. 5대 도시에 대한 비상계엄령은 이날 오후 5시를 기해서 선포되었다.

부산 지구 계엄사무소장 朴正熙

공군 참모총장 출신인 김정렬 국방장관은 4월 19일 오후 5시를 기해서 서울 등 전국 5대 도시에 비상계엄령이 선포되자 육군 참모총장 송요찬 계엄사령관이 서울로 진입하는 양평 주둔 15사단을 이용하여 쿠데타를 일으킬 만일의 가능성에도 대비했다. 그는 회고록에서 '계엄사령관이 야심이 있든지 없든지 간에 주위에서 잘못 부추긴다면 휘하 병력을 동원하여 쿠데타를 일으킬 가능성이 있다고 판단하여 1군 사령관 劉載興(유재흥) 중장을 통해서 견제하기로 했다'는 요지의 증언을 남겼다.

김정렬은 일본 육사 54기 출신으로서 유재흥보다 1기 선배인데다가 집안끼리도 절친한 사이였다. 김정렬 장관이 1군 사령부가 있는 원주로 전화를 걸어 유재흥 사령관을 찾으니 그는 마침 교육에 참석하러 서울로 올라갔다는 것이었다. 김정렬과 유재흥은 중앙청 뒤편에 있는 별채 건물에서 만났다.

"병력을 동원해서 계엄사령관을 꼼짝 못 하도록 감시를 해야겠소. 몇 개 사단을 동원할 수 있소?"

"2개 사단을 동원할 수 있습니다."

"어디에 지휘소를 설치할 생각이오?"

"중랑천 부근에 주둔하는 것이 좋겠습니다."

이렇게 해서 유재흥 사령관은 중랑천 근처 한독약품 공장을 임시 지휘소로 설치하여 서울 시내로 들어간 15사단의 擧動(거동)을 감시, 견제했다는 것이다. 유재흥 장군은 15사단으로 가서 趙在美(조재미) 사단장과 중대장급 이상 장교들을 집합시킨 다음 "실탄은 휴대하되 내 명령 없이는 사격하지 말라"고 지시했다고 한다(회고록《격동의 세월》). 그는 '임시 지휘소에서 帶同(대동)한 참모들과 함께 사태를 주시하면서 군부의 예상치 않은 행동을 미연에 방지하기 위해 감독했다'고 썼다.

2개 사단을 서울의 외곽에 배치했다는 김정렬의 언급은 사실과 다르다. 육군의 20개 전투사단 중 18개를 지휘하는 1軍司(1군사·당시는 3군

사령부가 창설되기 전)의 태도에 대해서 매카나기 주한 미국 대사도 관심이 많았다. 4·19 며칠 전 매카나기 대사는 유재흥 장군을 초청하여 저녁 식사를 하는 자리에서 이렇게 물었다.

"자꾸 시위가 일어나고 국민들이 불안해하는데 야전군에선 어떻게 할 작정입니까?"

"야전군은 절대로 정치에 간여하지 않을 것입니다. 일선을 지키는 게 우리 임무입니다."

유재흥은 "그는 무슨 낌새를 채고 있는 것 같은 느낌을 받았으며 그런 사태가 벌어진다 하더라도 군이 개입하지 않을 것이란 답변에 안심하는 듯했다. 미국은 민족주의적 성향이 강한 군부보다는 야당이 집권하는 것이 미국의 국익에 도움이 된다고 보았을 것이다"고 증언했다. 그 동안 이승만 대통령에게 절대적인 충성을 바쳐 왔던 국군은 이제 권력의 편에 서느냐, 국민의 편에 서느냐의 선택을 요구받는 상황으로 몰리고 있었다.

19일 AP통신은 '군대는 정숙히 서울로 들어왔다. 그들은 데모대원들에게 손뼉을 치던 沿道(연도)의 구경꾼들로부터 환영의 갈채를 받았다. 몇몇 군인들도 미소 짓고 손을 흔들었다'고 보도했다. 조선일보는 '19일 부산에서는 학생 데모대에 합세한 군중 속에 군인도 끼어 있어 이들은 학생들에게 돌을 날라다 주고 있었다'고 보도했다.

부산에서도 돌을 던지고 放火(방화)하는 시위대에 경찰이 발포하여 15명이 죽었다. 4월 19일 시위로 인한 사망자는 서울에서 110명, 마산 10명, 광주 8명을 포함하여 모두 143명이었다. 4월 19일 밤 8시를 기해 정부는 계엄포고문 제3호를 통해서 계엄부사령관에 장도영 2군 사령관, 부산 지구 계엄사무소장에 박정희 군수기지사령관, 대구 지구는 尹春根

(윤춘근) 소장, 광주 지구는 朴炫洙(박현수) 소장, 대전 지구 계엄사무소장에는 林富澤(임부택) 소장을 각각 임명했다. 박정희 소장의 이름이 언론에 공식적으로 등장한 것은 그 11년 전 군법회의에서 무기징역을 선고받은 이후 처음이었다.

박정희 소장은 이날 저녁 경고문을 발표했다.

〈시민 여러분과 학생 諸君(제군)은 냉정과 이성을 찾아 여러분의 가정으로 돌아가 주시기를 바라며 만약 본인의 이와 같은 간곡한 호소를 듣지 않고 법과 질서를 문란케 하는 행동을 계속한다면 지극히 불행한 사태가 발생할 것이며 본인은 부득이 단호한 조치를 취하지 않을 수 없을 것입니다〉

박 소장은 通禁(통금) 시간을 오후 7시부터 다음날 오전 5시까지로 연장했다. 박정희는 부산의 기자들과 회견하는 자리에서 일문일답을 주고받았다.

〈문: 집회는?

답: 모든 집회는 계엄사령부의 사전 허가를 받아야 한다.

문: 마산 사건의 경우, 소요 주모자 색출에 경찰의 고문이 많았다는데 부산의 경우는?

답: 이제부터는 수사에 그런 일은 없고 어디까지나 인권을 존중할 것이다.

문: 소요 주모자가 적발되면 엄벌할 것인가?

답: 아직 무어라 말할 수 없다. 상부 지시에 따르겠다.

문: 경찰에 연행된 학생들은 어떻게 되나?

답: 상부 지시를 기다리고 있다. 개인적인 의견으로는 집에 돌려보내

주고 싶다.

문: 신문 보도에 대한 검열 기준은 어디에 두나?

답: 선동적인 것과 허위 사실은 통제하겠다.

문: 신문기자들에 대한 취재 활동의 자유 보장은?

답: 물론 최대한 협력하겠다〉

박정희 소장은 또 "계엄령 선포 전의 범법 행위에 대해서는 관대하게, 선포 후의 범법 행위에 대해서는 단호하게 하겠다"고 말했다. 부산 지구 계엄사무소는 21일 경찰이 넘긴 소요 혐의자 41명을 심사하여 12명만을 구속하고 나머지는 석방했다.

박정희는 "계엄 선포 후 연행자를 고문하는 경찰관들은 엄벌할 것이다"라고 경고했다. 이날 박정희 소장은 동부산 경찰서 사찰계 형사들이 시위 주동자를 색출한다고 데레사여중·고에 들어가서 수색을 한 데 대해서 이를 중단시키고 "앞으로는 경찰은 물론, 군 수사기관원도 사전 승인 없이는 학원 수색을 하지 말라"고 지시했다.

24일 부산계엄사무소 예하 軍檢(군검)합동수사반은 민주당원을 시위 주모자로 몰아 고문한 부산진 경찰서 사찰계 형사 한 사람을 구속하고 수명의 형사들을 연행했다. 계엄령이 퍼지자 군대가 학생, 시민, 언론, 야당 편에 서서 이 정권의 下手人(하수인)격인 경찰을 몰아세우고 있었다. 아래로부터 이미 정권 교체가 시작되고 있었다.

反旗

부산 계엄사무소장 박정희 소장의 행동을 가까이서 관찰한 기자로서는 당시 부산 문화방송 보도과장 전응덕이 있다. 박 소장은 4월 19일 계엄령이 선포되자 우선 부산 언론기관의 협조를 받기 위해서 국제신보 이병주 편집국장 겸 주필, 부산일보 李相佑(이상우) 편집국장, 그리고 전응덕을 사령관실로 불렀다.

전응덕 과장은 공보실장 이낙선 소령으로부터 "사령부로 와 달라"는 연락을 받았을 때 '그 동안 시위를 선동했다고 잡아넣으려는 게 아닌가' 하고 걱정했다. 全(전) 과장은 좀 늦게 사령관실로 들어갔는데 박 소장이 의외로 웃는 얼굴로 맞았다.

"전응덕 씨가 진행하는 방송 잘 들었습니다. 사태를 파악하는 데 큰 도움이 되었습니다."

그때 문화방송은 마산, 부산 시위 현장 속으로 녹음기를 든 기자를 들여보내 시위 현장 방송을 했고 전 과장은 시사 해설을 맡고 있었다. 박정희는 세 보도 책임자들에게 계엄 업무에 협조해 줄 것을 당부하면서 "오늘은 발표가 늦어 어차피 통행금지를 저녁 7시부터 실시할 수 없으니 저녁 9시부터 하도록 하겠다"고 했다.

이때 송요찬 계엄사령관으로부터 전화가 걸려왔다. '왜 부산에서만 통행금지를 9시로 늦추었냐'고 따지는 것 같았다. 박정희는 상황을 설명한 뒤 '쾅' 소리가 날 정도로 수화기를 내려놓았다. 그는 "내가 알아서 하는데 말이야…"라고 못마땅한 표정을 지었다.

4월 24일 부산 교외 범어사에서 4·19 시위 희생자 13명에 대한 합동 위령제가 열렸다. 박정희 계엄사무소장은 親(친)학생적인 弔辭(조사)를 했다.

"이 나라에 진정한 민주주의의 초석을 놓기 위하여 꽃다운 생명을 버린 젊은 학도들이여! 여러분의 애통한 희생은 바로 무능하고 무기력한 선배들의 책임인 바, 나도 여러분 선배의 한 사람으로서 오늘 같은 비통한 순간을 맞아 뼈아픈 회한을 느끼는 바입니다. (중략) 로마는 하루아침에 이루어지지 않았습니다. 여러분이 흘린 고귀한 피는 결코 헛되지 않을 것입니다. 그러한 연유로 오늘 여러분들의 永訣(영결)은 자유를 위한 우리들과의 자랑스런 結緣(결연)임을 저는 확신합니다. (중략) 여러분들이 못다 이룬 소원은 기필코 우리들이 성취하겠습니다. 부디 他界(타계)에서나마 寧日(영일)의 명복을 충심으로 빕니다."

이 조사를 듣고 있던 부산 문화방송 전응덕과 부산일보 김종신 기자는 '후련하기도 하고 간담이 서늘하기도 했다'고 기억한다. 아직 자유당 정권이 무너진 것도 아니고, 특무대원들의 눈이 번득이고 있는데 '여러분이 못다 이룬 소원을 기필코 우리가 성취하겠다'니, 이건 反정부 선동이 아닌가 하는 생각을 하고 긴장했다는 것이다. 김종신은 《영시의 횃불》에서 이렇게 쓰고 있다.

〈맥 빠지고 천편일률적인 弔辭(조사)에 지루해진 動員(동원) 학생들은 모두 엉거주춤히 서서, 어떤 학생은 간간이 몸을 뒤척이고 있었는데 박 장군이 조사를 시작하고 얼마 되지 않아 장내는 갑자기 물을 끼얹은 듯 숙연해졌다〉

이 연설을 녹음해 간 전응덕은 방송하기 전에 군수기지사령관실로 전화를 걸었다. 이낙선 공보실장에게 "이 연설을 내보내도 좋으냐"고 물었다. 이낙선은 "잠시 기다려 달라"면서 박정희에게 물어 보고는 "사령관께서 알아서 하라고 하신다"고 말했다. 박정희는 5·16 거사 뒤 이 연설의 녹음테이프를 보내 달라고 전응덕에게 부탁했다고 한다.

서울에서도 민심과 軍心(군심)이 같이 돌고 있었다. 4월 20일 오전 송요찬 계엄사령관은 "5대 도시는 이제 안정을 되찾았다. 경찰 등 수사 기관에서 시민들에게 보복 행위를 자행하는 것을 엄단하겠다"고 했다. 4월 22일 서울 동대문 경찰서는 18일에 있었던 고려대학생 습격사건에 가담한 깡패 13명을 구속했다. 23일자 조선일보 사회면은 '나는 이런 고문을 당했다', '들어가자 몽둥이질, 이래도 치고 저래도 치고', '방망이로 파리 잡듯 총으로 누르고 발로 차고'란 제목의 기사를 실었다. 자유당과 경찰을 원색적으로 비난하는 기사가 계엄당국의 검열을 통과하고 있었다.

4월 23일, 경찰은 고대생 습격사건을 지휘한 혐의로 柳志光(유지광), 林和秀(임화수)를 구속했다. 24일자 조선일보 사회면은 '서울 용산 경찰서와 성북 경찰서 사찰계 형사들이 정치 사찰에서 손을 떼야 한다고 주장하면서 집단 사표를 냈다'고 보도했다. 4월 24일, 계엄사령부는 '25일부터는 언론 검열을 철폐하고 통금 시간도 종전으로 돌린다'고 발표했다.

4월 21일, 국무위원들 전원이 유혈 사태의 책임을 지고 대통령에게 사표를 제출했다. 사표가 수리되지 않은 상태에서 22일에는 국무회의가 열렸다. 이 자리에서 3·15 부정 선거에 의해서 부통령으로 당선된 이기붕을 사퇴시켜야 한다는 결론이 내려졌다. 국무위원들은 홍진기 내무장관과 김정렬 국방장관에게 이기붕을 자진 사퇴시키는 악역을 맡겼다. 두 사람은 이기붕이 사는 서대문으로 향했다. 이기붕은 19일 오후 서대문 자택으로 시위대가 몰려오자 지프를 타고 포천 6군단으로 향했었다.

당시 6군단장은 姜英勳(강영훈) 중장, 비서실장은 李性宰(이성재) 중령이었다. 이 중령이 군단장실 앞에 당도한 지프로 마중을 나갔다. 운전사 외에 네 사람이 타고 있었다. 앞자리엔 국회의장 비서인 全榮培(전영배), 뒷자리엔 이기붕과 박마리아 부부, 그리고 차남 康旭(강욱)이 있었다. 이기붕은 무릎을 담요로 덮고 있었고 그와 강욱 사이엔 便器(변기)용 유리병이 놓여 있었다.

강영훈 중장은 이기붕을 군단장 숙소로 모시려고 지프의 앞자리에 올랐다. 이기붕은 車中(차중)에서 "소요가 일어나 집에 있을 수 없었소. 창동에 있는 검찰총장 별장으로 갔는데 기기엔 전화가 없어서 이리로 오게 되었소"라고 했다. 이날 저녁 강영훈 군단장은 김정렬 국방장관에게 이기붕 件(건)을 보고했다. 그 직후에 송요찬 계엄사령관이 전화를 걸어 왔다.

"하여간 안정을 취하게 잘 보호해 드리십시오. 서울은 안정되어가니 안심하라고 하십시오."

저녁에 강 장군이 이 중령을 부르더니 "지금 저 양반이 식사를 전혀 못하는데 미 고문관에게 부탁해서 과일 주스를 좀 구해다 주게"라고 했다. 이기붕은 부축을 받지 않고는 몸을 움직이지 못했다. 이동할 때는 업혀서 했다. 말도 박마리아가 통역을 해주는 실정이었다. 박마리아가 "이런 뜻이지요" 하면 그는 고개를 끄덕이곤 했다. 이기붕 가족은 6군단장 숙소에서 이틀 밤을 묵었다. 21일은 박마리아의 생일이었다. 이성재 중령이 꽃을 꺾어 드리니 감격하는 표정을 지었다. 21일 이기붕은 김정렬 장관의 연락을 받고 서대문 집으로 돌아갔다. 강 군단장은 참모장더러 모셔다 드리라고 했는데 그는 돌아와서 이렇게 보고했다고 한다.

"의장을 모시고 먼저 경무대로 갔는데 얼마 전까지만 해도 설설 기던 사람들이 본체 만체했습니다."

군대의 發砲 포기

　21일 오후 홍진기 내무, 김정렬 국방장관이 서대문 이기붕의 집에 들어서니 박마리아와 자유당 강경파 인사들이 그를 둘러싸고 무언가 이야기를 나누고 있었다(김정렬 회고록). 홍, 김 두 장관이 주위를 물리치게 한 뒤 이기붕에게 부통령 당선자 직에서 물러나지 않을 수 없는 상황을 설명하기 시작했다. 그런데 설명을 마치기도 전에 이기붕의 안색이 변하더니 옆으로 스르르 쓰러지는 것이었다. 두 사람이 "괜찮습니까" 하니 이기붕은 "난 괜찮아, 말을 계속하게"라고 했다. 두 장관이 "사태를 수습하기 위해서는 부통령 당선을 사퇴하는 것이 좋겠다"고 하니 이기붕은 의외로 선선히 응했다.

　"내가 뭐 하고 싶어서 하나. 몸도 나쁘고 재간도 없네. 자네들이 이야기 안 해도 그만둘 생각이었네."

　"죄송하지만 공식발표를 해주시겠습니까."

　"그럼. 그래야지."

　"그러면 언제쯤 경무대에 가시겠습니까."

　"좀 있다가 가겠네."

　두 장관은 중앙청 국무회의실로 돌아가 기다리는 장관들에게 보고했다. "사퇴 성명을 감동적으로 써야 할 텐데"라는 말도 나왔다.

　"名文章家(명문장가)인 韓甲洙(한갑수) 씨가 비서로 있으니 잘 처리하겠지요."

　김정렬이 그런 말을 하고 있는데 경무대 朴贊―(박찬일) 비서관이 전화를 걸어 "빨리 올라와 달라"고 하는 것이었다. 경무대로 가 보니 응접실에서 이기붕이 한숨을 쉬고 있었다.

"아이고, 내가 말씀드려도 영 고집불통이시네. 허락을 안 해주시는구면. 자네가 가서 말씀드려 보게."

김 장관은 집무실로 들어가 이승만 대통령에게 사퇴의 불가피성을 설명했다. "이기붕 의장도 사퇴에 동의했다"고 알려 주었다. 이승만은 "그래, 그렇게 하려면 해!"라고 언짢은 표정을 지었다. 김 장관은 바깥으로 나와 응접실에서 기다리던 이기붕에게 이 말을 전했다. 김정렬은 이기붕이 집무실로 들어가는 것을 본 뒤 서대문의 이기붕 자택으로 갔다. 한 시간쯤 기다리는데 이기붕이 집으로 들어오면서 말하는 것이었다.

"아이고 살았어! 아이고 살았어! 내가 그런 재목이 못 되지 않나. 내가 아주 무거운 책임을 면하게 되었네. 자네 덕분이네."

다음날(4월 23일) 점심 무렵 신문 號外(호외)가 국무위원실로 배달되었다. 김정렬 장관을 비롯한 국무위원들은 신문을 보고 입을 다물 수 없었다고 한다.

'장면, 부통령직에서 사퇴'란 제목의 머리기사 아래 '이기붕, 부통령 당선 사퇴 고려'라는 작은 제목의 기사가 실려 있었다. '본인은 보수 세력의 합동을 통해서 내각책임제로의 정치제도 개혁을 고려한다. 부통령 당선 사퇴도 고려한다'는 이기붕의 애매한 성명은 이미 돌아버린 민심을 우롱하고 있다는 인상을 주었다. 신문들도 사설을 통해서 앞다투어 이기붕을 치고 있었다.

국무위원들은 "아니, 이게 무슨 꼴이오?" 하고 김정렬 장관을 다그쳤다. 김 장관이 알아보니 이날 아침 한갑수 비서관이 초안하여 가져간 사퇴 성명문에 대하여 자유당 강경파 인사들이 반발, '사퇴 고려'란 표현으로 바꾸었다는 것이었다.

　그 다음날(24일) 역효과에 놀란 이기붕은 ‘사퇴 고려란 표현은 잘못 전해진 것이며 모든 공직에서 사퇴한다’ 는 성명을 냈다. 이승만 대통령도 ‘전 국무위원의 사표를 수리하고 자유당 총재직에서 사퇴한 뒤 超黨的(초당적)으로 인사를 개편한다’ 고 발표했지만 이미 시기를 놓친 뒤였다. 25일 국회는 사태가 안정되었다는 이유로 ‘비상계엄령을 26일 오전 5시를 기해서 경비계엄령으로 완화한다’ 는 결의를 했다.

　25일 오후에는 교수들이 ‘학생들이 흘린 피에 보답하자’ 는 플래카드를 들고 서울대학교에서 국회의사당까지 시위를 벌였다. 교수들은 결의문에서 이승만 대통령의 하야를 요구했다. 이날 야당인 민주당도 대통령의 하야를 요구했다. ‘부정선거 다시 하자’ 에서 ‘이승만 하야’ 로 바뀐 것인데 그때까지 시위 학생들 가운데서도 이승만 하야를 주장한 이들은 소수였다. 이제 상황은 거대한 자체 慣性(관성)에 이끌려 굴러가고 있었다. 25일 오후 세종로, 국회의사당, 중앙청 일대로 쏟아져 나온 수십만 군중은 통행금지 시간을 무시했다. 당시 대한일보 편집부국장 吳蘇白(오소백)은 이런 기록을 남겼다.

　〈탱크에서 번갯불처럼 비치는 라이트에 데모 군중의 이그러진 얼굴이 보인다. 다시 ‘압박과 설움에서 해방된 민족’ 노래가 나온다. 학생들은 하나, 둘 나중에는 파리 떼처럼 탱크에 올라탔다. 병사들은 학생들을 부축해 가며 어쩔 줄 몰랐다. 병사의 목덜미를 부여잡고 엉엉 우는 학생들이 있다. 오히려 병사들이 불쌍하고 딱해 보인다. 40대 중년신사가 병사들을 향해서 입을 열었다.

　“우리들을 쏘아 죽이시오. 동포들을 다 쏘아 죽이시오.”

소대장처럼 보이는 군인이 경상도 사투리로 입을 열었다.

"아저씨요, 그 무슨 말입니꺼. 우리도 같은 핏줄의 국민입니데이. 우리가 여러분에게 이 총을 쏜다면… 우리는 뒤로 돌아서서 이 아스팔트 땅을 쏘지요. 아저씨요, 말씀 삼가하입시더."

이 말이 떨어지기가 무섭게 함성이 올랐다.

"국군 만세! 국군 만세!"

옆에 있던 젊은 여인이 "국군은 우리 편이다"고 소리치자 박수가 터졌다. 戰友歌(전우가)가 들려온다. 모두 목메어 울면서 노래를 부른다〉

일단의 시위대는 이기붕의 집으로 몰려갔다. "공산당도 싫다. 이기붕도 싫다"는 구호가 터져 나왔다. 경비경찰관들이 이 시위대에 발포하여 사상자가 발생했다. 이기붕 가족은 피신한 뒤였다. 시위대는 정치깡패 임화수와 李丁載(이정재)의 집으로 쳐들어가 박살을 내고는 가재도구와 집기를 끄집어내어 불질렀다.

4월 25일 포천 6군단장 강영훈 중장은 숙소에서 책을 읽고 있었다. 밤 9시쯤 당번병이 문을 두드리고 들어오더니 "서울에서 손님이 오셨습니다"고 했다. 잠옷바람으로 나가니 응접실엔 이기붕의 차남 강욱이 서 있었다.

"부모님을 또 모시고 왔습니다. 서울에서 또 소요가 났습니다."

"부모님은 어디 계신가."

"밖에 세워 둔 차 안에 계십니다."

"빨리 모시고 오너라. 옷 갈아입고 나올 테니."

강 장군이 군복으로 갈아입고 나오니 응접실에 이기붕이 박마리아의 부축을 받으며 서 있었다.

"이거, 내가 또 왔네."

"잘 오셨습니다."

강 장군은 이기붕 일행을 소파에 앉게 했다. 1952년에 강 장군은 국방부 경리국장 겸 관리국장으로서 이기붕 국방장관을 모신 적이 있었다.

군단 일직 사령의 전화가 걸려 왔다.

"지금 데모 학생들이 20여 대의 자동차를 뺏어 타고 미아리고개를 넘어 북상하고 있다고 합니다."

李承晩 下野 결심

강영훈 6군단장은 시위대가 몰려와도 안전할 곳이 어디일까 곰곰 생각하다가 1개 예비연대 주둔지에 있는 副군단장 숙소를 생각했다. 호수와 숲이 있는 그곳이 이기붕 일행이 정신적 안정을 되찾는 데도 좋을 것이라고 판단되어 이기붕과 의논했다.

"한 30분쯤 더 가시면 1개 연대가 있습니다."

"아, 군단장 좋다고 생각하는 대로 하시오."

강영훈은 이기붕 일행을 직접 안내하여 副군단장 숙소로 갔다. 그곳에 가서 보니 이곳도 안전에 문제가 있겠다는 생각이 들었다. 당시 사병들 중에는 대학 재학 중에 입대한 복무 기간 1년 반짜리 '학보병'이 많았다. 이들은 시위 학생들과 같은 생각을 갖고 있을 것이므로 서울에서 시위대가 몰려오면 불상사가 일어날지 모른다는 판단을 했다. 숙소로 돌아온 강 군단장은 미 1군단 포병사령관 숙소가 생각났다. 다음날 오전 강영훈은 출장 간 미 1군단장을 대리하던 부군단장 샌더스와 의논하러 갔다. 그는 냉담했다.

"그 사람 문제에 왜 강 장군이 앞장서는지 모르겠다. 며칠 전에도 강 장군이 이기붕을 도피시켰다는 정보가 들어왔었다. 이 일은 계엄사령관이 할 일이다."

"그 사람은 바쁘다. 책임線(선)을 따질 일이 아니라 우선 해결해놓고 볼 일이다."

"다른 군단장에게 그 사람을 맡으라고 해보지."

26일 아침 1군 사령부에서 군단장 회의가 열렸다. 강 장군이 이기붕 건을 설명했더니 모두들 "아이고, 강 장군 입장이 어렵게 되었구나"란 반응이었다. 閔機植(민기식) 부사령관은 그때까지 침묵을 지키고 있었다. 그는 가끔씩 황당한 이야기를 툭 툭 던져 주위를 놀라게 하곤 했다. 그러나 지나고 보면 그의 말은 대부분 옳은 말이었음이 밝혀지곤 했다. 그런 그가 불쑥 이런 말을 했다.

"아니, 지금 이기붕 가족한테 우리나라 팔도강산에 안전한 곳이 어디 있나? 그 사람에게 길은 딱 두 가지밖에 없어. 하나는 자결하는 것이고 다른 하나는 외국으로 망명하는 거야."

유재흥 1군 사령관도 결정을 내리지 못하고 송요찬 계엄사령관에게 전화를 걸어 下命(하명)을 청했다. 송 장군은 "생각 좀 해보자"고 하더니 감감소식이었다고 한다.

이날 아침 김정렬 국방장관은 국방부에서 중앙청으로 향하는 길에 도심으로 몰려들고 있는 거대한 시위 인파를 보았다. 국회 결의에 의해서 26일 오전 5시를 기해 비상계엄이 경비계엄으로 완화될 예정이었다. 김 장관은 시위를 막으려면 비상계엄을 연장해야 한다는 판단을 하고 중앙청 국무회의실을 나와서 경무대로 향했다. 계단을 내려오는데 직원이 달려오더니 "미국 대사 매카나기가 전화를 걸어왔다"고 했다. 다시 방으로 들어가서 수화기를 들었다.

"이 대통령을 뵙고자 하니 장관께서 알선해주시기 바랍니다."

"왜 직접 경무대로 연락하지 않았습니까."

"수차 비서실로 연락을 했는데 승낙이 떨어지지 않았어요."

"기회를 봐서 진언하겠습니다."

김 장관이 경무대에 들어가니 이승만은 2층에서 내려오고 있었다. "잘 잤나?" 하고 말하는 것이, 지금 바깥에서 일어나고 있는 일을 잘 모르는 것 같았다. 김 장관이 집무실로 따라 들어가 지금 급박해지는 상황을 보고했다. 이승만은 "그래, 오늘은 한 사람도 다치게 해서는 안 되네"라고 당부했다. 대통령은 잠시 회상에 잠기더니 "어떻게 하면 좋은가" 하고 물었다. 김 장관이 대답을 못 하고 있으니 대통령은 다시 "어떻게 하면 좋은가, 말 좀 해봐!"라고 했다. 김정렬은 "나도 모르게 눈시울이 뜨거워지면서 무의식중에 '각하, 저희들이 보좌를 잘못하여 이렇게 되었습니다. 죄송합니다'라고 말씀드렸다"는 것이다(회고록).

이승만 대통령은 김정렬의 어깨를 꼭 껴안고 "대장부가 이렇게 어려울 때 이게 무슨 꼴인가" 하더니 "어떻게 하면 좋을까" 하고 自問(자문)했다. 한참 후에 대통령은 이렇게 입을 뗐다.

"자네 생각은 어떤가. 내가 그만두면 한 사람도 안 다치겠지?"

너무 중대한 말이라 김정렬은 대답을 할 수 없었다. 대통령은 재차 김 장관의 어깨를 흔들면서 물었다. 김 장관은 말없이 머리를 조아렸다.

"그래, 그렇게 하지. 이것을 속히 사람들에게 알리려면 어떻게 하지?"

"성명서를 만드셔서 방송하도록 하면 되겠습니다."

이승만 대통령은 박찬일 비서관을 부르더니 "자네 둘이서 성명서를 만들어보게"라고 했다. 박찬일 비서에게 김 장관은 성명의 골자를 불러 주었다. 하야한다는 것, 선거를 다시 한다는 것, 내각책임제로 개헌한다는 것. 박 비서관이 이를 받아쓰려고 하자 이승만이 나섰다.

"자네들 그런 식으로 하면 안 되네. 내가 부를 터이니 받아 쓰게."

이승만은 '나는 해방 후 본국에 돌아와서 우리 여러 애국애족하는 동포들과 잘 지냈으니, 이제 세상을 떠나도 원한이 없다'로 시작되는 성명서의 요지를 구술하기 시작했다. 이때 송요찬 계엄사령관이 들어왔다. 김 장관이 지금까지의 경과를 귀띔해 주었다. 이승만은 송 장군에게도 "자네는 어떻게 생각하나" 하고 물었다.

"예, 지금 국방장관으로부터 이야기를 들었습니다. 각하께서 그만두시면 사람은 다치지 않으리라고 생각합니다."

박찬일이 구술받은 성명서를 낭독하자 송요찬은 "이기붕 의장이 공직으로부터 떠난다는 대목을 첨가하면 좋겠습니다"라고 말했다. 이 대통령도 승낙했다. 조금 있다가 송요찬이 시위학생 대표 다섯 사람을 데리고 들어왔다. 하야 성명문이 淨書(정서)되는 사이에 이 대통령은 후원에서 이들을 만났다. 고려대 정치학과 학생 俞一羅(유일나)가 "각하께서 하야하는 길만이 나라를 구하는 길입니다"라고 말했다. 이승만은 "어떻게 하라고?"라며 되물었다. 옆에 있던 곽영주가 이 박사의 귀에 대고 영어로 "스텝 다운(Step Down)"이라고 했다.

"또 날더러 저 하와이나 외국으로 가서 살란 말인가."

"국민이 원합니다."

"국민이 원한다면 물러가야지. 이 나라 국민이 원한다면 물러가야지."

미국의 이상한 행동

경무대 후원에서 학생 대표들과 이야기하고 있는 이승만 대통령에게 "미국 매카나기 대사가 오셨습니다"란 전갈이 왔다. 대통령은 "기다리라고 해"라고 한 뒤 대화를 계속했다. 대통령은 "국민이 원한다면 물러나야지"라고 되뇐 뒤 학생들에게 "그러면 앞으로는 어떻게 해야 한다고 생각하는가"라고 물었다. 고려대학생 유일나는 경무대로 오는 차 안에서 안내하던 이모 준장이 하던 말이 생각나 이렇게 말했다.

"이집트의 나세르를 아시지 않습니까. 우리는 적과 대치 중이므로 2년 정도 군정을 실시해 질서를 회복한 다음 민간 정부를 출범시키면 될 것입니다."

유 군이 배석하고 있던 송요찬 계엄사령관을 쳐다보니 괜한 오해를 받게 되었다는 표정이었고 신임 외무장관 허정은 고개를 흔들고 있었다. 이 대통령은 한참 생각하다가 "군정은 안 돼. 우리는 이집트와 달라"라고 했다. 유일나의 이 건의가 송요찬의 使嗾(사주)에 의한 것이란 오해가 있었다.

유일나는 "송 사령관은 오히려 우리가 대통령한테 하야를 권고하는 것조차 반대했다. 다만 우리를 육본에서 경무대까지 안내해준 이석봉 준장이 '정말 자네들이 하야 권고를 할 수 있나', '군이라고 해서 정치를 하지 말란 법이 있느냐'고 말했을 뿐이다"고 증언했다.

매카나기 대사가 경무대에 도착했을 때는 이미 라디오에서 이승만의 하야 성명이 방송되고 있을 때였다.

매카나기 대사가 이승만에게 하야를 권고하여 결심을 하도록 했다는 通說(통설)은 완전히 엉터리이다. 오전 10시 40분부터 시작된 대사와 대통령의 면담에는 김정렬, 許政이 배석했다. 매카나기 대사는 당초엔 미국 정부의 강경한 압력을 전달하려고 했었는데 하야 성명이 나가는 바람에 성명서 내용을 확인하는 대화로 바뀌었다. 김정렬 장관이 옆에서 보충설명을 많이 했다. 김 장관온 "미국 정부가 빨리 이 성명을 지지하여 질서를 회복하는 데 도와 달라"고 요청했다. 매카나기 대사는 "우리는 각하를 한국의 조지 워싱턴으로 생각한다"고 말했다. 그는 이어서 "우리는 각하가 역사에서 합당한 위치와 명예를 지킬 수 있도록 돕고 싶다"고 했다. 김정렬 회고록에 따르면 이 말을 듣고 있던 이승만은 천장을 바라보면서 우리말로 "저 사람 무슨 잠꼬대야"라고 혼잣말을 하더라고 한다. 매카나기 대사가 국무부로 보낸 면담 보고서엔 '이승만 대통령은 미국 측의 배려와 관심에 감사했다'고 적혀 있지만.

국군은 이승만의 하야에 결정적인 영향력을 행사했다. 군은 계엄령하에서 질서를 유지하는 임무를 맡게 되자 시위 진압을 포기하고 발포를 하지 않았다. 계엄군은 붙들린 시위 학생은 풀어주고 고문 경찰관들은 잡아 넣었다. 군심이 민심과 맞물려 돌아가고 정권을 지탱하던 유일한 물리력 경찰은 계엄군에 의해서 무력화되어 버렸다. 4월 26일 오전에 이승만의 하야 성명이 없었더라면 군의 봉기가 있었을 것이란 주장도 있다. 당시 1군 사령관 유재흥 중장의 비서실장은 鄭昇和(정승화·육군 참모총장 역임) 대령이었다. 그는 이렇게 회고했다.

"1군 사령부의 장교들이 계엄군으로 투입된 1군 산하 15사단 병력의 지휘관들에게 개인적으로 전화를 걸어 '절대로 발포해선 안 된다'고 부탁할 정도였습니다. 민기식 부사령관이 이 사태에 대한 1군의 태도를 결정하자고 사령관에게 건의하여 26일 아침에 군단장 회의가 열렸습니다. 나도 이 회의에 배석했는데 이승만 대통령이 하야하는 길밖에 없다는 결론을 내렸습니다. 이 결의를 미군 수석고문과 金鍾五(김종오) 육군 참모차장에게 전달하는 한편 이 요구가 받아들여지지 않을 때에 대비한 일종의 후보 계획도 마련했습니다. 李鍾贊(이종찬) 육군대학 총장을 진해에서 모셔 와서 지도자로 옹립한다는 것이었는데 내가 이 장군을 태우러 갈 경비행기를 준비시켰습니다."

석 달 전부터 거사 계획을 꾸미고 있던 박정희도 한때 이종찬을 지도자로 모실 생각을 했었다. 육군대학 부총장으로 있던 金載圭(김재규)에게 "이 총장의 동참 의사를 타진해 달라"고 부탁했다. 박정희와는 육사 2기 동기이자 고향 후배인 김재규는 얼마 뒤 '이 총장을 관찰해보니 혁명에 가담할 분이 아니다'는 답을 해왔다. 많은 장교들이 이종찬을 그런 일의 지도자로 생각하고 있었으나 그는 존경을 받기는 원해도 쿠데타 같은 일에 직접 나서서 모험을 할 사람은 아니었다.

김정렬은 생전에 "이 대통령의 하야를 내가 건의했다느니 미국의 압력 때문이라느니 하는 이야기가 있지만 그것은 이 박사를 욕되게 하는 일이다"면서 진상을 가장 잘 아는 자신이 언젠가는 기록을 남기겠다고 말하곤 했다. 그의 死後(사후)에 나온 회고록에 그때 상황이 실감있게 묘사되어 있는데 이 기록에는 중요한 秘話(비화)가 한 토막 있다.

이승만의 하야 성명이 나온 다음날(4월 27일) 김정렬은 육본으로 가서 송요찬 참모총장과 이야기를 나누고 있었다. 이때 총장 부관 金雲龍

(김운용) 소령이 들어오더니 "미군 군사고문단장 하우즈 장군이 편지를 보내 왔다"고 했다. 송 장군이 읽어 보라고 했다. 김 소령이 즉석에서 번역하여 읽어 내려가는데 내용이 심상치 않았다. 김정렬이 편지를 가져오라고 하여 원문을 읽었다. '8군 사령관의 명을 받들어' 라고 附記(부기)되어 있는 편지였다. 여기에는 '대단한 변동을 겪고 있는 한국에서 미국 정부는 앞으로 송요찬 장군을 수반으로 하는 정부를 적극적으로 지원할 것이나' 라고 직혀 있었다는 것이다. 김 장관은 송요찬을 쳐다보고 물었다.

"송 장군, 어떻게 생각하시오."

"아이고, 萬古逆賊(만고역적)이 되게요."

김정렬은 회고록에서 '긴장된 송 장군의 얼굴에서는 내심 좋아하는 듯한 표정이 어쩔 수 없이 새어나오고 있었다' 고 썼다. 김정렬은 '다시 예기치 않은 역사의 소용돌이가 내 앞으로 다가와 내 손을 잡아 끄는' 기분을 느끼면서 매그루더 8군 사령관을 찾아갔다고 한다.

"그 편지는 펜타곤의 의도요, 국무성의 의도요, 아니면 당신들이 여기서 멋대로 만든 것이오?"

"그야 국무성의 의도지요."

"아니 미국은 文民優位(문민우위)의 원칙을 견지하고 있는 나라인데 어떻게 군인이 수반이 되는 정부를 지원하겠다고 하시오? 국무성의 지시라고 하지만 여기서 그런 보고를 올리니 그런 지시가 내려온 것 아닙니까."

매그루더 사령관이 매카나기 대사에게 전화를 걸어 주었다. 김정렬은 대사에게 곧 거기로 가겠다고 했다.

軍-學 지방 정권

4월 27일 오전, 미국 대사관으로 간 김정렬 국방장관은 매카나기 미국 대사에게 따지고 들었다.

"미국 정부가 민주주의를 표방한다면서 군인이 수반이 되는 정부를 지원한다는 것은 있을 수 없는 일이오. 이게 도대체 어떻게 된 일이오?"

"아니, 지금 한국 상황에서 다른 代案(대안)이 있는 겁니까?"

"지금 허정 씨를 외무장관으로 임명하여 과도 정부의 수반으로 사태를 해결하도록 다 되어 있는데 이것을 뒤엎고 송요찬 장군에게 정권을 잡으라는 투로 의사를 전달하니 이게 말이나 되는 일이오?"

"하지만 나는 허정 씨를 모릅니다."

"당신이 허정 씨를 모르는 것이 미국 측이 이런 결정을 내리게 한 원인이오?"

"그렇지는 않습니다. 미국은 민간 정부를 원하고 있지만 현 단계에서는 송요찬 장군을 수반으로 한 정부가 당분간 소요 사태를 진정시키는 것이 현명하다고 판단하였을 따름입니다."

"그렇게 하면 미국 역사상 汚點(오점)으로 남을 것이오. 이 정책을 수정할 여지는 있소?"

"오늘 전보를 쳐서 다른 訓슈(훈령)을 받기를 요청하면 가능할 것입니다."

김정렬 장관은 허정에 대해서 호의적으로 소개를 하고는 미국 정부가 허정 과도 정부를 지지하는 성명을 내줄 것을 요망했다. 매카나기 대사는 "알았소. 그러면 본국에 다시 보고서를 올려 새로운 훈령을 받아 보기로 하겠소"라고 약속했다. 미국은 1952년 부산 정치 파동 때부터 이승만 정권이 무너지면 한국군의 육군 참모총장을 내세워 질서를 유지하도록 한다는 비상 계획을 유지하고 있었다. 매카나기 대사와 매그루더 8군 사령관은 이런 비상 계획에 따라 송요찬 참모총장 겸 계엄사령관을 과도 정부 수반으로 밀려다가 이승만의 합헌적 권력 이양으로 해서 제동이 걸린 것으로 추정된다.

박정희 군수기지사령관이 계엄사무소장으로 있던 부산에서는 이승만 하야 방송이 퍼진 26일 오후부터 축제 같은 일대 혼란에 휩싸였다. 시위대는 수많은 트럭과 버스들을 빼앗아 타고 시내를 질주했다. 시외로 나가다가 차가 뒤집혀 떼죽음을 당하기도 했다. 시민들은 큰 길로 몰려 나와 정권이 뒤집어지는 현장의 흥분을 체험하려 했다. 당시 중학교 2학년생이던 기자도 그 구경꾼들 사이에 있었다.

부산진역 앞 동부산 경찰서는 모든 경찰관들이 달아나 버린 상태에서 시위대의 수중으로 넘어 갔다. 시위대는 경찰서에서 탈취한 서류를 길바닥에 내동댕이치고 뿌렸다. 대로를 허옇게 덮을 정도로 서류들이 흩어졌다. 끝도 없이 밀려오는 트럭 대열에는 시위대가 빼곡히 타고 있었다. 제지하는 군인은 보이지 않았다. 군인들도 경찰과 함께 철수한 것이 아닌가 하는 생각이 들 정도였다. 군인도 경찰도 아무도 제지하지 않는 데모의 자유 속에서 시민들은 정권이 뒤집어지는 쾌감을 맛보고 있었다.

일단의 시위대는 경남도청으로 몰려갔다. "신도성 지사를 잡아라!" 하고 함성을 지르면서 도청을 포위한 시위대를 향해서 헌병들을 태운 트럭이 달려왔다. 박정희 소장은 병력을 도청 주변에 배치한 뒤 덮개를 걷은 지프로 올라갔다. 예복 차림이었다. 박정희는 확성기를 잡더니 침착하게 연설하기 시작했다.

"친애하는 시민 여러분! 우리 군은 여러분을 해치러 온 것이 아닙니다. 이 앞에 보이는 군인들과 장갑차는 여러분의 피땀이 스며 있는 세금으로 지어진 이 도청과 귀중한 국가 재산을 지키려고 온 것입니다. 여러분 냉정해 주십시오. 우리가 싫어하던 이승만 부패 정권은 물러갔습니다. 우리 다 같이 만세를 부릅시다."

박 소장은 시위대와 함께 만세 3창을 했다. 만세를 부르고 난 시위대는 그만 돌 던질 마음이 사라져버려 자진 해산하고 말았다. 박정희는 이날 오후 경고문을 발표했다.

〈야간 통행금지 시간을 저녁 7시부터 다음날 5시까지로 연장한다. 군및 보도용 차량을 제외한 모든 차량의 통행을 무조건 금지한다. 폭행 방화범은 계엄법에 의거하여 처단한다. 시위 중 입수한 무기나 흉기는 즉시 당국에 신고하라. 유언비어를 유포하지 말라. 파괴와 약탈, 방화를 일삼는 불량배와 깡패들은 백만 시민 스스로가 철저히 단속해 주기 바란다. 시민은 주권을 찾았으니 흥분된 마음을 질서 회복에 돌려주기 바란다〉

박정희 소장은 시내 전 경찰서가 경찰관들의 피신으로 마비 상태에 빠지자 임시 경찰을 편성했다. 소령급 장교들을 경찰서장으로, 소위와 중위를 파출소장으로 임명했다. 부산대학교 등 5개 대학교 학생 대표들을 불러 각 대학별로 6개 경찰서를 맡아 학생들이 치안을 유지해 주도록 했다.

부산대학 총학생회장 李東龍(이동룡)은 박정희 사령관을 보는 순간 '대추방망이'를 연상했다. 박정희는 학생회 간부들에게 다과회를 마련

해주면서 질서 유지를 위해 군을 도와달라고 부탁했다. 박정희는 이동룡을 문화방송으로 보내 '내일 아침 9시까지 대학생들은 부산 시청 앞에 집합하라. 질서 유지에 우리가 나서자'는 방송을 하도록 했다.

이렇게 하여 부산에서는 일시적으로 군인과 학생이 합동하여 일종의 지방 정권을 만든 셈이 되었다. 부산대학교는 중부산 경찰서와 동래 경찰서, 수산대학은 동부산 경찰서, 연세대학은 영도 경찰서, 부산사대는 부산진 경찰서, 동아대학은 시부산 경찰서를 맡았다. 〈국제신보〉 27일자 사회면 기사들.

〈분노의 군중이 휩쓸고 지나간 경찰서 안에는 정복 경찰관은 한 사람도 찾을 길이 없다. 주인은 없어지고 소총으로 무장한 군인들만으로 꽉 차있다. 경찰관들은 사복으로 나타나서 인근 다방에 앉아 기가 막히다는 듯이 커피만을 마실 뿐… 파괴된 파출소에선 사환 아이만이 폐허를 지키고 있었다〉

이런 아수라장 속에서도 박정희 사령관은 군을 직접 투입하지 않았다. 부산일보 김종신 기자가 그를 찾아가서 계엄군의 이런 자세를 비판했다.

그러자 박 소장이 퉁명스레 말했다.

"군대가 왜 그런 데 나가노."

"군대가 국민의 재산을 지켜 주어야 할 것 아닙니까."

"지금 내보내면 군대와 민간인 사이에서 불상사만 난다고."

부산일보 사장이자 유명한 기업인인 김지태의 집도 시위대로부터 위협을 받았다. 김종신은 박정희를 찾아가 헌병을 보내달라고 부탁했다.

"안 돼. 그런 사람은 혼 좀 나봐야 돼."

할 수 없이 김종신은 개인적으로 친한 헌병대장에게 부탁하여 도움을
받을 수 있었다.

道義 對 氣魄 논쟁

자신이 뒤집어엎으려고 했던 이승만 정권이 학생 시위로 넘어가는 것
을 바라보는 박정희 소장의 심정은 복잡했다. 4·19 이전에 박정희를 만
났을 때 친구 황용주(당시 부산일보 주필)가 전국으로 번지고 있는 학생
시위를 설명해 주면 박 소장은 "에이, 술맛 안 난다"고 내뱉었다고 한다.
학생들에게 先手(선수)를 빼앗기게 되었다는 안타까움의 표현이었다.

이낙선이 작성한 《5·16 혁명 참여자 증언록》에 따르면 4월 19일 유혈
사태로 서울, 부산 등지에 비상계엄령이 선포되자 그날 밤 부산 동래에
있는 박정희 관사엔 김동하 해병상륙사단장과 홍종철 중령이 마주 앉았
다고 한다. 박정희는 "학생들이 맨주먹으로 일어났으니 그들을 뒷받침
해 주자"고 말했다는 것이다.

4월 26일 밤 박정희는 관사로 찾아온 유원식 대령이 "이제 혁명을 해
야 할 때입니다"라고 하자 "혁명이 됐는데 또 무슨 혁명을 하자는 거냐"
고 핀잔을 주었다.

박정희는 이승만 하야 직후 황용주를 만나자 대뜸 "아이고, 학생놈들
때문에 다 글렀다"고 했다. 황용주는 놀리듯이 말했다고 한다.

"봐라, 쇠뿔도 단김에 빼라카니."

소설가 이병주가 주필 겸 편집국장으로 있던 〈국제신보〉의 4월 27일
자 사설은 '李大統領(이대통령)의 悲劇(비극)! 그러나 조국의 운명과는

바꿀 수 없었다' 는 제목이었다.

〈지금 이 대통령의 功罪(공죄)를 논할 시기가 아니다. 功(공)을 枚擧(매거)하기 위해서도 신중해야 하며 죄를 따지기 위해서도 신중해야 한다. 문제가 되는 것은 어쩌면 평생을 조국광복에 바친 지도자이며 이 나라의 元首(원수)가 이처럼 증오의 대상이 되었는가에 있다. (중략)

面從腹背(면종복배), 또는 피동적이었든 해방 전, 해방 후 이날까지 위대한 지도자로서 존경한 그분에 대해서 설혹 본심의 발로일지언정 결정적인 반대 감정을 표현하지 않을 수 없다는 건 슬픈 일이 아닐 수 없다. 시저를 사랑한다. 그러나 로마를 더 사랑한다. 브루투스는 시저를 죽이고 나서 그의 소신을 이렇게 피력했지만 대의와 명분, 정의와 이상에 卽(즉)한 百千(백천)의 이론을 준비해도 우리들의 감정으로서는 넘어설 수 없는 딜레마가 있다. (중략)

그리고 이승만 대통령에게 항거한 젊은 학생들과 항거를 당한 이승만 박사가 결코 적일 수 없다는 사실을 우리는 깊이 인식해야 하고 끝내 그렇게 되도록 彼此(피차)의 성의가 있어야 되리라고 믿는다〉

며칠 뒤 박정희는 이병주, 황용주와 어울린 술자리에서 이렇게 말했다.

"두 주필의 사설을 읽었는데 황용주의 論斷(논단)은 명쾌한데 이 주필의 논리는 석연하지 못하던데요. 아마 이 주필은 情(정)이 너무 많은 것이 아닙니까."

"믿기도 한 영감이었지만 막상 떠나겠다고 하니 언짢은 기분이 들데요. 그 기분이 논리를 흐리멍덩하게 했을 겁니다."

"그거 안 됩니다. 그에겐 동정할 여지가 전연 없소. 12년이나 해 먹었으면 그만이지 四選(사선)까지 노려 부정선거를 했다니 될 말이기나 하오? 우선 그, 자기 아니면 안 된다는 사고방식이 돼먹지 않았어요. 후세에 경종을 울리기 위해서도 春秋(춘추)의 筆法(필법)으로 그런 자에겐 筆誅(필주)를 가해야 해요."

이에 대해서 이병주는 "평생을 조국독립을 위해 바친 前功(전공)을 보아서도 이승만을 가혹하게 비판할 수 없었다"는 심경을 피력했다. 박정희의 반응은 차가웠다(이병주의 《대통령들의 초상》).

"미국에서 교포들을 모아 놓고 연설이나 하고 미국 대통령에게 진정서나 올리고 한 게 독립 운동이 되는 건가요? 똑바로 말해 그 사람들 독립 운동 때문에 우리가 독립된 거요? 독립 운동했다는 건 말짱 엉터리요, 엉터리 … ."

황용주가 끼어들어 "그렇게 말하면 쓰나?" 하고 나무랐다.

"물론 엉터리 운동가도 더러 있었겠지. 그러나 싸잡아 독립 운동한 사람을 그런 식으로 말하면 안 돼. 진짜 독립 운동한 사람들도 많아. 그 사람들 덕분에 민족의 체면을 유지해 온 것이 아닌가."

"민족의 체면을 유지했다고?"

박정희는 흥분했다.

"해방 직후 雨後竹筍(우후죽순)처럼 정당이 생겨나고 나라 망신시킨 자들이 누군데, '독립 운동 했습네' 하고 나선 자들이 아닌가."

"그건 또 문제가 다르지 않는가."

"무슨 문제가 다르다는 기고. '독립 운동을 합네' 하고 모두들 당파 싸움만 하고 있었던 거 아이가. 그 습성이 해방 직후의 혼란으로 이어진 기란 말이다. 그런데도 민족의 체면을 유지했다고?"

"그런 식으로 문제를 세우면 되나, 내 말은…."

이때 同席(동석)했던 박정희의 대구사범 동기 조증출이 "느그들 이랄라면 나는 가겠다"고 일어서는 바람에 논쟁이 중단되었다. 이병주는 이런 자리에서 있었던 황용주와 박정희의 논쟁 중 다른 한 토막을 기록했다.

〈박정희가 일본 청년 장교들이 일으킨 5·15 사건, 2·26 사건을 들먹이면서 찬사를 늘어놓자 황 주필이 "너, 무슨 소릴 하노. 놈들은 천황 절대주의자들이고 케케묵은 국수주의자들이다. 그놈들이 일본을 망쳤다는 사실을 모르고 하는 소리가"라고 반박했다.

"일본의 군인이 천황 절대주의자 하는 게 왜 나쁜가. 그리고 국수주의가 어째서 나쁜가."

황용주가 '그것은 고루한 생각으로서 세계 평화에 해독이 된다'고 반박하자 박정희는 열을 올렸다.

"그런 잠꼬대 같은 소릴 하고 있으니까 글 쓰는 놈들을 믿을 수 없다. 일본이 망한 게 뭐꼬. 지금 잘해 나가고 있지 않나. 역사를 바로 봐야 해. 패전 후 얼마 되지 않아 일본은 일어서지 않았나."

"국수주의자들이 망친 일본을 자유주의자들이 일으켜 세운 거다."

"자유주의? 자유주의 갖고 뭐가 돼. 국수주의자들의 기백이 오늘의 일본을 만든 거야. 우리는 그 기백을 배워야 하네."

"배워야 할 것은 기백이 아니고 도의감이다. 도의심의 뒷받침이 없는 기백은 야만이다."

"도의는 다음 문제다. 기백이 먼저다."〉

시위대와의 결별

〈국제신보〉 편집국장 겸 주필이던 이병주는 5·16 뒤 군사 정권에 의해서 옥살이를 하게 되는데 집권하기 전인 4·19 전후의 박정희 모습을 실감 있게 묘사했다(〈월간조선〉 1991년 7월호에 실렸던 '대통령들의 초상'). 그가 타계하기 전에 쓴 이 글을 통해서 떠오르는 박정희의 이미지는 '청렴한 唯我獨尊(유아독존)'이다. 부산일보 주필이자 대구사범 동기인 황용주가 군수품을 횡령한 죄로 군법회의에 넘어간 한 장성을 화제로 올리면서 개탄을 하니 박정희는 어깨를 펴면서 결연하게 말하더란 것이다.

"여기 도의적으로 말짱한 사람이 있어. 걱정하지 마."

박정희는 좀처럼 자신의 청렴함을 드러내거나 부하들에게 강요하지는 않았으나 강한 自意識(자의식)을 갖고 있었음은 확실하다. 이런 자의식을 품고 있었기에 그는 많은 상급자들을 속으로는 경멸하고 있었고 상관들은 금전적인 면에서 약점이 없는 박정희를 어렵게 생각하고 있었다. 박정희가 1軍司(군사) 참모장일 때 그 밑에서 참모로 일했던 朴敬遠(박경원·소장 예편)은 "그분은 총으로 혁명한 것이 아니라 인격으로 혁명한 사람이다"라고 했다.

박정희가 혁명군을 조직한 것은 그가 實兵(실병)을 지휘하고 있을 때가 아니라 직할 병력이 1개 소대도 안 되는 2군 부사령관으로 있을 때였다. 자신의 직위가 아니라 자신의 인격을 통해서 많은 부하들을 死線(사선)으로 끌고 갈 수 있었던 비결의 한 핵심이 청렴이었다. 이 무렵 박정희를 가깝게 모신 한 인사는 익명을 조건으로 하여 이런 증언을 했다.

어느 겨울날 신당동 자택으로 찾아가니 육영수가 가족들과 한방에 옹기종기 모여 앉아 있었다. '연탄이 모자라 한 방에만 불을 넣는다'는 설명이었다. 이 장교는 다음날 연탄을 한 차 사서 신당동으로 가져갔다. 연탄을 부리고 있는데 박정희가 나타났다. 평소보다 일찍 퇴근하는 바람에 맞닥뜨리게 된 것이다. 박정희는 화를 냈다.

"이놈아, 누구한테 뇌물을 받아먹고 이런 짓을 하나. 이 돈 어디서 났어?"

이렇게 혼을 내더니 "내일 군법회의에 넘기겠어"라고 호통을 쳤다. 이때 육영수가 남편에게 "당신은 뭘 해주셨나요"라며 대들었다. 입장이 난처해진 박정희는 부하를 보고 다시 한 번 "넌 내일 군법회의야"라고 말하고는 안으로 들어가 버렸다. 박정희의 이런 청렴성은 그의 생리이기도 하지만 야망을 품은 사람의 의도적 결심이었다는 측면도 있을 것이다.

4·26 이승만 하야 직후 이병주는 황용주와 박정희 사이에 이런 대화를 목격했다고 쓰고 있다. 황용주가 "통일을 할 수 있는 유일한 방법은 군인들이 정권을 잡고 즉시 북쪽의 김일성을 판문점으로 불러 당장 휴전선을 틔워 한 나라를 만들어 버리는 일이다"라고 했다. 박정희는 얼굴이 일순 핼쑥해지더니 자리를 박차고 일어섰다. "너 무슨 말을 해. 위험천만한 놈이로구나. 너 같은 놈하고는 술자리 같이 못 하겠어"라면서 방문을 걷어차 열곤 돌아가 버리더란 것이다. 이병주가 모르고 있었지만 이때 황용주, 박정희 두 사람은 이미 쿠데타에 대해서 이야기를 나누고 있었다. 박정희의 이 날 행동은 虛(허)를 찔린 사람의 반사적 행동이었을 것이다. 박정희는 이승만 하야 뒤부터 학생들의 시위에 대해서 부정적인 태도를 보이기 시작했다.

이승만 하야 뒤의 시위는 그 전의 시위와는 성격이 달랐다. 부정 선거 규탄 시위가 '어용 총장, 교장, 교수, 교사 물러나라'는 식의 학내 사태로 변질되었다. 4·26 전에 '용감한' 시위를 못 했던 학교에선 체면을 세우기 위해서도 데모를 해야 했다. 그때 중학교 2학년생이던 기자도 무엇을 위한 데모인지도 모르고 상급생이 이끄는 대로 시내로 나가 시위 행진을 했다.

박정희 소장의 계엄군이 엄호하는 가운데, 이 시점부터 박정희와 학생들의 蜜月(밀월)이 끝나고 사이가 벌어지게 된다. 박정희는 反이승만이란 점에서는 학생들의 시위에 공감했으나 이승만이 물러난 뒤의 무질서와 난동을 용인할 생리도 입장도 아니었다. 박정희가 학생시위에 대해서 부정적인 인상을 굳히게 된 것도 4·26 후부터였다.

4월 27일 밤 부산에선 전 농림부 장관 梁聖奉(양성봉), 錦城(금성)중고교 교장 禹德俊(우덕준)의 집을 군중이 습격하여 군인들이 공포를 쏘아 해산시켜야 했다. 경남 의령에서는 군중이 자유당 간부들 집을 파괴하고 전기회사를 습격, 送電(송전)을 중단시켰다.

4월 28일 박정희 부산 지구 계엄사무소장은 조치를 취하기 시작했다. 트럭 100대를 뺏어 타고 마산, 밀양, 창녕 등지를 돌아다니면서 형무소와 경찰서를 습격하고 약탈을 일삼던 난동자 86명을 붙잡아 왔다. 39사단 병력이 출동하여 이들에 대한 '소탕전'을 벌였다고 한다.

박정희 소장은 4월 28일 계엄사무소에서 학생, 언론인, 군인 대표들을 초청하여 시국간담회를 열었다.

학생들은 이런 말들을 했다.

"우리는 부정선거 원흉과 부패한 공무원부터 拔本塞源(발본색원)해

주기를 바랍니다.”

“군인들 가운데도 부정선거에 앞장선 인물들이 많은데 이런 사람들을 자율적으로 처단하지 않으면 국민을 떳떳하게 대할 자격이 없습니다.”

“때 묻은 기성세대는 물러나고 혁명주체인 학생들이 정권을 잡아야 합니다.”

한 중견 언론인이 일어나더니 “학생들은 정권을 잡으러 데모했나. 4·19에 양아치가 앞장섰으니 그러면 양아치가 정권을 잡으란 말인가. 남들이 다 해놓은 다음 체면치레한다고 데모한 주제에 큰 소리를 치는 것은 부끄러운 이야기다”라고 나무랐다. 다혈질인 부산일보 김종신 기자는 취재하러 들어왔다가 열이 나서 일어났다.

“지금은 무정부 상태입니다. 불량배들이 밤낮을 가리지 않고 거리를 휩쓸면서 방화, 강탈을 일삼고 있습니다. 차제에 군인들이 나서서 민족의 앞날에 참신한 바람을 불어넣어야 합니다.”

이 말이 떨어지자 黃弼周(황필주) 참모장이 일어서더니 김 기자를 반박했다.

“군인이 정치에 발을 들인다는 것은 중이 고기 맛을 아는 것과 같습니다. 벽에 붙은 빈대가 남지 않아요.”

김종신은 이 말에 다시 반박하여 두 사람 사이에 논쟁이 벌어졌다. 박정희는 눈을 지그시 감고 담배를 피우고 있었는데, 김종신이 보니 참모장의 말에 못마땅한 표정이었다고 한다.

혁명적 상황

4월 28일 아침 김정렬 국방장관은 매카나기 주한 미국 대사로부터 전화를 받았다. 매카나기 대사는 김 장관이 전날 요청했던 사안에 대한 미국 정부의 입장을 전달했다. 송요찬 계엄사령관을 과도 정부 수반으로 민다는 입장을 철회하고, 허정 외무장관을 지지하기로 했다는 것과 이기붕 내외의 미국 망명을 받아주겠다는 것이었다. 이런 통보를 하던 매카나기 대사는 "그런데 경무대에서 무슨 일이 일어난 것 같은데 들으셨습니까?" 하고 묻는 것이었다.

"글쎄요, 무슨 일이 벌어진 것 같은데 나도 궁금해요."

전화를 끊고 김정렬은 경무대로 달려갔다. 본관으로 가니 비서관들과 경찰관들이 바깥에 둘러서서 밖으로 나오는 누군가를 막고 있었다. 김 장관이 가까이 가 보니 이 대통령 내외가 바깥으로 나오려 하고 있었다. 老(노)대통령은 막아선 사람들에게 호통을 치고 있었다. 김 장관도 엉겁결에 막는 쪽에 합세했다가 옆 사람에게 "무슨 일이냐"고 물었다.

"새벽에 이기붕 일가가 자살했습니다. 각하께서 그 현장으로 가시겠다고 해서 이렇게 막고 있습니다."

김정렬은 이기붕이 묵고 있었다는 경무대 내 별관 36호실 쪽으로 달려갔다. 4·19 직후 사임한 홍진기에 이어 내무장관으로 발탁된 李澔(이호) 장관이 걸어 올라오면서 김 장관을 붙들었다.

"김 형, 내려가지 말아. 봐도 소용없고 일생 동안 참혹한 기억이 남을 터이니 내려가지 말아."

김정렬은 李 장관에게 끌려 대기실로 돌아와 중얼거렸다.

"바로 오늘 아침 매카나기 대사로부터 망명 알선이 잘 되었다는 소식을 들었는데 이렇게 안타까운 일이 있을까."

검찰은 이기붕 일가 변사 사건의 현장을 조사하고 시체를 검안한 뒤 '합의된 자살'이라고 발표했다.

〈유서는 없었다. 권총은 모두 다섯 발이 발사되었다. 이강석만이 머리와 가슴에 두 발을 맞았고 다른 사람들은 머리에 한 발씩 맞았다. 세 발은 28일 새벽 5시 50분경 연속으로 발사되었고 4, 5분이 지나서 두 발이 발사되었다. 이기붕은 상의를 의자에 걸어 놓고 셔츠만 입은 채로 숨져 있었다. 이기붕, 박마리아, 이강욱은 매트리스 위에 나란히 누워 있었고 이강석은 가로로 쓰러져 있었다〉

이기붕 가족이 피신해 있던 6군단 부군단장 숙소에서 하룻밤을 보내고 경무대 별관으로 돌아온 것은 26일 밤이었다. 6군단장 비서실장이던 이성재 중령에 따르면 경무대 경찰서에서 차를 보내 이기붕 일가를 데리고 갔다고 한다. 그때 이미 서대문 자택은 시위대의 습격을 받고 있었으므로 이기붕은 경무대로 갔다. 이기붕 일가가 죽은 뒤 일부 언론에서는 강영훈 6군단장이 이기붕 일가를 외면하는 바람에 서울로 돌아와 자살하게 되었다는 식으로 보도했다. 강영훈 전 총리는 "내가 그런 오보를 한 기자에게 항의했더니 '사실 관계는 알지만 이렇게 써야 장군님께 유리하다'고 변명만 하고 정정해 주지 않았다"면서 "그 뒤 자유당에서는 날 욕하고 민주당에선 갈채를 보냈다"고 했다.

4·19 유혈 사태에 이은 4·26 이승만 대통령 하야, 그리고 이기붕 일가의 자살로 자유당 정권이 붕괴하자 한국 사회에서 혁명적 상황이 전개되기 시작했다. 崔仁圭(최인규) 등 3·15 부정선거 주범 구속, 金九(김

구) 암살 등 과거 정치적 사건의 재조명 요구, 경찰 등 권력 기관 간부 퇴진, 徐珉濠(서민호), 姜文奉(강문봉) 등 前(전) 정권 때의 정치 사건 수감자 석방, 교장 총장 배척 운동, 학생들의 동맹 휴학, 좌익의 정치 세력화, 시위의 난동화 등 그 뒤에도 정권 교체기마다 되풀이되는 정형화된 혼란이었다. 4월 28일 계엄 사령부는 북한과 조총련이 남한 학생들을 선동하기 위해 불온 문서를 학교와 학생 단체로 보내고 있다고 발표했다.

미국의 論客(논객) 월트 리프먼은 4월 28일자 〈워싱턴 포스트〉지에 기고한 '한국이란 우리의 두통거리'란 題下(제하)의 칼럼에서 '한국은 그 자신의 독립과 자유를 스스로 유지할 수 없는 나라이기 때문에 계속 미국의 被保護國(피보호국)이며 被後見國(피후견국)의 지위에 남아 있어야 한다'고 했다. 그는 '우리가 한국을 위해 흘린 피를 값싼 농담으로 만들어 버린' 이승만 정권을 퇴진시킨 데 기여한 미국 정부의 조치를 옹호했다.

4월 29일 AP통신은 '屍山血海(시산혈해)의 유혈 사태로 전락할 뻔했던 한국 사태가 이승만 하야로 수습된 데는 한국군의 自制(자제)가 큰 기여를 했다'고 보도했다. 이때만 해도 송요찬 계엄사령관의 인기는 좋았다. 29일 신문들은 '송요찬 장군의 국방장관 입각설'을 보도했다. 이날짜부터 모든 신문은 터키에서 발생한, 反(반)멘데레스 총리 유혈 학생 시위로 계엄령이 선포된 사건을 연일 크게 다룬다. 기사들은 이 학생 시위가 한국 학생들의 용감한 행동에 자극을 받아 이루어졌음을 강조하고 있었다. 신문 지면은 온통 국내외의 시위 사태로 채워지고 있었다.

4월 30일 수도육군병원 강당에서는 자살한 이기붕 일가 네 명의 영결식이 있었다. 이틀 전 梨花莊(이화장)으로 물러났던 이승만 전 대통령은 양자인 이강석의 관 앞에 앉아 한 10분간 영정을 바라보면서 눈물을 짓다가 측근의 만류를 받고 식장을 떠났다. 4월 30일자 〈조선일보〉의 사회면은 학원 내 진통으로 채워져 있었다. '민주 혁명은 학원 내로' 란 제하에 '어용학자를 숙정─학생들 궐기에 일부 교사도 동조', '서울대─학도호국단 해체 주장', '성균관대─총장사퇴를 요구', '경희대─총장축출 움직임' 이란 작은 제목의 기사들이 지면을 뒤덮었다.

이 날짜 조선일보 1면에 실린 洪鍾仁(홍종인)의 시론은 '民意(민의)를 떠난 개헌은 있을 수 없다' 면서 '정계 혁신을 위해 현 국회의원은 사퇴하라' 고 요구하고 있었다. 이는 학생들의 주장과 궤를 같이하는 것이었는데 '현 국회를 해산하고 새로운 총선을 치르면서 개헌 여부를 국민에게 물어야 한다' 는 주장이었다. 홍종인은 '오늘의 사태를 가져온 책임의 일단은 신파, 구파로 나뉘어 싸움질을 해온 민주당에도 있다' 고 지적했다. 민주화를 위해 투쟁해 왔다는 이유만으로 '국민의 정당' 을 자처하던 민주당에 대한 원초적인 의문을 제기한 글이었다.

이런 주장의 배경에는 4·19 혁명에 주도적 역할을 하지도 못한 민주당이 流血(유혈)의 열매를 따먹으려는 데 대한 반감뿐 아니라 민주당도 결국은 지주, 일제 관료 출신자들을 주축으로 한 구태의연한 정치 세력으로서 본질적으로 자유당과 같은 뿌리라는 인식이 있었다. 박정희도 그런 역사관을 공유하고 있었다.

"宋堯讚 총장께"

4·26 이승만 하야 이후 온 나라에 불어 닥친 혁명적 분위기는 박정희

소장을 격동시켰다. 5월 2일 박정희는 육사 11기 작전장교 손영길 대위를 불렀다. 이낙선이 작성한 《5·16 증언록》에서 손영길 대위는 이렇게 기억했다.

〈박정희: "손 대위, 위관급 장교들의 분위기는 어떠한가. 지금 모든 분야에서 혁신의 분위기가 있는데도 군부에서만은 이렇다 할 혁신의 기운이 없다. 서울에서 젊은 영관급 장교들이 혁신을 부르짖고 있다. 우리 사령부 내의 위관급 장교들 동태는 어떤가?"

손영길: "대부분의 장교들은 과거에 부정선거를 지시한 부정 장성들이 건재하다는 것은 부당하다는 의견입니다. 젊은 장교들은 지휘관들을 불신임하고 있는 경향입니다."

박정희: "(편지봉투를 전하면서) 이걸 송요찬 참모총장에게 전달하게."〉

손영길 대위는 이날 오후 편지봉투를 들고 L—19 경비행기를 이용하여 서울로 갔다. 송요찬 육군 참모총장실에 근무하는 동기생 김 대위를 통해 이 서신을 전달했다. '5·16 혁명의 史官(사관)' 이낙선은 문제의 편지 내용은 이러했다고 적었다.

〈참모총장 각하.

多難(다난)한 계엄 업무와 군내의 諸(제)업무의 처리에 골몰하심을 위로드리는 바입니다. 각하로부터 많은 恩顧(은고)를 입으며 각하를 존경함에 누구 못지않을 본인이 지금 그 높으신 은공에 보답하는 길은 오직 각하의 처신을 그르치지 않게 충고 드리옴이 유일한 방도일까 짐작되옵니다.

지금 3·15 부정선거에 관련된 많은 사람들이 선거 부정 관리의 책임으로 규탄되고 있으며 군 역시나 내부적, 외부적 양면에서 이와 같은 비난과 淨化(정화)에서 예외될 수는 없을 것이오니 未久(미구)에 닥쳐올 격동의 냉각기에는 이것이 문제화될 것은 明若觀火(명약관화)한 일이며 현재 일부 국회 국방위원들이 對軍(대군) 추궁을 위한 증거 자료를 수집 중임도 이것을 뒷받침하는 것이옵니다.

卑見(비견)이오나 군은 上命下服(상명하복)의 엄숙한 통수 계통에 있는 것이므로 군의 최고명령사인 각하께서 부정선거에 대한 전 책임을 지시어 정화의 태풍이 군내에 파급되기 전에 자진 용퇴하신다면 얼마나 떳떳한 것이겠습니까. 각하께서는 4·19 이후의 민주적인 제반처사에 의하여 絶讚(절찬)을 받으시오니 부정의 책임감은 희박해지며 국민이 보내는 갈채만을 기억하시겠습니다마는 사실은 不日內(불일내)에 밝혀질 것입니다. 차라리 국민이 아쉬워할 이 시기를 놓치지 마시고 처신을 배려하심이 각하의 장래를 보장하며 과거를 장식케 하는 유일한 방도일까 아뢰옵니다.

4·19 사태를 민주적으로 원만히 수습하신 각하의 공적이 절찬에 값하는 바임은 물론이오나 3·15 부정선거에 대한 책임도 또한 결코 면할 수 없는 것이며 따라서 그 功過(공과)는 相殺(상쇄)가 불가능한 사실에 비추어 가급 조속히 進退(진퇴)를 英斷(영단)하심이 국민과 군의 眞意(진의)에 迎合(영합)되는 것이라 사료되옵니다.

현명한 상관은 부하의 誠心(성심)을 수락함에 인색하지 않을 것입니다. 각별한 은혜를 입은 부하로서 각하를 길이 받들려는 微忠(미충)에서 감히 진언드리는 충고를 경청하시어 성심에 답하는 裁量(재량) 있으시기를 伏望(복망)하옵니다.

외람되오나 각하와의 두터운 신의에 의지하여 이 글을 올리오니 두루 解諒(해량)하시와 본인으로서의 심사숙고된 성심을 참작하여 주시기 아뢰옵나이다〉

그동안 박정희가 송요찬에게서 입은 은혜를 생각한다면 이 편지는 독한 마음을 품고 쓴 것임을 알 수 있다. 박정희는 私情(사정)을 모질게 끊고 송요찬의 용퇴를 건의한 것이다. 이때 송요찬은 계엄군이 4·19 때 시위대에게 발포하지 않음으로써 이승만의 하야를 불가피하게 만들었다고 하여 국민적 인기가 높았다. 미국 정부도 한때 그를 과도 정부 수반으로 밀어 줄 생각을 했을 정도였다. 그런 송 장군에게 匕首(비수)와 같은 편지를 써 올린 박정희는 이 행동으로써 격랑이 일고 있는 시대 상황으로 뛰어든 것이다. 그것은 상황의 구경꾼이 아닌 주인공이 되겠다는 결단이었다.

5월 2일 허정 과도 정부 내각 수반은 국방장관에 이종찬 전 육대 총장을 임명했다. 1952년 부산 정치 파동 때 박정희와 함께 이승만 정권의 전복을 생각했고 한때는 많은 청년 장교들에 의해서 군사 혁명의 지도자로 지목받고 있었던 이종찬의 장관 취임은 박정희에게 상당한 격려가 되었을 것이다. 더구나 이종찬은 송요찬을 못마땅하게 생각하고 있었다.

박정희의 편지를 받은 송요찬의 심경을, 이낙선은 《正義(정의)의 受難(수난)》이란 기록에서 다소 소설적으로 묘사하고 있다.

〈송 총장의 분노는 하늘을 치솟았다.

"빨갱이 같은 놈! 부정선거에 내가 무슨 책임이 있단 말인가. 또 책임이 있다 치더라도 4·19 이후의 처신이 충분히 그것을 속죄했다고 언론이 대변하고 있지 않은가. 내가 저를 애써 승급시키고 등용하고 있는데 배은망덕도 분수가 있지. 온 세상이 나를 칭찬하는데 네가 나를 잡아먹어?"

분을 못 이긴 송 총장은 문제의 서신을 움켜쥐고 박정희 소장을 경계하는 여러 장성과 고위층에 이를 회람시켰다. 고민의 며칠 밤을 지낸 5월 5일 송 총장은 곰곰이 생각한 결심 하나를 실천에 옮겼다. 육군본부의 전 장병을 연병장에 집합시켜 놓고 사무치는 분노와 危懼感(위구감)을 폭발시킨 것이다.

"4·19 사태의 수습에 있어서 우리 군은 본인의 지휘하에 원만히 그 소임을 다하여 靑史(청사)에 남는 위업을 달성한 것인데 지금 일부에서는 이 성스러운 성과를 시기하며 파괴하려 드는 불순분자가 있다. 지금 이 자리에서 누구라고 지칭하지는 않겠지만 이렇듯 下剋上(하극상)의 풍조를 선동하여 군 상하 간의 불신을 야기하며 단결을 와해시켜 북괴에 이익을 주는 따위의 행위는 단연코 배격되어야 한다."〉

이낙선의《5·16 증언록》에 따르면 육본 정보국 기획과장 김종필 중령은 이 연병장 연설의 분위기에 대해서 이런 증언을 한 것으로 되어 있다.

〈이때는 이미 중견 장교들의 동향이 뭉치기 시작한 때이고 연설 도중에 (장교들이) 웅성거리기 시작해서 육본의 공기는 險惡一路(험악일로)가 되었다〉

5월 6일 김종필 중령은 '육본의 공기와 그동안의 동향을 보고차 下釜(하부), 박 장군 숙소에서 투쟁 방법의 표면화(육본의 동지 규합을 위해)를 進言(진언)했다'는 것이다.

5월 8일, 김종필 중령을 중심으로 한 육사 8기 출신 장교들은 整軍(정군)을 요구하는 連判狀(연판장)을 작성하여 상부에 제출하려다가 탄로

가 난다.

조총련 사주說

박정희 군수기지사령관을 만나고 올라온 김종필 중령은 5월 8일 육사 8기 동기생 여덟 명과 회동하여 연판장을 쓰기로 합의한다. 8명은 김종 필 이외에 崔俊明(최준명) 대령, 金炯旭(김형욱), 吉在號(길재호), 石昌 熙(석창희), 申允昌(신윤창), 玉昌鎬(옥창호), 吳尙均(오상균) 중령이었 다. 이들은 김종필에게 연판장의 초안을 작성하도록 맡겼다. 그 요지는 이러했다.

〈4·19 혁명 정신으로 整軍(정군)해야 한다. 정군 대상자에게는 우선 개인적인 권고로 자진 사퇴 형식을 취한다. 권고에 응하지 않을 때는 지 휘 계통을 통해서 건의하여 사퇴를 종용토록 한다. 그래도 정군이 부진 할 때는 국방장관 직속으로 '정군 심사위원회'를 설치, 정군을 추진한 다. 제2공화국의 건전한 발전을 위해서 정군은 새 정부가 수립되기 이전 과도기나 진통기에 과감히 추진한다〉

며칠 뒤 최준명 대령은 서울 지구 계엄부대장인 15사단장 조재미 준장 을 찾아갔다. 한국전 시절 직속상관이었던 조 준장은 자리에 없었다. 최 대령은 사단장 부관과 잡담을 하던 중에 사단장에게 할 말을 부관에게 다 털어놓고 떠났다. 그 후 부관은 사단장에게 '8기생 중심으로 참모총 장 축출 운동이 일어날 것인데 그때는 사단장님이 중립을 지켜달라는 부탁을 최준명 대령이 하고 갔다'고 보고했다. 지금 대전에 살고 있는 조재미 당시 준장은 "내가 최 중령을 불러 주의를 주었다. 지금은 군이 안정되어야 할 시점인데 그런 일로 혼란을 일으켜선 안 된다고 나무랐다. 내가 송요찬 장군에게 알렸다는 말도 있는 모양인데 그런 일은 없었고, 송 장군이 다른 경로로 그런 움직임을 알게 되었던 것이다"고 말했다. 송 총장은 방첩대에 조사를 지시하여 5월 17, 18일 양일간에 걸쳐 김종필 등 5명을 국가 반란 음모 혐의로 구속시켰다.

박정희는 송 총장에게 '용퇴하라'는 편지를 쓰고 김종필은 연판장을 씀으로써 군대의 상층부를 흔들어 놓는다. 박―김 라인에 의한 최초의 협동이 이루어진 셈이었으며 처삼촌―조카사위 사이가 동지적 관계로 변모한 것이다. 김종필과 8기 동기생들이 연판장 건으로 분주할 때 박정희 부산 지구 계엄사무소장은 '조총련계 사주 시위설'에 휘말려 고생하고 있었다.

5월 2일 중고교가 휴교 15일 만에 개학하자 부산에서 특히 시위가 많이 발생했다. 2일 오전 부산에선 대학교부터 중학교까지 40여 개 학교 학생들 2만여 명이 시내로 쏟아져 나와 '국회는 해산하라', '썩은 국회는 개헌할 자격 없다', '기성 정치인은 물러가라', '김일성을 타도하자'는 구호를 외쳤다. 중앙지 사회면 기사는 '학생 데모, 또 부산서'란 제목을 달 정도였다. 4·19 이전에 용감한 시위를 하지 못한 학생들은 그 열등감을 풀기 위해서 더 과격한 구호를 내걸기도 했다.

5월 3일자 〈조선일보〉에는 전남 광주에서 외과병원을 경영하고 있는 이모 씨가 데모를 하지 않았던 서울 유학 중의 딸에게 보내는 편지가 실려 있었다. '데모 대열에서 빠진 딸에게, 부끄러운 아버지로부터'란 副題(부제)가 달린 기고문의 제목은 '너는 그날 무엇을 하고 있었느냐'였다.

〈부모 있어도 넌 시대의 고아 / '비굴한 행복' 보담 '당당한 불행'을 기

다렸더니 / 애써 공부시킨 이 애비가 괴롭다〉

5월 3일, 박정희 계엄사무소장은 부산 일원의 야간 통행금지 시간을 저녁 7시부터 다음날 오전 5시까지로 연장했다. 오후 4시부터는 차량 통행을 금지한다고 발표했다. 이렇게 되니 회사는 오후 3시에 문을 닫고 차 없는 거리를 걸어서 귀가하는 시민들이 많았다.

4일 오전에도 부산의 학생 시위는 계속됐다. 중학생 수백 명이 중심지 중앙동 거리를 행진하고 있었다. 사이렌을 울리면서 헌병들이 탄 트럭과 장갑차 대열이 나타나 학생들을 쫓기 시작했다. 헌병 트럭 대열의 맨 앞에 박정희 사령관이 탄 세단이 달렸다. 차량 대열이 데모 대열을 서서히 관통하자 중학생들은 달아나 버리고 데모대는 흩어져버렸다.

부산역 광장 앞에 도착, 정렬한 헌병들을 해산시킨 박정희는 자신의 승용차로 돌아오더니 문짝의 손잡이를 잡고 머리를 숙인 채 한참 생각에 잠겼다. 내리는 비를 맞으면서 생각에 빠져 있는 박정희의 레인코트가 한쪽 어깨에서 벗겨져 내리고 있었다. 모자에서 흘러내리는 빗물이 군복을 적셨다. 반짝이는 두 개의 별을 호기심 어린 눈으로 쳐다보던 구두닦이 소년이 벗겨져 내리는 코트를 다시 걸쳐주었다. 박정희는 명상에서 깨어나 미소를 지으면서 소년의 머리를 쓰다듬어 주었다. 이 광경을 지켜보고 있던 부산일보 김종신 기자를 발견하자 박정희는 화풀이를 했다.

"당신네들, 선동하다가는 이 모양이오. 글쎄, 데모도 좋지만 저런 중학생들이 무얼 알아서 거리로 나오는 거요."

박정희는 자신의 화풀이에 겸연쩍어졌는지 김 기자를 향해서 "우리 차나 한 잔 할까"라고 했다. 두 사람은 다방에 들어갔다. 김종신은 "연장된 통행금지 시간으로 사무실 근무자들은 집에도 못 가고 회사에서 잠을 자기도 한다"면서 "이런 상태가 계속되면 데모보다 더한 사태가 날 겁니다"라고 했다.

"그럼 오늘부터 통금시간을 종전대로 환원하지."

김종신 기자는 벌떡 일어서면서 "그렇게 기사를 써도 좋습니까"라고 다짐을 했다.

"물론 기자라면 기사를 써야지."

박 사령관을 다방에 혼자 남겨 놓고 김종신 기자는 회사로 달려가 마감 시간을 3분 넘긴 특종을 했다.

박정희는 유언비어 날조와 유포를 방지한다는 이유로 5일부터 언론 검열을 부활시켰다. 5월 6일 경남 지역(당시 부산은 아직 직할시로 독립하기 전이라 경남도 소속) 여야 국회의원들은 국회 해산과 기성 정치인의 퇴진을 요구하는 부산 시위에 위협을 느끼고 손을 쓰기 시작했다. 이들은 이날 허정 내각수반과 이종찬 국방장관, 그리고 송요찬 계엄사령관을 국회로 불러 "부산 시위는 조총련계가 남해안으로 침투하여 사주하고 있다는 설이 있다"면서 대책을 따졌다. 일부 의원들은 "조총련이 10억 환의 음모 자금을 대고 있고 군의 유력한 장성이 이 시위를 묵인하고 있다"고 박정희를 겨냥한 발언을 하기도 했다.

崔榮喜 장군의 현지 조사

이낙선은 이 무렵의 기록 《正義(정의)의 受難(수난)》에서 조총련 사주설은 부산 지역 민주당 국회의원 두 사람이 만들어내어 허정 수반에게

고해 바친 것이란 주장을 하고 있다.

〈兩人(양인)은 허정을 방문하여, 박정희 소장이 부산일보 황용주 주필·국제신보 이병주 주필과 작당, 조총련으로부터 정치 자금 10억 환을 유입받아 혁신 세력을 규합하여 부산 지방을 중심으로 혁명을 일으키려 하고 있다고 밀고했다. 박정희 장군으로부터 용퇴 충고를 받은 송요찬 중장은 과잉반응을 보였다.

포항에 있는 해병 1개 사단의 일부 병력을 부산으로 보내고, 원주에서 헌병 1개 대대를 차출하여 부산으로 급파한다는 계획을 세워 매그루더 미 8군 사령관에게 제출했다. 아울러 崔榮熹(최영희) 중장을 통합지휘 관으로 임명하여 부산에 파견, 박정희 현지 계엄사무소장을 포함한 여러 파견 부대를 통합 지휘케 하려고 했다〉

먼저 부산에 도착한 것은 1군 사령부 소속 헌병대대였다. 박정희 소장이 요청도 하지 않았는데 부산 지역의 치안 유지 능력을 보강한다면서 부산역에 이 헌병대 병력을 주둔시켰다. 누가 보아도 박정희 장군을 감시하는 임무를 띠고 온 것 같았다. 이낙선의 기록에 따르면 이종찬 국방장관은 송요찬 총장의 조치에 대해서 다소 비판적이었다고 한다. 이 장관은 직접 박정희 소장에게 전화를 걸어 '부산의 상황이 병력을 증강해야 할 정도인가' 라고 물었다는 것이다. 박정희는 이렇게 대답했다고 한다.

"현재 병력으로도 충분한데 이런 대병력을 집결시켜 민심을 자극한다는 것은 무슨 일입니까. 문제는 저를 믿지 못한다는 것인데 그렇다면 차라리 군복을 벗겨 집어넣을 것이지 이 자리에 두면서 그런 짓을 한다는 것은 참을 수 없는 모욕입니다."

송요찬 총장은 해병대 사령부를 통해서 포항에 주둔하고 있던 해병상륙사단이 유사시에 부산으로 출동할 준비를 갖추도록 지시했다. 해병사단장은 김동하 소장. 그는 3·15 부정 선거 이전부터 이미 박정희와 자주 밀담을 나누면서 이승만 정권을 뒤엎을 모의를 하고 있었다. 김 소장은 미 고문관을 데리고 부산으로 내려가서 박정희 소장과 요담했다. 박, 김 두 사람은 이 자리에서 미 고문관에게 병력 동원의 불필요성을 역설했다.

송요찬 총장은 자신의 은혜를 크게 입은 박정희가 '3·15 부정선거의 책임을 지고 용퇴하라'는 편지를 써 올린 데 배신감을 느끼고 있던 터에 이제는 여당 행세를 하고 있는 민주당에서 박정희가 조총련 및 부산 언론과 작당하여 시위를 선동하고 있다는 주장을 하고 나서자 반격의 기회를 잡은 것이다.

5월 초, 그는 대전에 있는 육군 교육총본부 총장 최영희 중장을 서울로 불렀다. 송, 최 두 사람은 말을 놓고 지내는 사이. 최영희의 기억에 따르면 총장실에서 있었던 두 사람의 대화는 이러했다.

"최 장군, 지금 부산에서 폭동이 일어날 가능성이 있어. 박정희가 좌익분자들과 손잡고 반란을 기도하고 있다는 보고를 받았네. 당신이 내려가서 정세를 파악해줘. 첩보가 사실로 밝혀지면 현장에서 박정희를 체포해 버려. 그리고 당신이 부산을 포함한 경남 일원을 담당하는 지역계엄사령관으로 취임해."

"이 사람아, 박정희를 1군 참모장으로 발탁한 사람이 자네고 군수기지 사령관으로 밀어 준 것도 자넨데 그러면 발탁은 자네가 하고 잡아넣는 일은 내가 하라는 건가."

"이건 명령이다."

"명령? 그래 명령해 봐. 그래서 내가 명령에 불복종했다고 군법회의에 넘겨봐."

송요찬은 답답했던지 이종찬 국방장관과 매그루더 미 8군 사령관에게 가서 상의한 모양이었다. 두 사람은 최영희를 불러 "송 장군과 협조하라"고 권했다. 매그루더 대장은 "박정희 장군은 사상적으로 좌익이라고 하는 말이 있는데 최 장군은 어떻게 생각하나"라고 물었다. 최영희 장군은 "그는 정의감이 강하고 정직한 사람이다"라고 말해 주었다. 최영희 중장이 대전으로 돌아와서 참모회의를 열었다. 한 참모가 이런 말을 했다.

"박 장군이 부산과 포항에서 장교들과 자주 만나면서 무슨 일을 꾸미고 있다는 말들이 많습니다. 조심하십시오."

최영희 중장은 徐鐘喆(서종철) 소장과 부관을 데리고 부산으로 내려갔다. 기차 안에서 최 중장은 가만히 생각해 보았다. 송요찬 총장이 박정희 소장을 제거하는 데 자신을 이용하고 있다는 생각이 들었다. 최영희는 자유당에 맹목적으로 충성하던 송 총장이 이승만 하야 뒤 분명한 거취를 밝히지 않는 것이 불만이었다. 최 중장은 부산역에 도착하자마자 키가 큰 서종철에게 말했다.

"자네는 남의 눈에 잘 뜨이니 어디 돌아다니지 말고 집에 가 있어. 내가 연락할 테니."

최영희 중장이 그 길로 동래에 있는 육군 휴양소에 가서 쉬고 있는데 박정희가 찾아왔다. 연락도 하지 않았는데 그가 나타난 것은 자신의 움직임이 박정희의 정보망에 걸려든 때문이라고 판단했다. 최영희와 박정희는 함께 근무한 적이 없었다. 최영희는 박정희에 대해서 아주 좋은 평판을 들고 있었다.

자유당 실세이던 辛道煥(신도환) 의원이 박정희에 대해서 묻자 "청렴한 군인이니 많이 도와주라"고 부탁한 적도 있었다. 정복 차림의 박정희는 최 중장에게 "각하, 일찍 찾아뵙지 못해 죄송합니다"라고 인사했다.

"이봐, 박 장군. 자네하고 송 총장하고는 절친한 사이가 아닌가. 그런데 도대체 뭐가 어떻게 되었길래 자네를 조사하라고 명령을 내리게 했는가 말이야."

"뭐, 별것 아닙니다. 건의서를 한 번 올렸는데 그것 때문에 그러시는 것 같습니다. 혁명이 일어났으니 총장으로서 부정선거에 대한 책임을 지고 나가시라는 건의문이었습니다."

박정희는 최 중장을 모시고 군수기지사령부로 와서 의장대 사열을 받게 하고 김용순 참모장, 박태준 인사참모 등 부하들을 배석시킨 뒤 현황보고를 하는 등 예우를 깍듯이 했다. 박정희는 송요찬에게 올린 편지의 사본을 보여주었다. 최영희 중장은 찬찬히 읽어 보고는 말했다.

"잘했구먼. 말이야 맞네. 나도 해당되겠지만 군 사령관 이상은 모두 책임지고 물러나야 해. 옳은 말 했소. 당신 같은 사람이 참모총장이 되어 군을 쇄신해야 해요."

宋堯讚과 金鍾泌

최영희 육군 교육총본부 총장은 박정희에 의한 반란 음모설을 조사하러 부산으로 갔다가 그의 군 쇄신론에 동조하게 되었다. 그는 말했다.

"박 장군, 군대에선 협력이고 뭐고가 없어요. 승리 아니면 굴복 아니오. 이번 혁명이 옳다면 우리 같은 사람은 나가고 박 장군 같은 사람이 군을 맡아야지. 아니면 당신을 숙청하든지 말이야."

두 사람은 연 이틀 술자리를 함께 하면서 솔직한 의견을 교환했다. 2 군 사령관을 지낸 적이 있는 최영희 중장은 후방 지역의 군 배치 상황을 잘 알고 있는 입장에서 이런 충고도 했다.

"당신 말이야, 바보가 아니라면 이곳에서는 혁명 일으키지 마. 지방에서 일어나 성공한 나라가 없어. 통신 부대와 의무 부대 갖고 뭘 하겠소. 3개 사단만 집어넣으면 단번에 진압될 텐데. 그러면 당신은 죽는 거지. 그건 그렇고 이젠 당신이 참모총장 하쇼. 나는 그만둘 테니까."

사흘째 되는 날 최영희 중장은 송요찬 육군 참모총장에게 전화를 걸어 보고했다.

"여기 와보니 아무 이상이 없어요. 올라가도 좋겠소?"

송요찬은 "부산은 아직 위험하니 더 있어. 내가 내려갈 테니까 거기서 만나"라고 했다. 최 중장은 이종찬 국방장관에게 전화를 걸어 같은 보고를 했는데 그도 "내가 내려갈 테니 더 있으라"고 했다.

송요찬 총장은 비행기로 내려와 군수기지사령부를 시찰하고 장병들 앞에서 훈시를 했다. 그런데 송요찬은 박정희 계엄사무소장이 그동안 시위대에 대해서 취한 조치를 칭찬하는 게 아닌가. 그 자리에서 이 연설을 들은 최영희 중장은 "내 귀가 의심스러울 정도였다. 총장이 정치적으로 논다는 생각이 들었다"고 한다.

최영희 장군에 이어 이종찬 국방장관도 부산을 시찰하러 내려왔다. 5 월 9일, 정부 대변인도 부산 시위에 공산 세력이 개입했다는 일부 정치인들의 주장을 부인했다. 부산 등 지방 계엄 상황을 시찰하고 돌아온 이종찬 국방장관이 9일 국무회의에서 그같이 보고했다는 것이었다. 같은 날 송요찬 총장도 태도를 바꾸고 기자들에게 '조총련 사주설은 사실 무근'이라고 말했다.

부산 기자들은 현지에 내려온 군 고위층 인사들에게 "왜 평화적인 부산 시위에 조총련이 개입하고 있다고 덮어씌우느냐"고 대들기도 했다. 부산 군수기지사령부 기자 회견장에서 송 총장은 옆에 배석한 박정희에게 "언론 검열을 중지해도 되겠는가. 자신 있는가"라고 물었다. 박정희는 굳은 표정으로 "자신 있습니다"라고 했다. 이 조치는 다음날 발효되었고 부산은 정상을 되찾았다.

송요찬 총장이 자신의 용퇴를 주장하는 박정희 소장을 내사하고 김종필 중령을 구속했지만 대세는 이미 그의 편이 아니었다. 보통 때였다면 박정희와 김종필은 해임되거나 구속되었을 것이다. 혁명적 상황으로 변모한 격동기 역사의 흐름을 타고 있는 것은 박정희와 김종필 쪽이었다. 많은 장성들과 장교들, 그리고 언론이 박정희와 김종필의 노선에 동정하고 호응하고 있었다.

서울에 진주한 15사단장 조재미 준장한테 金雄洙(김웅수) 군수참모부장이 부탁을 했다. 연판장 사건으로 구속된 김종필 중령 등 육사 8기생 다섯 명을 석방시켜 줄 것을 송요찬 총장에게 건의해달라는 부탁이었다. 조재미 장군은 물러날 결심을 굳히고 있던 송 총장을 찾아가서 이 부탁을 전달했다고 한다.

송요찬 총장은 육군 방첩대장 李召東(이소동) 준장에게 지시하여 김종필 등 다섯 명의 장교들을 풀어 주고 총장실로 데려오도록 했다. 육본 연병장에는 소문을 들은 8기생들이 하나 둘씩 모여들기 시작했다. 총장실로 들어간 김종필 중령은 송요찬 총장과 이런 대화를 했다고 한다(김종필 前 총리의 최근 증언).

"날더러 군복 벗고 나가라고 했나?"

"그렇습니다."

"이유가 뭐야?"

"우리나라가 4·19혁명으로 일대 전환점을 맞이했는데 그 시발이 3·15 부정선거입니다. 총장께서는 이 부정선거에 앞장서시지 않았습니까. 이기붕에게 표를 120% 몰아주었다고 자랑하시지 않았습니까. 이제 참신한 후계자를 골라서 넘겨주시고 깨끗이 물러나십시오. 저희들도 나가겠습니다. 군대가 깨끗하고 건실해야 그 뒤에서 제대로 정치를 할 수 있지 않습니까. 사회로부터 지탄받는 군 내부의 요인들을 참모총장께서 안고 나가 주십시오."

송요찬 총장은 마주 서서 이런 말을 하는 김종필 중령에게 "앉아"라고 했다. 김 중령은 계속 서서 말했다. 그는 이 시점이 결판을 내야 할 때라고 생각했다.

"나도 이 격동하는 상태하에서 생각이 왜 없겠나. 귀관들이 그런다면 한 이틀만 여유를 주게. 나도 생각해 보고 결심하겠네."

"안 됩니다. 오늘 저녁에 결심하십시오."

"그래, 이틀도 여유를 못 준단 말이야?"

"시간을 가지시면 결심이 또 물러집니다. 그러니 오늘 저에게 아주 수모를 당하시는 자리에서 결심하시는 게 좋습니다."

송 총장은 털썩 자리에 앉더니 무겁게 말했다.

"그래. 내 행동은 스스로 결심할 테니까⋯ 고생했어. 나가 보시오."

김종필 중령이 연병장으로 나서자 기다리던 동기생들이 "와"하고 함성을 지르면서 달려와 에워쌌다.

송요찬 총장은 5월 19일 사표를 냈다. 정부는 5월 23일 송요찬의 후임에 최영희 육군 교육총본부 총장을, 국방연구원장으로 나간 金鐘五(김종오) 참모차장 후임엔 崔慶祿(최경록) 국방연구원장을 임명했다. 허정 내각 수반은 '3·15 부정선거에 대한 문책은 육군 참모총장과 차장의 경질로 마무리한다'고 말했다.

과도 정부의 내각 수반 허정과 이종찬 국방장관은 자유당 권력과 밀착되었던 군 고위층을 숙청해야 할 필요성에는 공감하고 있었으나 과도 정부란 한계로 해서 과감한 조치를 취할 수 없었다. 미 8군 사령관 매그루더도 허정에게 '한국군의 재편은 현존하는 불안정과 혼란이 종식될 때까지 기다려야 한다'는 입장을 전달했다.

참모총장 운동

5월 31일자 〈부산일보〉에 '동아대학생들 총장 배척 운동'이란 1단 기사가 났다. 그 이튿날 이 기사에 불만을 품은 동아대학생들이 부산일보로 쳐들어가 창문을 부수고 기물을 파괴한 뒤 편집국에 난입했다. 학생들은 李相佑(이상우) 편집국장을 납치하여 '사과 호외'를 인쇄하게 했다. 부산일보 김종신 기자가 박정희 계엄사무소장에게 달려가 급보를 전했다. 박정희는 즉시 헌병을 출동시켜 주동 학생 수십 명을 체포했다. 까만 안경을 쓴 박정희가 부산일보 사장실로 들어가다가 친구 황용주 주필과 마주쳤다.

"신문쟁이들이 그동안 학생들을 선동하더니 이제는 좀 당해 봐야 돼."

이때 헌병대장이 "동아대학 총장이 사령부로 와서 면회를 청했습니다"고 보고했다.

"여기서 만나자고 해."

조금 뒤 헌병대장이 또 들어와서 말했다.

"신문사에선 만나기 싫답니다."

"그만두라고 해."

바깥에 나갔던 헌병대장이 다시 들어오더니 말했다.

"부산역 광장에서 만나자고 합니다."

"일국의 법무차관을 지냈다는 사람이 그 모양이야?"

광장에서 박정희 사령관을 본 鄭在煥(정재환) 총장이 항의했다.

"부산일보만 제일이오? 평화적인 데모는 헌법이 보장하고 있소. 학생 잡아가는 게 군대요?"

박정희는 화가 나면 늘 그러하듯 턱을 약간 떨더니 빽 고함을 질렀다.

"결사대가 평화적인 데모요? 사회 질서가 문란해지는데 지성인들이 각성을 해야지!"

박정희가 송요찬 총장 앞으로 용퇴하라는 편지를 보내고 김종필 중령이 주동한 연판장 사건이 계기가 되어 결국 송 총장은 물러났다. 박 소장에게 호감을 가진 최영희 중장이 신임 육군 참모총장으로 취임하는데 대해서도, 연판장 사건을 일으켰던 김종필 중령 등 8기 장교들은 불만이었다. 이들은 후임 총장으로 박정희나 朴炳權(박병권) 소장을 희망했으나 擧名(거명)을 하면서 추천을 하고 다닐 입장은 아니었다. 김종필 중령은 이종찬 국방장관을 찾아갔다고 한다(이낙선의 증언록).

〈그들은 장관을 만나지 못하고 특별보좌관 方熙(방희) 장군에게 차기 총장의 人選(인선)에 참고할 사항을 건의하였다. 整軍(정군)을 단행할 만한 인물일 것, 그 사람이 참모총장으로 임명됨으로써 군내의 파벌이 없어질 수 있는 공정무사한 인물일 것, 정군이 끝나는 날 자기도 정군 대상자로서 스스로 용퇴할 수 있는 뱃심 있는 인물일 것〉

김종필 前(전) 총리는 "박정희 장군이 참모총장이 되면 정군을 하는 네 좋겠다는 생각을 한 것은 사실이지만 특정인을 추천할 입장은 아니었다. 박병권 장군 정도가 총장이 되어도 무방하다는 생각을 했다"고 말했다. 당시 이종찬 국방장관이 일본 육사 후배인 유재흥 1군 사령관을 육군 참모총장으로 추천할 것이란 말이 돌았다. 김종필 중령은 유재흥 장군을 찾아가서 "이런 분위기에선 총장에 취임하지 마십시오. 차라리 명예롭게 물러나실 때라고 생각합니다"라고 건의했다. 유재흥은 선선히 "그러면 물러나지"라고 했다.

김종필과 유재흥의 인연은 朴鐘圭(박종규·전 대통령 경호실장) 소령의 중계로 이루어졌다. 박 소령은 1958년 유 중장이 연합참모본부 총장으로 있을 때 그의 전속 부관이었다. 모종의 사건에 연루되어 박 소령이 전출갈 때 자신의 후임으로 추천한 것이 김종필 중령이었다. 유재흥은 김종필 중령을 불러 의사를 떠보았다. 김 중령은 그러나 "지금 저는 계획이 있어서 미국에 가 공부하고 싶습니다. 다음에 불러주십시오"라면서 사양했다.

박종규는 김종필을 형처럼 따랐다. 1948년 김종필이 육사 8기로 졸업하여 육본 정보국 전투정보과에 배치되어 그 과에서 비공식 문관으로 근무 중이던 박정희를 만났을 때 이 과에는 박종규 하사도 있었다. 박종규 하사는 이틀이 멀다 하고 구타 사고를 일으키곤 했다. 일본 소년비행학교에 다닌 적이 있는 박종규는 유 중사, 정 중사와 함께 정보국의 삼총사로 불렸다.

육본 앞에 화교가 경영하는 중국 요리집이 있었다. 이 삼총사는 퇴근길이면 이 음식점에 나타나 행패를 부리곤 했다. 그래서 주인이 퇴근 시간에는 문틈으로 박종규 하사 일행이 정문을 나오는가를 엿보고 있다가 '악당들'이 나타나기만 하면 "빨리 빨리 해서 해"하면서 음식을 내어오는 등 (물론 공짜로) 쩔쩔 맸다고 한다. 김종필은 그런 박종규가 "디스 이즈 어 독, 디스 이즈 어 북"이라면서 우직하게 영어 공부를 하는 것이 대견스러웠다. 6·25 동란 중 일등 중사로 승진한 박종규를 지프에 태우고 가서 육군종합학교에 익지로 입학시켜 장교로 만들어준 것도 김종필이었다.

박종규는 장교 생활을 하면서 家庭事(가정사)로 인해 탈영, 잠적 등 사고가 많았다고 한다. 김종필이 힘을 써 그를 정보국 인사계장으로 데려다 놓은 지 몇 달 되지 않을 때였다. 아내 朴榮玉(박영옥)이 사무실로 전화를 걸어 왔다. '박 소령이 집에 오더니 자살한다고 우물에 뛰어들었다'는 것이었다. 김 중령이 달려가 보니 박종규는 우물 속에서 양팔과 양다리를 벌려 벽을 민 채 떨어지지 않으려고 안간힘을 쓰고 있었다. 자살할 생각이 있었더라면 머리부터 들어갔을 터인데 발부터 들어간 상태였다. 일종의 자살극이라고 본 김종필은 그를 끌어내 고민을 들어 보고는 "전방에 가서 긴장된 생활을 해야 낫겠다"면서 그를 전출시켜 주었다고 한다.

박정희는 유원식 대령의 안내로 차기 총리로 유력시되던 민주당 舊派

(구파) 보스 金度演(김도연) 의원을 찾아가서 만난 적도 있다. 유 대령은 박정희를 총장으로 밀어 달라는 부탁을 하려고 그런 만남을 주선한 것으로 보이는데 5·16 뒤 박정희의 증언에 따르면, "그저 인사 정도였고 군내의 동요에 관한 언급이 있었을 뿐 깊은 이야기를 할 상황이 아니었다"고 한다.

金炯一 중장의 반격

송요찬이 육군 참모총장 사퇴 의사를 발표한 뒤 최영희(유정회 회장·국방장관 역임) 중장은 김종오 참모차장, 유재흥 1군 사령관, 장도영 2군 사령관 등 군 사령관급 수뇌부 회의를 소집하여 군의 진로를 의논했다고 한다. 최영희 장군의 최근 증언.

"저는 4·19 혁명의 영향이 군대에 미칠 것이니 우리 같은 사람이 물러나든지, 아니면 불평분자들을 숙청해야 한다고 주장했어요. 이 회의에서는 유재흥 장군을 후임 총장으로 건의하기로 했고 이종찬 장관에게 그렇게 보고 드렸습니다. 그런데 유재흥 장군이 스스로 물러나자 장관과 허정 수반은 저를 불러서 총장직을 맡으라는 겁니다."

5월 23일 최영희가 총장으로 취임하자 그에게 "정군 운동의 구심점인 박정희 소장을 육본 인사참모부장으로 기용하면 청년 장교들을 무마할 수 있을 것"이라고 건의하는 사람들이 많았다.

최영희 총장은 박정희를 불렀다. 그리고 "내가 인사에 관한 전권을 줄 테니 양심적 인사를 발탁하여 군내를 쇄신해 보라"며 인사참모부장직을 제의했다. 박정희는 사양했다.

이를 두고 5·16 주체들의 기록에는 '최영희로서는 과감한 정군을 기대하기 어려워 거듭된 요청을 거절했다'고 되어 있다. 그러나 최영희 장군은 "어떻게 하급자가 쉽게 응낙하는 태도를 취할 수 있겠나"면서 "박 장군은 송요찬 장군에게 보낸 편지 사건도 있고 해서 榮轉(영전)으로 비쳐지는 그런 인사 제의에 겸양한 태도였다"고 회고했다.

최영희 총장은 5월 27일 취임 소신을 밝히는 자리에서 '군을 혁신하는 입장에서 하급 장교들의 의견을 충분히 참작하겠지만 개인 감정으로 상관을 모략중상하는 일은 묵과하지 않을 것이다'라고 했다. 그는 취임 1주일쯤 뒤 초도 순시차 부산으로 내려와 군수기지사령부를 찾았다. 기자회견이 있었다.

박정희는 최 총장에게 다가가더니 "각하, 요즈음 눈병이 나서 안경을 끼었습니다"라고 양해를 구했다. 박정희는 두 발쯤 물러나서 팔짱을 끼고 최 총장의 기자회견을 지켜보고 있었다. 한 30분간 계속된 기자회견이 끝날 무렵 부산일보 김종신 기자가 물었다.

"정군을 주장하는 장교들이 있는데 수습을 어떻게 하실 작정입니까?"

시종 웃는 얼굴로 답변하던 최 총장의 안색이 변했다.

"누가 그 따위 소리를 해. 그런 말을 퍼뜨리는 자가 바로 군의 이간을 책동하는 불순한 자란 말이야. 앞으로 그런 자는 용서없이 처벌하겠어."

'바로 그 자'는 박정희를 지칭하는 것처럼 들렸다. 입을 꽉 물고 있던 박정희의 담배를 든 손이 떨리고 있었다. 화가 나면 항상 그랬듯 박정희의 턱도 경련을 일으키고 있었다. 최 총장은 "용서없이 처벌하겠다"는 말을 남기고 기자회견장을 나가 버렸다. 박정희를 찾아간 김 기자가 "말썽을 만들어 죄송합니다"라고 하자 그는 "괜찮아. 뭐 못할 소리했나"면서 넘겨 버렸다.

이 무렵 과도 정부는 '생활 간소화'란 구호를 내걸고 虛禮虛飾(허례허식)을 배격하자는 운동을 펴고 있었다. 박정희는 서울에서 고관들이 부대를 시찰 올 때는 무례하게 보일 정도로 간소한 접대를 하고 있었다. 국방차관이 내려왔는데도 공항 영접과 사열을 생략하고 그냥 사무실에서 부대 현황을 보고했다. 차관 일행이 예하 부대 시찰을 떠날 때는 문밖에서 인사를 하면서 차관에게 아리랑 담배 한 갑을 주더라고 한다. 옆에 있던 기자가 너무 소홀한 대접이 아니냐고 꼬집었다.

"내 할 일을 하면서 손님을 접대해야 할 것 아닌가. 그 사람들이 일을 하기 위해서 순시를 나왔다면 나도 내 할 일을 해가면서 접대를 해야지."

박정희는 강직하지만 경직되지는 않았고 엄격하지만 격식에 구애받지 않았다. 한 기자는 "그는 딱딱한 껍데기에 둘러싸인 부드러운 속살을 가진 조개 같은 사람이었다"고 평했다.

6월 9일, 최영희 총장 취임 이후 처음으로 육군 주요 지휘관 회의가 육본에서 열렸다. 이 자리에서 박정희 군수기지사령관과 김형일 2군단장은 격론을 벌였다. 당시 박정희 아래서 공보실장으로 있던 이낙선 소령이 기록한 《정의의 수난》에선 박정희가 소장 이상 장성들에 대한 肅正(숙정)을 주장하고 나선 것으로 되어 있다.

박정희는 "과도 정부하에서 군의 처우 개선과 군 내부의 정치 세력을 제거해야 한다. 이런 自淨(자정) 작업 없이 新(신)정권으로 넘어가면 군은 또다시 정치의 시녀가 될 가능성이 있다"고 주장했다. 군 수뇌부를 겨냥한 박정희의 주장에 청렴하고 엘리트 의식이 강한 김형일이 반발했다.

"오늘날 군의 잘잘못은 모든 장교들의 공동 책임이다. 군인도 인간인 이상 봉급만으로 생활하지 못하는 것은 하사관부터 대장까지 마찬가지이다. 하사관들은 반합으로 盜食(도식)하고 장교들은 가마니나 후생 사업으로 살아왔다. 그런데 부정 축재한 사람은 다 나가라고 할 수 있나. 이런 식으로 하면 하극상이 만연되어 군은 자멸한다."

두 사람의 주장이 팽팽하게 맞서자 이종찬 국방장관은 김형일 장군 편을 드는 듯한 발언을 했다고 한다.

"4·19는 혁명이 아니라 정변이다. 이 정권 시대의 법도 법이었다. 요사이 군과 관련된 거창 사건 등의 再審(재심)을 주장하는데 법은 一事不再理(일사부재리)의 원칙을 따라야 한다. 3·15 부정선거 때는 일언반구도 없다가 이제 와서 '부정선거를 강요한 자는 자진 사퇴하라' 운운하는 것은 가소로운 일이다."

4·19 이후 군대를 신경 쓰게 만든 것은 전국적으로 번진 양민 학살 폭로 시리즈였다. 5월 11일 밤 경남 거창군 신원면에선 9년 전인 6·25동란 당시에 일어났던 학살 사건의 유족들이 당시 면장 朴榮輔(박영보)를 붙들어 산 채로 불태워 죽이는 참혹한 사건이 일어났다.

박 면장은 1951년에 군인들이 700여 명의 마을 사람들을 공비 협조자로 몰아 학살하는 데 협력했다고 해서 신원면 사람들로부터 원한을 사고 있었다. 경찰이 수사에 착수하자 피학살자 유족들이 몰려와서 "우리가 죽였으니 다 잡아가라"고 하는 바람에 주동자를 가리기도 어려웠다. 기득권을 누리고 있는 많은 고급 장교들의 눈에는 박정희의 군 숙정론이 이런 類(유)의 時勢(시세)에 영합하는 행동으로 비쳐졌다. 박정희의 인기는 주로 영관급에 기반을 두고 있었다.

좌천

이즈음 군사 혁명을 꿈꾸던 박정희, 김종필 등 장교들이 유심히 관찰하고 있던 사태는 터키의 군부 쿠데타였다. 5월 27일, 터키 군부는 멘데레스 정권을 타도하는 쿠데타를 일으켰다. 멘데레스 정부는 야당과 언론을 탄압하다가 학생들의 시위를 불렀다. 이 학생들이 한국의 4·19 혁명에 자극받았다고 하여 우리 신문들은 터키 사건을 크게 보도해 왔었다. 언론은 대체로 터키 군사 혁명에 대해서 호의적으로 전했다. '터키의 학생들과 시민들이 군대를 열렬히 환영하고 군대는 폐쇄된 대학과 신문사의 문을 다시 열게 했으며 경찰력을 무력화시키고 舊(구)집권 세력을 소탕하고 있다' 는 요지였다. 이런 보도는 4·19를 거치면서 국민들의 지지를 확인한 국군 장교들을 고무시킬 만한 것이었다.

5·16 주체 세력은 이집트의 나세르 등 외국의 군사 혁명 사례를 참고로 했는데 그 가운데서도 케말 파샤에 의한 터키의 근대화 혁명을 많이 연구했다. 당시 우리 언론이나 장교들이 터키 군부의 역할에 대해서 간과하고 있는 점이 있었다. 터키 군부는 헌법에 의해서 '케말리즘의 수호자' 로 지정되어 있다. 케말리즘의 핵심은 政敎(정교) 분리, 남녀 불평등 폐지 등을 핵심으로 하는 서구적 근대화 이념이다. 한때 이슬람권의 종주국이었던 터키가 이슬람교 원리주의자들로부터의 도전을 극복하고 지금까지 서구 지향의 國體(국체)를 유지할 수 있는 것도 군부가 케말 파샤의 근대화 이념의 수호자로서, 또 國政(국정)의 감시자로서 군림하고 있기 때문이다. 군부는 정부가 케말리즘을 위반한다고 판단하면 합헌적인(헌법이 군대에 케말리즘의 수호를 의무화하고 있으므로) 개입을

통해서 정권을 갈아치우곤 한다. 따라서 터키 군부의 거사는 쿠데타나 혁명으로 부르기가 어려운 측면이 있다.

최영희 총장이 취임한 지 한 달쯤 뒤 김종필, 石正善(석정선) 두 중령이 용산구 청파동의 私邸(사저)로 찾아왔다. 최영희의 기억에 따르면 두 8기 중령은 "나라가 이렇게 혼란해서야 되겠습니까. 좌익이 발호하고 있는데 군대가 가만 있을 수는 없는 것 아닙니까"라고 군사 혁명의 필요성을 강조하는 듯한 말을 했다고 한다. 최영희 장군이 8사단장 시절, 자신의 밑에서 특공대장을 했던 朴蒼岩(박창암) 대령도 찾아와서는 격한 이야기를 거침없이 했다. 이들에게 최 총장은 "군대는 民意(민의)를 따라야 한다. 아직 민주당 정권이 출범도 하지 않았는데 무슨 소리를 하는 거냐"라고 나무란 뒤 돌려보냈다. 방첩대로부터는 '박정희 장군 중심으로 장교들이 심상치 않은 움직임을 보이고 있다'는 보고도 더러 올라왔다. 이승만 정권 때는 입 밖에 내지 못할 이야기들이 군인들의 입에서 함부로 나와도 달래기에 바쁜 시대 상황이었다.

1960년 7월 하순, 박정희 군수기지사령관은 출입 기자와 참모들을 데리고 부산 송도 해수욕장 근처에 있는 음식점에서 회식을 하고 있었다. 기자들은 과묵하고 딱딱한 박정희가 노래를 잇달아 부르는 것을 보고 놀랐다. 박정희는 느릿한 '낙화유수'를 주먹을 흔들면서 군가식으로 바꾸어 불렀다. 참모들이 '하나, 둘, 셋' 하면서 장단을 맞추어 배꼽을 잡게 했다. 박정희는 둥근 방석을 머리에 이고는 수건으로 질끈 동여매더니 '安南(안남)춤'이란 걸 추기도 했다. 박정희는 원래 술자리에 앉으면 사람이 달라진 듯 상하 관계를 무시하고 풍류와 흥에 겨운 모습을 보이는 사람인데 기자들에게는 이것이 뉴스였다. 박정희가 육본으로부터 인사

발령을 전해들은 것은 이 자리에서였다. 7월 28일자로 광주에 있는 1관구 사령관으로 부임하라는 명령이었다. 명백한 좌천이었다. 울적해진 박정희는 이날 인사불성일 정도로 술을 마셔 부하들에게 업혀나갔다.

다음날 부산일보에 김종신 기자가 쓴 '4·19와 박정희 장군' 이란 제하의 기사는 '부정부패한 장성들을 몰아내야 한다고 주장한 박정희 장군에 대한 영관급 장교들의 지지와는 역비례적으로 고급 장성들은 박 소장을 눈 아래 혹으로 생각했다' 고 보도했다.

최영희 당시 육군 참모총장은 "군 수뇌부와 미군에서 박 장군에 대한 말들이 많아 내가 그를 전보시켰다"고 말했다. 자신은 비록 박정희의 整軍論(정군론)에 동감하고 있었지만 그를 계속 부산에 두는 것은 지휘 체제에 혼란을 부를 수 있다고 판단했다는 것이다. 당시는 이미 이종찬 장관, 허정 수반, 매그루더 미 8군 사령관, 그리고 민주당 고위층까지도 군대를 안정시켜야 할 때이지 개혁할 때가 아니란 판단을 내린 상태였다.

박정희는 인사참모 박태준 대령을 1관구 사령관의 참모장으로 데려가려고 했다. 그런데 장도영 2군 사령관이 박정희에게 "지금 참모장은 내가 보낸 지 얼마 되지 않으니 계속 써달라"고 부탁하는 바람에 성사되지 않았다. 1관구 사령관 박정희를 따라 광주로 간 참모는 윤필용 중령이었다. 박태준 대령은 후임 군수기지사령관 박현수 소장이 "같이 일하자"고 붙드는 것을 마다하고 두 번째의 미국 유학길에 올랐다.

광주의 1관구 사령부는 예산이 부족해서 장교들의 회식도 좀처럼 하기 어려웠다. 어느 날 사령관 전속 부관 金聖龜(김성구) 대위가 전화를 걸어 윤 중령에게 "사령관께서 식사를 같이 하자고 하신다"고 했다. 사령관 있는 데로 갔더니 박정희는 부사령관, 참모장과 식사를 같이 하고 있었다. 박정희는 윤필용이 나타난 것을 힐끗 보더니 "웬일이야"라고 했다. 윤 중령은 찾는다고 해서 왔는데 이상하다고 생각했다. 박 소장은 윤 중령을 합석시키더니 술과 고기를 권했다. 한참 술잔이 돌아 거나하게 취하자 박정희는 부사령관을 보면서 말했다.

"실은 내가 윤 중령을 오라고 했소. 나를 따라다니는 이 친구가 데려온 자식 취급을 받는 것 같아서…."

윤 중령은 그 말에 눈물이 핑 돌더라고 한다. 윤필용은 기자에게 이런 말을 했다.

"청년 장교들이 박 장군을 따랐던 이유는 그분이 나라 걱정을 많이 하고 부하들을 골육의 정으로 사랑하신 분이었기 때문입니다. 강아지는 밥 주는 사람을 따르는 게 아니라 자기를 가장 좋아하는 식구를 따른다고 합니다. 한번 그분의 부하가 되어 본 많은 장교들이 심복이 되었습니다."

내각제로 개헌이 이루어진 뒤 치러진 1960년 7·29 총선에서 민주당은 219개 민의원 선거구 가운데서 172명의 당선자를 냄으로써 3분의 2 이상의 의석을 차지했다. 압도적 지지를 받은 민주당이 단결만 했더라면 정치적 안정과 거기에 바탕한 경제 발전도 기할 수 있었을 것이다.

국회에서 대통령으로 間選(간선)된 민주당 舊派(구파)의 윤보선은 국무총리 후보에도 舊派 김도연 의원을 지명했다. 이에 반발한 新派(신파)가 국회 인준 투표에서 부결시켜 버렸다. 할 수 없이 윤 대통령은 신파의 장면 의원을 총리 후보로 지명했는데 구파가 반발해 겨우 10표 차이로 인준되었다. 이념이 아닌 인맥에 따라 파당적 분열상을 보이고 끝내는 分黨(분당)으로 치닫게 되는 민주당의 사정은 사회 혼란과 5·16을 부르는 결정적 요인을 제공한다.

金鍾泌 중령의 로비

1960년 8월 19일, 장면 신임 총리가 국회에서 인준되고 내각 구성을 위한 준비에 착수하자 整軍派(정군파) 장교들의 대표격인 김종필 중령은 군복을 입은 채로 중잉칭에 있던 국무총리실을 찾아갔다. 국방장관 인선에 대한 건의를 할 참이었다. 경향신문 정치부장 출신인 宋元英(송원영) 비서관이 나오더니 "무슨 일로 왔느냐"고 물었다.

"군 관계 일로 건의드릴 일이 있어서 왔습니다."

"지금 組閣(조각) 때문에 바쁜데 여기를 군복 입고 들어오는 사람이 어디 있소."

"군인이니까 군복 입고 오지요. 조각은 군에서는 결정적인 순간입니다. 조각을 결심하시기 전에 총리 각하에게 건의를 드리려고 합니다."

송 비서관은 김종필을 찬찬히 훑어보더니 "어, 당신이 그 하극상 사건의 주동자요?"라고 했다.

"忠情(충정)으로 왔습니다. 꼭 뵙게 해주십시오."

송원영은 총리실로 들어갔다가 나오더니 "도저히 말씀드릴 상황이 아닌데, 이러면 어떻겠소. 내일 아침에 사복으로 갈아입고 명륜동 자택으로 오시오"라고 했다.

총리실에선 고함소리가 들리더니 문이 열리고 민주당 구파 보스인 柳珍山(유진산) 의원이 씩씩거리면서 나왔다. 그가 옆방으로 들어가니 기다리던 기자들이 몰려 들어갔다. 김종필도 슬그머니 다가갔다. 유진산이 기자들에게 말했다.

"도저히 안 되겠어. 내가 뭐 무리한 요구를 하느냐 말이야. 저 사람 인식이 그렇게 되어 있질 않아."

보아 하니 조각의 신·구파 배분 문제로 총리와 격론을 벌이다가 합의를 보지 못한 듯했다. 김종필은 다음날 새벽 일찍 명륜동 총리 사택으로 갔다. 현관에 들어서니 벗어 놓은 구두가 수십 켤레나 되었다. 안은 찾아온 사람들로 바글바글했다. 조용하게 이야기할 수 있는 분위기가 아니었다.

조금 기다리니 장면 총리가 나왔다. 김종필이 다가가는데 주위에서 밀어붙여 접근이 되질 않았다. 장 총리는 성당에 미사를 드리러 가는 길이었다. 송원영 비서관이 장면 총리 뒤를 따라 나왔다. 송 비서관이 김종필을 보고는 난감한 표정을 짓더니 "내가 나중에 말씀을 전하고 당신께 알려드릴 테니 전화번호를 주시오"라고 했다. 김종필은 다시 한 번 "꼭 이런 말씀을 드려 달라"고 다짐했다.

"군을 정화한 뒤 떠날 수 있는 사람을 육군참모총장으로 임명해 주십시오. 그 일을 밀어줄 수 있는 분을 국방장관으로 임명해 주십시오. 그렇게만 해주신다면 저희들은 군법회의에 넘겨져 처벌을 받아도 달게 받겠습니다."

김종필이 육본 첩보부대 기획처장실로 돌아가 있는데 송 비서관으로부터 전화가 걸려 왔다.

"총리께 그대로 말씀드렸는데 총리도 그렇게 하겠다고 하셨소."

민주당 신파와 구파는 조각 협상에 실패하여 첫 내각은 신파 의원들로만 구성되었다. 구파는 별도의 원내 교섭단체를 구성하겠다고 선언하여

分黨으로 가는 길을 열었다.

8월 23일, 장면 총리는 내각 명단을 발표했다. 국방장관은 玄錫虎(현석호) 의원이었다. 행정 관료 출신으로서 군대를 잘 모르는 그가 국방장관이 된 이유 가운데 하나는 동생 玄錫朱(현석주)때문이었다. 현 준장은 육사 2기 출신으로서 박정희와 동기이고 金載圭(김재규)와 가까웠다. 형이 야당 의원이라고 진급에서 누락되어 4·19 이후에야 준장으로 진급했다. 장면 총리는 동생이 장성으로 있으니 그를 통해서 군대 사정을 잘 알 수 있을 것이라고 해서 현석호를 국방장관에 임명했다고 한다(현석호의 회고록).

정부는 8월 29일, 새 육군 참모총장으로 최경록 참모차장을 승진시켰다. 최영희 총장은 연합참모본부 총장으로 옮겼다. 9월 3일, 정부는 육군 참모차장으로 김형일 군단장을 임명했다. 최경록 중장은 민주당 인사들과 교분이 두터웠다.

군의 수뇌부가 새로 짜여지고 있을 때 김종필 중령을 주축으로 한 정군파 장교들은 여러 사건들을 일으킨다. 이낙선의 《5·16 혁명사 증언록》을 기준으로 하여 날짜별로 살펴보면 이러하다.

〈•9월 9일: 김종필 등 장교 11명은 한강에서 놀잇배를 타고 '국방장관에게 3성 장군을 전부 예편시키고 2성 장군을 참모총장과 차장에 임명할 것을 건의하기로' 합의.

•9월 10일: 이들은 국방장관실을 찾아갔으나 장관은 만나지 못하고 丁來赫(정래혁) 총무국장에게 자신들의 뜻을 전달. 정군파 장교들은 충무장이란 일본식 음식점에서 만나 구태의연한 민주당 정부에 더 기대할 것이 없으니 정군에서 혁명으로 투쟁 방법을 바꿀 것을 논의했다. 석정

선, 石昌熙(석창희) 중령은 쿠데타를 반대했고, 崔俊明(최준명) 대령은 5사단 참모장으로 나간 뒤여서 행동을 함께할 수 없었다. 남은 아홉 명이 혁명 추진을 위한 기본 임무를 정했다.

김종필: 계획 전반, 金炯旭(김형욱): 정보, 鄭文淳(정문순): 정보, 吳致成(오치성): 인사, 金東煥(김동환): 경제, 吉在號(길재호): 사법, 玉昌鎬(옥창호): 작전, 禹瀅龍(우형룡): 작전, 申允昌(신윤창): 작전.

• 9월 하순: 聯參(연참) 총장으로 옮긴 최영희 중장이 초청한 미 국방부 군원국장 파머 대장이 離韓(이한)성명에서 '군내에 일고 있는 정군 움직임은 전투 경험을 가진 장성들을 잃게 되는 결과를 빚을지 모른다'는 우려를 표명했다. 최경록 총장은 '이 성명은 주권 침해에 해당한다'는 요지의 반박 성명을 냈다. 김종필 등 정군파 장교들도 발칵했다. 일부 장교들이 최영희 연참 총장을 찾아가 항의하려다 헌병대에 연행, 훈방되었다. 최영희는 이 장교들을 불러 자신의 입장을 해명했다. 그런데 이 사실이 언론에 보도되자 16명의 장교들을 하극상 혐의로 군법회의에 넘겼다〉

최영희 당시 연참 총장은 그해 10월 6일 사퇴했는데 최근 기자에게 이런 말을 했다.

"사실 그때 군에선 육사 8기생들에 대한 대책을 세웠어야 했습니다. 그들은 6·25를 소대장, 중대장, 대대장으로 치르면서 엄청난 인명 손실(약 40%가 전사)을 당했습니다. 그들은 진급도 늦어 중령 계급장을 8, 9년째 달고 있어 상관들에게 불만이 많았습니다."

김종필 중령은 그때 나이가 만 36세, 2군 사령관 장도영 중장은 37세였다. 나이는 한 살 차이지만 계급은 중령과 중장 차였다. 8기생들은 엘리트 의식이 있어 상관들을 별로 존경하지 않았다. '전투는 우리가 다했는데 훈장은 저들이 독차지했다', '별을 달고 있으면서도 讀圖法(독도법)도 모르는 사람이 많다' 는 식으로 불만들을 표현했다.

매그루더 사령관

군부가 김종필 중령 등 8기생 장교들이 제기한 정군 문제로 시끄럽던 9월 10일 최경록 신임 육군참모총장은 후속 인사에서 1관구 사령관 박정희 소장을 육본 작전참모부장으로 불러올렸다. 이 직후 박정희가 남긴 두 편의 글이 있다.

박정희는 편지를 많이 쓴 사람이다. 대통령에 있을 때도 그 바쁜 일정 속에서 수많은 私信(사신)을 보내 받는 이들을 감동시키기도 했다. 그는 지위의 高下(고하)나 신분의 貴賤(귀천)을 따지지 않고 꼭 답장을 했다. 1960년 9월 23일 박정희가 부산 영남상업고교 李東龍(이동룡) 교사에게 보낸 편지가 그런 예이다. 이동룡은 4·19 혁명 때 부산대학교 총학생회장으로서 이승만 하야 뒤의 혼란기에 박정희 계엄사무소장의 지시에 따라 질서 유지에 협력했다. 박정희가 李교사에게 보낸 답장의 요지는 이러했다.

〈형들의 힘으로 성취한 4·19 혁명은 이 나라, 이 겨레에 강심제를 놓고 활력소를 주입케 한 역사적인 혁신이었습니다. 혁명의 격동기에 형들과 동일한 공간성에 處在(처재)하였고 호흡을 같이 했다는 것을, 생애를 통해서 잊지 못할 인연이자 본인의 영광으로 생각하고 있습니다.

본인은 지난 9월 10일자로 다시 육본으로 전속 발령을 받고 지금은 減

軍(감군) 문제 등 복잡한 시기에 본부 근무를 하고 있습니다. 앞으로 서울에 오시는 기회가 有(유)하시면 必(필)히 往訪(왕방)하여 주심을 고대합니다〉

이 편지를 쓴 6일 뒤에 박정희가 자신의 잡기장에 쓴 글이 전한다.

〈만사가 이대로만 순환하고 진전이 없다면 명일의 사회는 여하히 될 것인가. 사월 혁명에 鮮血(선혈)을 흘리면서 민주주의를 찾으려고 선두에 서서 젊은 청춘을 초개와 같이 버리던 학도들이 또다시 거리에 나와서 생활 계몽을 호소하고 기성인들의 경각을 부르짖었다. 정열과 반응이 없는 사회의 무신경함에 너무나 안타까운 나머지 왕왕이 탈선도 한다. 이 나라의 지도층을 자처하는 기성 정치인들의 近者(근자)의 무절제하고 몰지각하고 파렴치한 데는 통탄을 不禁(불금)한다. 국민 대중은 신생 제2공화국의 혁신적인 시책과 국민 생활 향상을 위해서 지대한 기대와 관심을 가지고 관망하고 있다.

然(연)이나 정국은 亂麻(난마)와도 같이 헝클어지고 걷잡을 수 없이 혼란과 무질서만을 露呈(노정)하고 국민들의 실망만 커가고 있다. 亂(난)하면 악한 놈이 득세한다는 옛말대로 李(이) 정권하에서 국민들의 원성의 대상이 되었던 자 또다시 고개를 들고 거리를 활보하며 세태를 비웃는다.

가도 가도 視觀(시관)이 보이지 않는 정국의 불안정, 국민생활의 궁핍, 도의의 타락, 윤리의 문란―이러한 道程(도정)을 줄달음질친다면 그 다음에 올 것이 무엇일까. 공산당의 毒素(독소)가 침투되고 잠식하기 쉬운 병약적인 사회―즉 공산당의 밥이 되는 길밖에 더 있겠는가.

동포여! 겨레여! 과거 우리 조상들이 저지른 과오를 우리 다시 범할 것인가. 진실로 조국을 사랑하고 민족을 사랑하고 우리 후손을 사랑하거든 우리 이제라도 늦지 않으니 사월 혁명 정신을 다시 상기하고 젊은 학도들의 조국애의 大精神(대정신)으로 돌아가자〉

이 무렵 쓰인 박정희 측근 이낙선 소령의 잡기장 속 雜文(잡문)도 정군파 장교들의 생각을 엿보게 한다.

〈조국아! 당신은 영영 시들려나.

이 나라를 구하는 길에는 세 가지 방법이 있다. 첫째, 장면 씨가 지금부터라도 늦지 않으니 回心大悟(회심대오)하여 私心(사심)을 버리고 솔선수범을 하고 나서 일대 혁신 정책을 쓰는 방법. 둘째, 군에서 일대 혁신을 단행하여 국민에 모범을 보이고 秕政(비정)하는 정부를 강압적으로 시정시키는 방법. 셋째, 혁명으로 새로운 계기를 마련하는 방법.

이상 세 가지 방법에서 첫째 것은 장면 씨에게 새로운 사람이 되어 달라는 것인데 하늘의 별 따기보다도 어려운 일이다. 둘째 방법에는 군의 지휘관들 중에 앞장서서 대담하게 일할 사람이 없다. 그들도 정부 고관과 다름없이 썩었다. 썩지 않은 장군에게는 참모총장직을 맡길 리가 없다. 셋째 방법만이 한국의 살 길이다. 그리고 가능한 일이다.

그렇다면 누가 혁명의 주체가 되어야 하느냐. 학생들도 이젠 그들의 무기력을 노정시키고 말았다. 혁신계는 공산화할 위험이 있으며 족청계는 사심이 너무 크다. 忠誠無私(충성무사: 어느 정치 계열에도 속하지 않는)한 군인이 혁명을 일으켜 일정한 기간 군정으로 국가 발전의 기틀을 만들고 건설은 智者(지자)에 넘겨주도록 해야 한다〉

1960년 가을, 박정희 육본 작전참모부장은 마음이 편치 않았다. 우리 군 수뇌부와 미 8군은 그를 김종필 중령이 주동한 이른바 '16인 하극상 사건'의 배후 조종자로 지목하고 있었다. 더구나 미 8군 사령관 매그루더 대장은 박정희의 해묵은 좌익 전력을 문제 삼아 예편시키려고 했다. 박정희는 16인 사건(최영희 연참 총장을 찾아가 항의하려다가 연행된 사건)과는 관계가 없었다. 김종필 중령은 처삼촌이 오해를 받을까 하여 이 무렵 일부러 박 소장을 찾아가지도 않았다고 한다.

미군 측에선 여러 경로를 통해서 박정희를 예편 조치하라는 압력을 장면 정부에 넣었다. 매그루더 대장은 직접 현석호의 후임인 權仲敦(권중돈) 국방장관과 최경록 참모총장을 만나 그런 뜻을 전달했다고 한다. 미군은 한국군이 안정되기를 바라고 있었는데 박정희와 김종필을 중심으로 한 정군파가 문제를 일으키고 다니는 데 불안을 느끼고 있었다. 그들은 자연히 박정희의 좌익 전력에 새삼 주목하게 되었다. 한국군에선 6·25 전쟁을 통해서 입증된 박정희의 사상을 의심하는 사람들이 많지 않았으나 사상 문제에 대해서 관대한 미군 측에서 오히려 의혹을 제기하고 나섰다. 金永善(김영선) 재무장관이 미국을 방문했을 때 국방부 고위 관리가 박정희를 거명했다고 한다.

"한국군의 작전참모부장은 공산주의자다. 체코슬로바키아도 공산화되기 전에 육군의 작전국장이 빨갱이였는데 그 사람이 주동이 되어 국가 전체를 공산화시켰다. 만약 한국 정부가 박정희 소장을 그 자리에 둔다면 우리는 원조를 再考(재고)하겠다."

김영선 장관은 귀국한 뒤 장면 총리에게 이 말을 전했고, 장 총리는 최경록 총장에게 미국 측의 뜻을 알려 주었다(이낙선의《정의의 수난》). 매그루더는 1960년 11월 18일 최경록 총장 앞으로 편지를 보내 '현재 군법회의에 넘어가 있는 16인 抗命(항명) 사건을 엄격히 다루고 그 선동자들을 조종한 장군 두 명을 군에서 제거한다면 미 국방부의 태도는 한국 측에 유리하게 바뀔 것이다' 고 했다.

'조종한 장군 두 명' 으로 지목된 것은 박정희와 인사참모부장 朴炳權(박병권) 소장이었다. 박정희의 당시 직속 부하는 공교롭게도 1948년 특무과장으로서 肅軍(숙군) 수사를 주도했던 金安一(김안일) 준장이었다. 작전참모부 차장이던 김 준장은 미군 측에서 박정희 작전참모부장을 의심하고 있음을 눈치 챌 수 있었다. 불시에 미군이 사무실로 들이닥쳐 한국 방어 계획 문서를 점검하는 것이 무슨 약점을 잡으려 하는 것 같기도 했다.

강박관념

김안일 육본 작전참모차장은 미군이 최경록 총장을 통해 박정희 작전참모부장을 예편시키라는 압력을 넣고 있음을 알고 있었다. 어느 날 퇴근 무렵 박정희 소장이 총장실로 불려 들어가더니 오랫동안 나오지 않았다. 김 준장도 퇴근을 미루고 직속 상관이 나오기를 기다렸다. 어두워진 뒤 박정희가 사무실로 돌아왔다. 총장과 의견 충돌이 있었던 듯 얼굴이 벌개져 있었다. 한참 있더니 박정희는 김안일에게 말했다.

"내 문제는 김 형이 좀 설명해 줄 수밖에 없겠습니다."

이 말은 박정희가 소령 시절 좌익에 연루된 혐의로 조사를 받을 때 육본 정보국 특무과장으로서 박정희의 생명을 구해주는 데 기여했던 김안일이 8군 사령관에게 가서 "박정희는 지금 공산주의자가 아니다"라고 해명을 해달라는 뜻이었다. 김안일은 그런 부탁을 들어주지 않았다. 영어를 잘 할 줄 모르고, 그렇다고 통역을 데려갈 처지가 아니었다. 김안일은 "박정희 장군은 그때 쫓기는 입장이었다. 군에서 추방당하기 전에 거사를 해야 한다는 생각을 했을 것이다"라고 말했다.

박정희는 사단장 시절부터 친하게 지낸 민주당 소장파의 지도자 李哲承(이철승) 의원에게도 救命(구명)을 부탁했다. 박정희와는 육사 2기로서 동기인 韓雄震(한웅진) 준장은 이철승과도 친구였다. 한 준장이 찾아와서 대신 부탁을 하더니 나중엔 박정희가 직접 자신의 처지를 호소하러 왔다.

"6·25 때 실컷 고생했는데 이런 식으로 쫓아내도 되는 겁니까."

국회 국방위원장이던 이철승 의원은 한때는 국방장관이 되고 싶어했다. 군대를 잘 아는 그가 장관이 되었더라면 5·16을 막을 수 있었을 것이라고 보는 이들도 있다. 이철승은 장면 총리에게 박정희를 위한 변호를 해주었다고 한다.

"지금 내보내면 반발이 커집니다. 내보낼 때는 훈장이라도 주어 내보내야 합니다."

당시 이철승 의원의 당내 영향력은 장면 총리도 위협을 느낄 정도였다. 이철승은 "장면 총리가 내 말을 듣고 박정희 장군의 옷을 벗기지 않았다고 생각한다. 그런 내가 5·16 뒤엔 그들의 탄압을 받아 최장 기간 정치 규제에 묶여 있게 되었지만…"이라고 했다.

이 무렵 육사 교장 이한림 중장이 장면 총리의 부름을 받고 서울 반도호텔의 총리실로 갔다.

"이 장군, 항간에 들리는 말에 의하면 군인들이 혁명을 한다는 이야기가 있는 것 같은데 그 내막을 알고 있소? 안다면 나에게 알려 주시오."

이한림도 박정희 소장과 족청계 출신 장교들에 의한 쿠데타설을 듣고 있었다.

이한림은 바싹 긴장하여 무엇이라고 말해야 할지 머리를 속히 회전시켰다. 잠시 뜸을 들인 다음 조용히 입을 열었다(회고록 《세기의 격랑》).

"저도 그런 말을 들은 적이 있습니다만 육사에 있고 보니 정보가 어두워 확실한 보고를 드리지 못하게 된 것을 송구스럽게 생각합니다. 총리께서는 총장 이하 고위 장성들, 그리고 정보기관을 통해서 잘 단속해야 하실 것입니다."

이한림은 문약한 장면이 선비처럼 정치를 하고 있는데 크나큰 파도가 몰려오고 있다는 예감이 들었다.

〈어떤 위기의식 같은 그런 불길한 감이 방안을 가득 메우는 것 같았다. 정말 답답한 순간이었다. 그런 중차대한 문제를 육사 교장인 나에게 사정하듯 물어 보니 난들 어떻게 하랴 싶었다. 그의 주변 인물들 중에는 문민 통제를 앞세워 군을 얕잡아보는 경향이 매우 심했다.

나는 정치인의 그런 풍조를 매우 염려했다. '정치는 힘인데 정치인이 군 장성을 무시한다면 군의 힘이 정치에 도움이 되지 못한다'는 마키아벨리의 말이 떠올랐다. 정말 이 사람들이 정치를 모른다는 생각이 들었다〉(《세기의 격랑》)

특무대의 後身(후신)인 육군 방첩대도 끊임없이 쿠데타 모의설의 중심으로 떠오르고 있는 박정희를 근접 감시하기 시작한다. 이낙선 소령이 쓴 《정의의 수난》이란 기록을 인용한다.

〈하루는 난데없는 군고구마 장수가 박정희 장군의 신당동 집 앞에 자리 잡았다. 조그마한 골목길에다가, 더욱 고참 장수가 버티고 있는 곳에

격에 맞지 않는 풋내기 장수가 대담하게도 들어앉았다는 것은 좀 이상하지 않을 수 없었다.

돈 백 환을 든 박 소장은 아기(朴志晩·박지만)를 데리고 고구마를 흥정하는 척하면서 고구마 통을 굽어보았다. 불 없는 통 위에는 익은 고구마가 몇 개 뒹군 채 서글프게 놓여 있었다. '이것 수상하구나'라고 박 소장은 판단했다. 마침 그때 박 장군 댁을 방문했던 나는 사진기를 들고 나가 풍경을 찍는 척하고 돌려보다간 틈을 타서 초점을 장수에게 맞추었으나 슬쩍 고개를 숙이거나 電柱(전주) 뒤에 허리를 굽히거나 해서 통 찍을 순간을 주지 않았다.

나는 박 장군의 어린 딸(朴槿瑛·박근영을 가리키는 듯)을 데리고 나가 고구마 장수 옆에 세워두고 그 자의 사진을 찍었다. 박 장군은 육사 2기 동기생인 헌병감 沈興善(심흥선)에게 연락하여 고구마 장수를 연행하도록 했다. 취조를 시작하자마자 506 방첩대장의 지시를 받아 잠복근무 중임이 밝혀졌다. 서울지구를 관할하는 506 방첩대 李幸柱(이행주) 중령이 빼앗다시피 가짜 군고구마 장수를 인수해 갔다〉

1960년 가을에 김종필 중령을 중심으로 한 육사 8기 장교들과 박정희의 마음에서는 쿠데타의 꿈이 다시 태동하고 있었다. 양쪽은 곧 김종필의 매개로 연결된다. 김종필 그룹은 16인 항명 사건으로 군법회의의 재판을 받는 입장에서, 박정희는 미군으로부터 압력을 받는 입장에서 군사 혁명이란 하나의 탈출구를 더욱 진지하게 생각하게 되었을 것이다. 박정희는 군복을 입고 있는 동안에 거사를 해야 한다는 강박감을 느끼기 시작한 것이다. 이승만 정권의 타도를 위한 계획을 추진하다가 4·19 혁명으로 목표가 사라진 뒤에는 군부 숙청을 새 목표로 하여 뛰었으나 이것이 반격을 부른 것이다. 親美的(친미적)인 장면 정부가 자신의 예편을 요구하는 미국 측 압력을 언제까지나 막아줄지도 자신이 안 서는 대목이었다. 박정희는 시간과의 싸움을 시작해야 할 처지로 몰린 것이다. 더구나 시국은 박정희의 그러한 생각을 충동질할 만한 상황을 보이고 있었다.

9월 26일 경북 도내 교원노동조합 산하의 교사 8,500여 명은 처우 개선을 요구하면서 단식 농성에 들어갔다. 교원노조 소속 교사 수천 명이 중구 태평로 국회의사당 앞으로 몰려 와서 시위를 벌이기도 했다. 이 무렵 金善太(김선태) 무임소 장관으로부터 따귀를 맞았다고 해서 경찰관들이 데모를 하기도 했다. 9월 30일엔 철도 태업이 발생했다. 기관사들이 기차를 고의로 徐行(서행)시켰다. 이날 서울시청으로 1,000여 명의 시민들이 난입하여 서울시경 경비과장을 때리고 밟아댔다. 市(시)가 불하하려는 대지에 무허가집을 짓고 사는 주민들이었다.

경제개발 5개년 계획안

10월 8일, 서울지방법원은 3·15 부정선거에 관련되어 구속기소 되었던 郭永周(곽영주) 전 대통령 경호책임자 등 피고인들에 대해서 '소급하여 처벌할 수 없다'는 이유를 들어 무죄를 선고, 석방했다. 그 3일 뒤 4·19 부상 학생들이 문제의 판결에 항의한다면서 국회의사당에 난입했다. 본회의는 중단되고 국회의원들은 피했다. 부상자들은 의장 단상을 점령하고 목발로 단상을 치면서 난동을 부렸다.

"너희들은 다 나가라! 우리가 정치를 하겠다."

"정쟁 국회는 해산하라!"

郭尙勳(곽상훈) 국회의장은 사임서를 제출하고 내무장관이 물러났다. 국회는 소급 입법을 허용하는 개헌안을 통과시켰다. 이 소급 입법의 전통은 5·16 후와 5·17(1980년) 후 정치인을 규제할 때, 그리고 1996년 全斗煥(전두환), 盧泰愚(노태우) 전 대통령을 처벌할 때도 되풀이되었다.

장면 정부를 무능하게 보이도록 한 데 크게 기여한 것은 언론의 무책임한 정부 亂打(난타)였다. 장면 총리는 얻어맞으면서도 週例(주례) 기자회견을 계속했다. 20대 총각 기자가 맨 앞줄에서 다리를 꼬고 앉아 담배를 꼬나물고 질문을 던지는데 담배연기가 60대 총리의 얼굴에 사정없이 뿜어졌다.

당시 장면 총리의 공보비서는 〈경향신문〉 정치부장 출신 송원영. 그는 '마치 언론 자유는 장 정권을 타도함으로써 완성되는 것처럼 언론이 민주 정권을 독재 정권보다도 더 가혹하게 두들겼다'고 개탄했다(송원영 씀 《제 2공화국》).

〈당시 언론기관이 얼마나 막강했는가는 장면 내각의 제1차 국무회의에서 기자단 대책을 논의한 것만 보아도 알 수 있다. 洪翼杓(홍익표) 내무장관은 "기자단에서 총회를 한다면서 협조를 요청하는데 얼마나 내면 좋겠는가"고 문제를 제기했다. 말이 기자단 총회이지 그것은 걷은 돈을 나눠 가지는 모임이었다. 그런 총회가 1년이면 대여섯 번씩 있었다〉

국영방송 KBS도 정부 공격에 가담했다. 송원영이 어느 날 라디오를 들으니 프로그램 진행자가 한다는 말.

"춥고 배고픈데 음악은 들어서 무엇하느냐고요? 글쎄, 그 말도 일리는 있습니다마는…."

방송국장에게 항의를 해도 효과가 없었다. 서울 일일신문의 연재만화에는 '勉(면)이와 暻根(경근)이 때문에 창피해서…' 란 글과 함께 두 손으로 얼굴을 가리는 사람의 모습이 그려져 있었다. 장씨 종친회에서 장면 총리와 입원 치료 중 일본으로 달아난 자유당 실세 장경근이 장 씨란 점에서 창피해서 견딜 수 없다는 만화였다.

총리와 3·15 부정선거 사범을 같이 취급하는 태도에 격분한 송원영은 李寬求(이관구) 사장을 찾아가서 항의했다. 이 사장은 "쯧쯧… 이건 너무했는걸!" 하면서 윤전기를 세우게 하더니 만화를 지워 주었다. 송원영은 'KBS, 서울신문, 그리고 장면 총리와 가깝던 신문까지 時流(시류)를 따라 총리를 공격하니 장 총리는 문자 그대로 고립무원이었다' 고 썼다.

이런 혼란 속에서도 국가 건설을 위한 몸부림은 이어지고 있었다. 9월 장면 정부는 제1차 경제개발 5개년 계획을 정부 시책으로 실시하겠다고 발표했다. 부흥부의 李基鴻(이기홍) 기획국장이 중심이 되어 자유당 시절 산업개발위원회에서 작성한 적이 있는 경제개발 3개년 계획안을 기초로 하여 계획 수립에 착수했다.

자유당 때 成案(성안)된 장기 경제개발 계획안을 보고받은 이승만 대통령은 "아니 불구대천의 원수 스탈린의 방식을 따르자는 것인가"라고 힐책하여 이 계획은 묵살되었으나 이기홍, 이한빈(당시 재무부 예산국장) 같은 미국 유학파 경제 관료들은 하나의 불씨처럼 그 꿈을 간직해 오고 있었다.

장면 정부는 5개년 경제개발 계획을 추진할 수 있는 재정 지원을 미국에 요청했다. 장면 총리는 '원조 요청 각서' 를 미국 정부에 제출하면서

內政(내정) 개혁의 단행, 국방비 부담의 축소, 對日(대일) 국교정상화를 약속하고 1961~1965년간 소요될 4억 2,000만 달러의 지원을 요청했다. 10월 초엔 김영선 재무장관이 미국을 방문, 직접 설명에 나섰다. 김영선 장관을 수행했던 당시 예산국장 이한빈에 따르면 미국 정부의 반응은 냉담했다고 한다.

귀로의 비행기 안에서 김영선 장관은 이 국장에게 "혹시 박정희란 이름을 들은 적이 있느냐"고 물었다. 이한빈은 "없습니다"라고 했다. 김영선은 "워싱턴에 있는 동안 어떤 미국 인사가 '그 사람이 쿠데타를 계획하고 있다'는 귀띔을 해 주더라"고 했다. 이한빈은 하도 어마어마한 이야기라서 그냥 듣기만 했다.

5개년 계획을 만들면서 정부는 미국 아시아 재단의 자금 지원을 받아 미 국방부의 연구소인 랜드 코퍼레이션(Rand Corporation)의 찰스 울프 박사를 초청, 자문을 받았다. 울프 박사를 주로 상대한 사람은 부흥부 이기홍 기획국장과 이한빈이었다. '울프는 5개년 계획 작성 작업은 국방을 포함한 장기적인 국가 경영 전략의 시각에서 파악하는 사고방식을 공유하고 있어서 작업은 내실 있게 진행되었다'는 것이다(이한빈 회고록 《일하며 생각하며》).

이기홍 국장은 1960년 10월 수색의 국방대학원에 특강을 나간 적이 있었다. '제1차 5개년 계획', '국토 건설 사업', '미국 원조의 효율적 운용 방안' 등을 주제로 하여 세 차례 강의를 했다. 그는 장교들의 의욕과 진지한 자세에 깊은 감명을 받았다. 강의가 끝나면 교수 요원들이 심도 있는 질문과 토론을 이어갔다. 이기홍 국장은 "이 젊은 장교들이 왜 이처럼 열성적인가 하고 의아했다"고 한다.

"민간 동료 공무원들은 5개년 계획이나 국토 건설 사업에 무관심이거나 냉소적이었는데 오히려 군인들이 더 적극적이었습니다. 너무나 대조적이었습니다. 교수부 장교들은 강의 준비상 필요하다고 사무실과 집으로까지 찾아와서 질문하고 나름대로의 의견을 개진하기도 했습니다. 강의 주제엔 들어 있지 않았던 경제개발부 창설안에 대해서도 물어보곤 했습니다. 이들 장교 대부분이 5·16 이후 최고회의와 기획위원회에서 활약했습니다."

이기홍 국장이 기획하여 실시한 것이 국토 건설 사업이었다. 실업자 구제, 미국 원조 양곡, 그리고 낙후된 사회간접자본 시설을 연결시킨 발상이었다. 식목, 治水(치수) 사업, 도로 건설에 인력을 동원하여 그 대가로 밀가루 등 양곡을 지급하는 사업의 규모는 1,000만 달러 가량의 미국 원조 물자를 포함한 총 4,000만 달러 정도였다. 이 사업의 핵심 요원으로 쓰려고 대학 졸업생들을 대상으로 국토 건설 대원들을 모집해 2,066명을 뽑았다. 이 발상은 김영선 재무장관이 낸 것이다. '4·19의 젊은 정열을 새 시대에 흡수해야 한다'는 취지에서였다.

張勉 총리

서울대학교 시설을 이용하여 국토 건설대 요원들을 교육하는 책임자로서는 월간잡지 〈思想界(사상계)〉 사장 張俊河(장준하)가 나섰고 咸錫憲(함석헌), 朴鍾鴻(박종홍), 李萬甲(이만갑) 같은 이들도 적극적으로 참여했다. 이즈음 한국 사회에서는 무질서한 민주주의 실험에 대한 반성이 일고 있었다.

1960년 12월에 실시된 서울의 국회의원 보궐선거 투표율은 38%에 그쳤다. '이제부터는 경제 개발을 통해서 부국강병을 이루어야 한다'는 주장이 일어나고 있었다. 1961년 고려대 학생 377명을 상대로 한 여론 조사에서 86%는 '서구 민주주의는 한국에 적용될 수 없다'고 답했다.

이들 가운데 약 40%는 '우리는 준비가 되어 있지 않다'고 답했고, 30%는 '한국과 서구 간의 사회, 문화적인 격차 때문에 민주주의 원칙들이 한국에서 아직은 실현될 수 없다'고 답했다.

이 격동기의 한복판에 서 있었던 장면 총리는 깔끔하고 온순한 성품의 소유자였다. 독실한 천주교 신자인 그는 정치인보다는 성직자가 더 어울렸을 사람이란 평을 들었다. 그는 파란만장한 삶의 궤적을 그린 박정희와는 정반대의 인생 항로를 탔다. 그는 유복한 가정에서 장남으로 태어났고, 평양이 고향인 그의 아버지(장기빈)는 3남 3녀의 여섯 자식을 모두 외국으로 유학시켰다. 장면의 두 남동생 중 張勃(장발)은 서울 미대 초대 학장을 지낸 화가, 張勉(장극)은 세계적인 항공물리학자가 되었고, 둘째 누이는 한국인으로는 처음으로 천주교 수녀원장이 된 사람이다(6·25 때 납북). 장면 부부는 5남 2녀를 두었다. 장남 震(진)은 서강대학 교수, 차남 建(건)은 미국에서 건축가로 활동, 3남 益(익)은 신부, 4남 純(순)은 보스턴에서 정치학 교수로 재직 중, 5남 興(흥)은 프랑스 파리 은행 근무, 장녀 義淑(의숙)은 미국 노트르담회 수녀이자 미술 교사, 차녀 明子(명자)는 작고했다.

이런 명문가 출신인 장면은 公(공)과 私(사)에 엄격하고 작은 일에 성실한 이였다. 일제 시절 동성상업학교 교장이던 장면은 滿員(만원) 전차를 탔다가 밀려 내리면서 전차표를 내지 못하게 되면 그 자리에서 꼭 전차표를 찢어 버렸다고 한다. 장면 총리는 비서실장으로 金興漢(김홍한) 변호사를 기용했다. 그는 검찰총장을 지낸 金翼鎭(김익진)의 아들이자 서울 법대 학장을 지낸 金曾漢(김증한) 교수의 동생이었다. 김 실장도 깐깐하고 깔끔한 사람이었다. 비서실의 모든 직원에게 공용으로는 '國務總理(국무총리) 秘書官(비서관) 宋元英(송원영)', 私用(사용)으로는 '宋元英' 식으로 쓴 두 가지 명함을 갖고 다니도록 했다.

장면이 주미 대사, 국무총리, 부통령, 내각제하의 총리로 순탄한 출세를 한 데는 천주교와 미국의 지원이 컸다. 1952년에 이미 미국 정부는 자신들의 국가 이익을 위한 최선의 선택이 장면이라고 확신하여 그를 차기 대통령으로 밀었다. 이승만 당시 대통령은 이에 반발, 부산 정치 파동을 일으켜 미국과 장면의 도전을 꺾었다.

최근에 비밀이 해제된 미국 외교, 정보 문서는 장면이 지나칠 정도로 미국에 대해 사대적 태도를 취하고 있었음을 보여 주고 있다. 이런 장면에 대해서 미국 정부 요인들은 속으로는 다소 낮은 평가를 내리고 있었다.

1956년 당시 주한 미군 사령관이던 렘니처 장군은 장면 당시 부통령을 '허약한 보수적 기회주의자'라고 평하는 보고서를 상부에 올렸다. 1957년 9월에 허터 미 국무차관이 來韓(내한)하자 장면은 민주당의 정책에 관한 각서를 제출했다. 무력에 의한 통일 정책의 포기, 한국군 병력 삭감, 對日(대일) 강경 정책의 완화, 민간 부문 중시의 경제 정책 등 미국 측이 좋아할 만한 내용의 각서였다. 이 각서를 읽어본 국무부 차관보 로버트슨은 "너무 미국 정책과 비슷하기 때문에 장면의 眞意(진의)를 의심하게 된다"고 말할 정도였다.

장면은 부통령에 취임한 직후에는 다울링 주한 미국 대사에게 '만약 대통령이 된다면 미국의 충고를 받아들여 적극적으로 협력하겠다'고 약속했다. 1957년 4월 장면은 다울링 대사를 만난 자리에서 중요한 요청을 했다.

'이승만 대통령의 有故(유고)로 내가 대통령직을 계승할 경우 미국 측이 최장 24시간 나의 신변 보호를 해주었으면 좋겠다'는 요지였다. 이 요청을 국무부에 보고하면서 다울링 대사는 장면의 지도력에 회의를 나타낸다.

'이승만의 사망과 같은 혼란 사태에선 대담하고 강력한 지도력이 필요한데 특정 정치인을 위해서 미국이 개입하면 역효과를 부르기 쉬우므로 장면 부통령에 대한 피신처의 제공은 바람직하지 않다.'

장면은 1952년 부산 정치 파동 때도 미군병원에서 신변의 안전을 도모한 전력이 있다. 그의 뇌리엔 '위기 때는 미국의 도움을 받는다'는 행동 절차가 입력되어 있었던 것 같다.

1960년 미국 CIA 서울지부장은 피어 드 실버. 그는 동서 냉전의 뒤안길을 누빈 공작 전문가였다. 1950년대 말 서울로 부임한 그는 장면과 아주 가까운 사이가 되었다. 실버는 《서브로자》란 제목의 회고록에서 장면과의 첫 만남에 대해서 설명했다.

〈1959년 말 한국 정부가 반도호텔 대연회장에서 주한 외교관들을 위한 크리스마스 리셉션을 열었을 때 나는 연회장 한 구석에 참석자들에게 외면당한 채 홀로 서 있는 그를 보고 놀랐다. 나는 북적대는 사람들을 헤집고 그에게 다가가서 내 이름을 대고 최근 서울에 왔노라고 소개했다. 그는 유창한 영어로써 내가 CIA를 대표하고 있는 것을 알고 있노라고 했다. 이야기가 진행되자 그는 미국 정부가 알아야 한다고 느끼는 중요한 일들이 있으니 가까운 장래에 사적으로 만날 수 있겠느냐면서 자신의 집으로 찾아올 수 없느냐고 물었다〉

이 만남이 계기가 되어 두 사람은 자주 접촉한다. 실버는 '적어도 일주일에 한 번은 그의 집이나 우리 집, 또는 공식 행사장이나 반도호텔에 있는 그의 사무실(편집자 注— 장면은 총리로 취임한 이후 반도호텔 안에 집무실을 두었다)에서 만났다'고 했다.

〈내 아내 마릴린은 이 온화하고 기품 있는 사람을 무척 좋아했으며 우리 집에서 점심 식사를 할 때면 장 박사가 즐기는 미국 음식인 옥수수가루 머핀과 새콤달짝지근한 소스에 뼈를 추린 싱싱한 송어 냄비 요리를 잊지 않았다〉

장면 총리는 1961년 5월 16일 새벽 시내로 진입하는 혁명군의 발포소리를 듣자 반도호텔을 벗어나 제일 먼저 실버의 집을 찾게 되는데 이 이야기는 나중으로 미룬다.

張都暎의 구원

《5·16 혁명사》의 기초가 된 미공개 자료집 〈革命實記(혁명실기)〉엔 이런 대목이 나온다.

〈가을이 저물어 가는 11월 9일 곱게 물든 단풍잎들이 유난히도 눈에 띄었다. 신당동 박 소장 집 응접실에 모여든 젊은 그들의 입가에는 엷은 미소마저 풍기는 여유가 보였다. 박 소장이 자기를 지도자로 추대하고 혁명 계획을 확인한 9명의 장교들 앞에서 그들의 壯擧(장거)를 적극적으로 찬동하는 뜻을 밝히고 함께 기울어져 가는 조국의 재건에 있는 힘을 다하자고 다짐하는 훈시로 모임은 클라이맥스를 이루었다.

"…오직 악에 때 묻지 않은 순수한 우리 애국애족하는 청년 장교들의 단결만이 나라를 살리는 유일한 길임을 명심하기 바란다. 마지막으로 군 수사 기관에서 우리를 주시하고 있지만 모든 책임은 나 한 사람이 지겠으니 여러분은 맡은 부서별로 熱(열)과 誠(성)을 다해 주기 바란다."

숨 가쁜 회합을 파하고 이어 박 소장의 요청으로 일행 10명은 깊어가는 가을밤이 아쉬운 듯 소공동 일식집 '남강'으로 향했다. 투명한 술잔을 들고 말없는 맹세를 되뇌며, 또한 내일을 모르는 푸른 생명을 술의 낭만 속에 파묻고 싶은 심경이었을지 모른다. 가을밤은 깊어만 갔다. 뒷그림자만 남기고 흩어져가는 그들의 이름은 김종필, 오치성, 김형욱, 길재호, 옥창호, 김동환, 정문순, 신윤창, 우형룡 중령 등 육본의 중견 장교들이었다〉

육사 8기 장교들과 박정희가 처음으로 만나 혁명을 다짐했다는 이 모임은 그 뒤 여러 기록에서 그대로 인용되고 있는데 이 모임의 實在(실재)는 의심스럽다. 우선 김종필 전 총리가 "그런 모임이 그때 없었다"고 부인하고 있기 때문이다. 그 모임에 참석한 것으로 적혀 있는 오치성도 "박 장군과 우리 장교들이 한 자리에서 만난 적은 없었다"고 했다. 5·16 후에 일부 문필가들이 거사 모의를 극적으로 미화하기 위해서 만들어 낸 것이란 이야기가 많다. 오치성은 이런 증언을 했다.

"우리 아홉 명이 처음부터 박정희 장군을 지도자로 모시기로 작정하고 혁명을 계획한 것은 아닙니다. 영관 장교들의 힘만으로는 혁명이 성사될 수 없다는 현실적 판단을 한 뒤 누구를 지도자로 모실 것이냐로 토론이 시작되었습니다. 그때 거명된 인물이 박정희, 박병권, 그리고 韓信(한신) 장군이었습니다. 한신 장군은 그냥 한 번 언급되고 넘어갔고, 본격적으로 논의의 대상이 된 것은 두 박 장군이었습니다.

김종필 중령이 박정희 장군을 추대하자고 말을 꺼냈을 때 문제를 제기하는 동료들이 많았습니다. 우리 가운데는 이북에서 내려온 이들이 많아 본능적으로 공산당을 싫어하는데 박정희 장군이 한때 좌익과 연루되어 옷을 벗었던 사실을 아는 우리로서는 경계심을 갖지 않을 수 없었습니다. 김종필 중령이 역시 아주 슬기롭게 대처하더군요. 그가 박정희 장군의 조카사위인 것을 우리는 알고 있었습니다. 만약 그 자리에서 김종필 중령이 박 장군을 추대하자고 고집을 피웠더라면 우리는 情實(정실)에 흐르는 처사라고 하여 김 중령을 불신하였을 것입니다. 그런데 김 중령은 이렇게 말하는 것이었습니다.

'각자 의견이 다르니 우선 시간을 갖고 박 장군에 대해서 알아본 다음에 다시 모이지.'

그 뒤 며칠간 우리는 박정희 장군에 대한 평판을 수집하러 다니면서 일종의 신원조회를 해보았습니다. 한결같이 '깨끗하고 능력 있는 분'이란 이야기였습니다. 우리가 다시 만났을 때는 자연스럽게 혁명 지도자로 박정희 소장을 추대하자는 쪽으로 의견이 모이더군요. 그 뒤 박정희 장군과의 접촉은 김종필 중령에게 맡겼기 때문에 박 장군의 집에 우리가 몰려가서 회합을 가질 수는 없었습니다."

1960년 12월 8일 육본 작전참모부장 박정희 소장은 2군 부사령관으로 좌천되어 대구로 내려갔다. 당시 2군 사령관은 장도영 중장. 장도영은 자신의 회고록에서 '마침 부사령관이 논산 훈련소장으로 전출되어 공석이 되어 있었는데 박정희 소장이 예편당하게 되었다는 소식을 듣게 되었다'고 했다.

1950년 6월 장도영 당시 육본 정보국장은 인민군이 서울로 밀고 들어왔는데도 전투정보과의 비공식 문관으로 근무하던 박정희가 월북하지 않고 한강을 건너 국군과 합류한 것을 보고는 그에 대한 사상적 의심을 풀게 된다. 그는 상부에 건의하여 박정희를 소령으로 복직시켰다. 이런 인연으로 해서 장도영 장군은 그 뒤 두 번 박정희를 직속 부하로 쓴 적이 있었다. 선한 심성을 가진 장도영 중장은 박정희가 예편당하게 되었다는 소식을 접하자 동정심이 발동하여 다시 한 번 구원의 손길을 뻗친다.

'그는 전시 근무를 거쳐 장성으로 승진했는데 확고한 증거도 없이 좌경 위험인물이라고 낙인을 찍어 예편시키는 것은 부당한 일이라고 생각한 나는 육본에 연락하여 마침 부사령관직이 공석이니 박 장군을 2군으로 보내 달라고 요청했다'는 것이다. 박정희는 장도영보다 여섯 살 위였다. 장도영은 부하이지만 박정희를 어렵게 대했다. 부사령관으로 부임해 온 박정희에 대한 의혹을 풀어 주려고 장도영 중장은 애쓴다.

미국에 갔다가 미국 정부 요인으로부터 박정희를 예편시키라는 압력을 받고 돌아와서 장면 총리한테 전달한 바 있는 김영선 재무장관은 당시 장면 내각의 가장 유능하고 영향력이 센 장관이었다. 장도영은 김영선 장관과 박정희를 식사 자리에서 만나도록 해 舊面(구면)이 되도록 했다고 한다. 김영선은 박정희 정권 때는 駐日(주일) 대사로 중용되었다. 이 무렵 장도영의 눈에 비친 박정희는 이러했다.

〈그는 원래 불교의 영향을 받았는지 언행에는 禪的(선적) 가치관이 내재해 있었다. 과묵하고 매서운 눈으로 항상 앞을 직시하며, 똑바른 자세로 절도 있게 행동하는 사람이었다. 그의 몸가짐은 얼핏 보면 일본의 무사를 연상케 했는데, 흠 잡을 데 없는 전형적 군인이었다. 그러나 평소 그 얼굴에는 수심이 끼어 있었고 욕구불만에 찬 표정을 하고 있었는데 간혹 웃을 때도 종종 냉소적인 표정을 띠었다. 그 냉소는 군에서 그를 오해하거나 부당한 처우를 하는 데 대한 반발심에서 나오는 것으로 보였다. 또한 그 냉소는 부패하고 무질서한 것으로, 그가 보고 있던 우리 사회를 비판 또는 백안시하는 데서 나오는 것으로 보이기도 했다.

그는 가까운 친구가 별로 없었다. 상하 관계상 자신을 존경하는 추종자는 있었겠지만 서로 동등한 입장에서 친구가 되고 상호 신뢰와 존경으로 협조하여 공동 목표를 달성한다는 개념은 많이 결여되었던 것 같다. 이런 점은 그가 흉금을 터놓고 자기 자신을 露呈(노정)하지 못하는 성격에서 연유한 것인지는 모르나 그보다는 그의 비범한 영웅심이 사회 생활에서 자기 소외를 가져온 것으로 나는 보았다〉

핏발이 서다

1961년 1월 12일 육군본부 본청 2층 정책회의실에서 개인 보안심사위원회가 열렸다. 군 방첩 기관에서 적색, 혹은 회색으로 분류해 온 군인들에 대한 사상적 성분 검토를 하여 '전역', '無辜(무고)' 판정을 내리기 위함이었다. 이 위원회는 甲班(갑반)과 乙班(을반)으로 나뉘어져 갑반은 중령 이상 장교들을 다루고, 을반은 그 이하를 취급했다.

갑반 위원회의 구성은 참모차장을 비롯한 작전, 군수, 관리참모부장, 육군방첩대장, 그리고 1, 2군 사령부의 보안 책임자였다. 1958년부터 방첩대의 전신인 특무부대에선 사상 성분에 문제가 있는 장교들에게 비밀 취급 인가를 취소하고 전역시키는 案(안)을 상부에 건의해 왔다. 여기에 해당하는 장성급 인사는 두 사람이었는데 그중 한 사람이 박정희였다. 미군이 박정희를 내몰려고 하는 가운데 이 보안 부적격자 처리 문제가 재론되었다. 이날 비밀회의는 '박정희 소장에 대해서, 좌익전력자로서 비밀 취급 인가를 받기엔 부적절하다고 판단하여 예편시키기로 결의했다' 고 이낙선은 5·16 직후에 쓴 手記(수기)에서 주장하였다.

〈이 결의가 즉각 탐지됨으로써 혁명 촉진의 자극제가 되었다는 것은 전화위복이었다. 그 후의 이야기이지만 5·16 혁명이 일어나자 이틀 후에 육본에서는 모 처장의 제의로 개인 보안 심사를 재심의하여 박 소장의 거세를 위한 정책적인 조치이던 엉터리 결의를 무효화하고 관계 서류를 감쪽같이 지워 버렸으니 허무한 세상이랄 수밖에 없다〉

박정희는 광복 직후의 좌우익 對決期(대결기)에 좌익 모험을 한 것이 평생 꼬리표가 되어 그를 따라다녔다. 막판에는 이로부터 오는 강박관념이 그를 절박하게 혁명의 길로 몰아붙였다. 혁명이냐, 전역이냐의 시간싸움이기도 했다. 혁명 모의엔 박정희의 구국일념에 못지않게 이러한 개인적 이해관계도 걸려 있었다. 목숨을 던지는 일대 승부를 결단하는 데는 내면적인 요인에 못지않은 외부로부터의 압박이 작동했던 것이다. 박정희의 오랜 친구이던 具常(구상)은 당시의 박정희를 〈木瓜(목과)옹두리에도 사연이〉 란 自傳詩(자전시)에서 이렇게 그렸다.

〈歸路(귀로), 大邱(대구)서 만난 將軍(장군) 朴正熙(박정희)는 이미 눈에 핏발이 서려 있었다. 내가 避靜(피정: 가톨릭 용어로 묵상의 뜻)의 餘韻(여운)으로 화제를 灑落(쇄락)으로 몰고 가도 "해치워야 해"를 주정 섞

여 연발하며 鞭聲肅肅夜渡河曉見千兵擁大牙(편성숙숙야도하효견천병
옹대아: 일본 전국시대의 대결전을 노래한 한시의 구절. 그 뜻은 '말채
찍 소리도 고요히 밤을 타서 강을 건너니 새벽에 大將旗(대장기)를 에워
싼 병사 떼들을 보네' 이다)란 일본 詩吟(시음)을 되풀이해 불렀다. 40일
만에 돌아온 서울은 그야말로 북새통이었다. 4·19의 젊은이들은 몽둥
이를 들고 의정 단상을 점령하는가 하면 맨손 맨발로 휴전선을 넘어 북
한마저 해방한다고 아우성을 쳤다〉

2군 부사령관은 1개 소대도 동원할 수 없는 자리였다. 박정희가 직책
과 직권에 의존하여 쿠데타를 계획하는 사람이었다면 그를 2군 부사령
관으로 보내는 것만으로 後患(후환)을 제거했다고 볼 수 있었다. 박정희
는 국가개조에 대한 공감과 자신의 인격을 바탕으로 하여 인맥을 구축
한 것이지 직책에서 나오는 영향력을 바탕으로 한 사람이 아니었다. 그
런 박정희에게는 2군 부사령관이란, 실권이 없는 대신 시간이 많은 자리
가 오히려 혁명 모의에 적합했다.

2군 참모장은 만주군 시절부터의 친구인 이주일 소장이었고 대구에
이웃한 영천의 정보학교장은 박정희가 군에서 추방되어 불우한 나날들
을 보내고 있을 때도 그를 따랐던 육사 2기 동기인 한웅진 준장이었다.
이 두 사람은 4·19 이전의 이승만 타도 쿠데타 모의 때부터 가담하였
다. 한웅진은 박정희와 함께 포섭 대상자들을 고르기도 했다. 그는 박정
희의 '인물 지식'에 놀랐다고 한다.

"이 친구는 입이 가벼워. 이 친구는 ○○○ 사람이야. 이 사람은 가만
히 놓아두어도 우리 편을 들 사람이니 굳이 포섭할 필요가 없어."

박정희는 이런 식으로 장교들의 특성과 자질을 줄줄 꿰고 있더라고 한

다. 인간에 대한 好(호), 不好(불호)를 좀처럼 드러내지 않았던 박정희이지만 그는 예리한 인간 관찰을 해왔고 혁명 조직을 짜는 데 그 축적된 지식이 한몫을 했다. 공자는 '지식'을 '인재를 알아보고 적재적소에 쓰는 능력'이라고 요약했다. 박정희는 주변에 다양한 인물들을 모아서 그들의 능력과 개성에 맞는 일을 맡길 줄 아는 눈을 가진 사람이었다.

그는 박종홍과 같은 철학자와 金正濂(김정렴) 같은 모범생과 이후락 같은 智謀人(지모인)과 김형욱과 같은 거친 인물을 상호 모순 없이 쓰고 부렸다. 그를 두고 '청탁을 함께 들이마신 사람, 그러나 자신의 혼을 오염시키지 않은 사람'이라고 평하는 것도 사람을 다루는 안목의 다양성과 깊이를 의미하는 것이다. 그는 나라를 뒤집고 새로 세우는 일에는 정직하고 성실한 사람만 있어서는 일이 이루어지지 않는다는 것을 잘 알고 있던 사람이었다.

전략과 정보에 밝은 박정희는 5·16을 계획하는 데 있어서도 그 작전의 원리를 적용했다. 서울에 소재한 정권의 사령탑을 기습하여 그 기능을 일거에 마비시키는 집중의 원칙이 그것이었다. 장면 총리의 체포와 방송국 및 육군본부의 점령이 쿠데타 작전의 핵심이었다. 박정희는 또 이 쿠데타가 군부 내의 일파에 의한 반란으로 규정되면 작전 지휘권을 쥔 미군에 의해서 손쉽게 진압될 것이라고 판단했다. 이를 위해서는 육군 참모총장이 지휘하는 全軍(전군)의 거사라는 간판을 걸어야 했다. 이 때문에 참모총장을 포섭하지 않을 수 없었다.

그런데 최경록 총장은 박정희에게 비우호적인 인물이었다. 박정희는 자신이 조종할 자신이 있다고 판단한 장도영 2군 사령관을 총장으로 밀려고 했다. 1960년 말 박정희는 한웅진과 張坰淳(장경순·국회 부의장,

농림부 장관 역임) 준장을 방첩부대장과 9사단장으로 보내 비밀의 누설에 대비하고 수도권에서 병력을 동원하는 데 쓰려고 인사 운동을 했으나 실패했다.

5·16의 결정적인 요인은 장도영과 박정희의 인간 관계였다. 나이는 여섯 살 아래인 직속상관 장도영은 박정희의 磁場(자장) 안에 들어 있었다. 장도영의 박정희에 대한 높은 평가와 그 자신의 정치적 야망이 뒤섞인 결과라고도 볼 수 있는 이 숙명적 관계는 권력을 놓고 벌이는 게임에선 피해자와 가해자로 갈리게 마련이었다.

육군참모총장

박정희가 권력을 장악하는 데 극복해야 할 두 사람은 5·16 당시 육군참모총장 장도영과 총리 장면이었다. 두 張 씨는 공통점이 있었다. 유복한 집안에서 태어나 좋은 교육을 받고 자랐다. 둘 다 정치적이었지만 성격이 온순하고 남에게 피해를 주는 일을 잘 하지 못했다. 정상적인 사회에선 좋은 관리자가 될 수 있는 사람들이었지만 亂世(난세)에서 박정희와 같은 奸雄(간웅)을 만나면 적수가 될 수 없었다. 박정희는 혁명 모의와 실행 과정에서 장도영을 이용하여 장면을 무력화시키는 전략을 썼다. 두 장 씨를 한꺼번에 보내 버리는 방법이었다. 장도영은 회고록에서 '나와 박정희의 다른 점'을 언급했는데 이는 장도영과 같은 인간형이 왜 박정희한테 당할 수밖에 없었는가를 짐작케 해준다.

〈나는 평안북도 용천에서 태어나 어렸을 때 비교적 부유한 환경에서 자랐다. 청소년 학도시절에는 성실하고 근면하게 공부한 일도 없고, 자율과 자제도 많이 부족했던 것이 나의 생활 모습이었다. 나는 규율과 단련이 결여되었다. 박정희 장군과 나는 상통하여 친밀해질 수 있는 요소도 있었지만 대조적인 요소가 더 많았다. 서로 흉금을 털어놓고 지내는 사이는 아니었다. 육군의 육성 방안에 대해서도 생각이 달랐다. 나는 미군에서 本(본)을 떠서 우리에게 맞게 적응해 나가려고 생각했는데 그는 일본 군대에서 더 많은 것을 얻을 수 있다고 생각했다. 군의 편제와 훈련 교육에 관한 논의가 나오면 일본 군대에 관한 예를 많이 들었다.

그는 또 술을 좋아했다. 술 마시고 울분을 토하고 그의 무인 기질과 영웅심을 적나라하게 나타내곤 했지만 나는 술이 몸에 맞지 않아 많이 못하고 또 호언장담도 할 줄 모르는 성품이라 한 부대에서 같이 근무하면서도 허물없는 술좌석을 같이 해본 일이 거의 없다. 우리는 물욕적 부패를 혐오했고 청빈을 군인의 자랑으로 삼았다. 무엇보다도 우리의 관계를 가깝게 한 것은 그에 대한 나의 깊은 동정이었다〉

박정희는 사람 좋은 이 장도영 장군을 바람막이로 이용한다. 박정희는 대구에서 자주 서울로 올라왔다. 어느 날 그는 청계천변에 있는 단골 요정 '봉우리'에서 김재춘 6관구 참모장을 불러냈다. 박정희는 교제 범위가 넓고 활달한 김재춘 대령에게는 마음 편하게 대했고 생계나 돈과 관련한 문제로 신세를 많이 졌다. '봉우리'에서 박정희는 술을 마시곤 항상 외상으로 달아 두었는데 이것을 갚는 일은 김 대령의 몫이었다. 이날 박정희는 김재춘에게 이런 말을 했다.

"우리가 혁명을 하는 데는 장도영 장군을 참모총장으로 앉혀야 유리해. 참모장이 政界(정계)에 힘을 한번 써봐."

김재춘이 듣기엔 장도영 장군도 이런 로비에 대해서 허락을 한 것 같았다. 김재춘은 박정희 2군 부사령관과 이주일 참모장이 함께 장도영 2군 사령관을 설득하여 참모총장 추대 공작을 하는 데 양해를 얻었다고 본 것이다. 김재춘은 서울 지구를 관할하는 6관구에서 참모장으로 오랫동안 근무하여 정치인들을 많이 알았다. 그는 우선 명동 메트로호텔 안에 있던 민주당의 실력자 吳緯永(오위영) 의원을 찾아갔다. 김재춘은 "나라가 위기에 처했을 때는 군대의 역할이 매우 중요한데 장도영 장군이 책임감이 강하고 소신이 있습니다. 참모총장으로 밀어 주십시오"라고 했다. 오위영 의원은 군내 사정엔 어두웠고 김재춘의 말을 믿었다. 그는 "장 장군을 한번 만나보자"고 했다.

1961년 1월, 김재춘의 연락을 받은 장도영 2군 사령관은 대구에서 군용기로 여의도 비행장에 도착했다. 전속 부관 김동수 소령을 데리고 왔다. 김재춘은 장도영만을 안내하여 오위영 의원을 찾아갔다. 장도영 장군은 모자를 벗더니 오위영에게 큰절을 했다. 오위영 의원은 점잖게 물었다.

"이야기를 많이 들었습니다. 그럼, 군 창설 당시부터 있었습니까?"

"예, 그렇습니다."

"전번 4 · 19 혁명 때 우리 군은 중립을 잘 지켜 주어 얼마나 고마웠는지 모릅니다. 앞으로도 군이 중심이 되어 이 난국을 잘 끌고나가야 할 텐데 말입니다."

"물론입니다. 저희들은 군을 잘 결속시켜 충성을 다하겠습니다."

"지금 여러 사람들이 참모총장 물망에 오르고 있는 모양인데 참모장이 하도 이야기를 많이 해서 이렇게 뵙게 된 것입니다."

며칠 뒤 오위영 의원이 김재춘을 부르더니 이렇게 충고해 주었다.

"아무래도 장면 총리는 여러 사람 눈치를 봐야 하는 것 같은데… 朴順天(박순천) 의원 알지요? 그분한테 한번 찾아가서 이야기하고 장 장군도 모시고 가서 선을 보이시지요."

김재춘은 장도영을 모시고 서대문구에 있던 박순천 의원 집을 찾아갔다. 박순천 의원도 인상이 좋은 장도영에게 호감을 갖게 되었고 장면 총리에게 장도영을 총장으로 추천했을 것이라는 게 김재춘의 추측이다. 장면 총리가 장도영을 참모총장으로 임명하는 데 있어서 오위영, 박순천 두 의원의 말을 어느 정도 참고했는지는 알 수 없다. 김재춘에 의한 '운동'이 결정적인 요인이 아니었음은 확실하다.

당시 국방장관은 현석호. 장면 1차 내각의 초대 국방장관으로 임명되었다가 한 달도 못 되어 물러났던 현석호는 1961년 1월 30일 민주당 내각의 제3차 개각 때 다시 국방장관으로 기용되었다. 현석호는 16인 사건 등 이른바 하극상 사건으로 어수선한 군내의 기강을 바로잡기 위해선 최경록 총장을 바꾸어야겠다는 판단을 내리고 장면 총리한테 건의하니 장면 총리도 동의해 주었다.

현석호 장관은 우선 매그루더 미 8군 사령관과 만나 이 문제를 협의했다. 이승만 정부 때부터 육군 참모총장의 인사에 대해선 미 8군 사령관과 사전에 협의를 해왔다. 매그루더 사령관은 "불과 몇 달 전에 최경록 장군을 총장으로 임명했는데 왜 또 바꾸려고 하는가"하고 반대했다. 현석호 장관은 "현 시점에선 과단성 있는 총장이 있어야 겠다"면서 "나는 우리 군 장성들의 성분과 능력을 잘 모르니 사령관이 추천하는 대로 쓰겠다"고 말했다. 그랬더니 매그루더의 태도가 누그러졌다고 한다. 현 장관은 김종오 연참 총장, 이한림 육사 교장, 장도영 2군 사령관을 거명했다. 매그루더는 대뜸 "제너럴 장이 어떨까요"라고 했다. 현석호 장관은 장도영에 대한 선입견이 있어 선뜻 내키지 않았다고 한다.

〈장 장군은 자유당 때 이기붕, 박마리아에 너무 밀착되어 있다는 소문이 있었다. 심지어는 이기붕 씨의 양자라는 구설수가 많았다. 그러나 과거 일은 어쨌든 현재 일이 중요하다는 생각에서 나는 매그루더의 추천에 즉각 동의하였다〉(현석호 회고록《한 삶의 고백》)

李翰林의 경고

현석호 국방장관은 1961년 2월 초 장도영 2군 사령관을 불렀다.

"장 장군이 육군 참모총장을 맡아 주어야겠소."

장도영은 의외라는 듯이 이렇게 사양했다고 한다(현석호 회고록).

"3·15 부정선거 때 제가 2군 사령관이었고, 이기붕 씨와 가까웠다는 것을 군내에서 다 알고 있습니다."

배석하고 있던 禹熙昌(우희창) 정무차관과 金業(김업) 사무차관이 "장 장군! 모처럼 부탁이니 '예' 하고 받으시오"라고 거들기도 했다. 장도영 장군은 그 전에 여러 경로로 총장 운동을 했는데도 그런 태도를 보였다. 국회에선 李必善(이필선) 의원이 "특별법으로 처벌받아야 할 사람을 총장으로 임명한 것은 4·19 혁명 정신에 위배되는 일이 아닌가"하고 따졌다.

박정희가 '다룰 수 있는 인물'이라고 판단한 장도영 중장을 장면 총리가 육군 참모총장으로 임명한 것은 5·16 쿠데타를 스스로 부른 결정적인 인사였다. 많은 사람들이 예측했듯이 이한림 육사 교장이 총장이 되었더라면 5·16 거사는 전혀 다른 결말을 보았을 가능성도 있다. 이한림

은 장면, 현석호와 같은 가톨릭 신도였기 때문에 총장으로 유력시되었
으나 1군 사령관으로 전보되었다. 이한림은 만주군관학교와 일본 육사
유학생 때 박정희와 생활을 같이 한 동기였다. 청년 장교 시절부터 박정
희가 혁명을 꿈꾸고 있는 것을 가까이에서 지켜보았다. 성격이 단호한
이한림은 위기 때 장도영 중장처럼 처신할 인물이 아니었다.

　1군 사령관으로 부임한 직후 이한림이 서울에 들렀다. 부관이 오더니
"육사 군수참모부장 白文(백문) 대령이 집에서 기다리고 있습니다"라고
했다. 원주 1군 사령부로 돌아가는 길에 집에 들렀다.

　백 대령은 박정희 군수기지사령관 아래서 참모로 근무한 적이 있었
다. 그는 망설이더니 말을 꺼냈다.

　"박정희 장군이 군 사령관을 만나서 할 말씀이 있다고 합니다. 시간을
내주셔야겠습니다."

　이한림은 '예상한 대로 그 이야기구나' 하는 생각이 들었다. 그는 정
색을 하고 말했다.

　"무슨 이야기인지 짐작이 가는 일이니 만나나 마나요. 그러니 내 말을
박 장군에게 전하도록 하시오. 박 장군이 지금 쿠데타를 하려고 하는 모
양인데 하지 말라고 하시오. 민주 정치가 선 지 1년도 안 되었는데 이를
도와야지 딴 생각을 말라고 하시오. 그리고 쿠데타를 용납할 수 없다고
전하시오."

　이한림은 따끔하게 주의를 주고는 일어서서 비행장으로 향하면서 '서
울에 있는 여러 정보기관이 적절히 대처하겠지'라고 생각했다는 것이다.
20년 친구 박정희를 스스로 고발할 생각은 나지 않았던 것이다. 박정희
가 대구로 내려간 뒤 본격적으로 쿠데타 계획을 짜고 있을 때 서울의 김

종필 중령(당시 육본 첩보부대 행정처장)은 위기를 맞고 있었다.

1961년 2월 초 김 중령, 석정선 중령이 헌병대에 붙들려가서 구속 수사를 받기 시작했다. 1960년 말에 일단락된 16인 항명 사건이 재조사되면서 김, 석 두 중령이 '숨겨진 주모자'로서 체포된 것이다. 이 재조사가 이루어진 것은 16인 사건의 표면상 지휘자인 육사 7기생 金東馥(김동복) 대령이 파면된 뒤 '우리의 배후엔 박정희, 김종필이 있다'는 요지의 폭로 문선을 군 낭국뿐 아니라 총리실에까지 돌렸기 때문이었다.

김동복 대령은 육본 전사감실 전사과장이었다. 그의 보좌관은 김형욱 중령. 배짱이 두둑하고 말솜씨가 좋은 김 대령 방은 4·19 이후엔 불평 분자들의 집합소가 되었다. 이른바 항명 장교 16인 가운데 한 사람이었던 韓周弘(한주홍) 대령은 육본 작전참모부 기획예산과장이었다.

"매일 수십 명의 영관급 장교들이 김동복 대령 방을 들락날락하면서 불평을 터뜨리고 있었습니다. 특히 김종필 중령은 하루도 빠짐없이 이곳에 나타났습니다. 데모로 날이 새고 날이 지는 시국과 부패하고 무능한 군 상층부를 비난하다가 '그러면 어떻게 하지'란 話頭(화두)로 발전합니다. 강경파는 '뒤집어버리자'는 말을 하고 온건파는 '그게 쉽게 되나'라고 반박합니다. 장면 총리가 減軍(감군) 방침을 발표한 뒤로는 영관급 장교들의 불만과 불안은 더욱 높아갔습니다."

감군이 되면 군대를 떠나야 할 사람들 가운데는 육사 5~8기 출신의 고참 영관들이 많았다. 특히 육사 8기 출신 장교들은 "6·25는 우리가 소모품 소대장, 중대장이 되어 지켜 낸 전쟁인데… 전쟁이 끝난 뒤에는 8년이나 중령 계급장을 달게 해놓고 이제 와서 집에 가라니, 이런 대우를 할 수 있나" 하는 울분으로 부글부글 끓고 있었다.

한주흥 대령은 6·25가 터졌을 때는 중대장으로서 8기 출신 장교들을 소대장으로 여섯 명을 받아 썼다. 전쟁이 끝날 때 보니 생존자는 한 사람뿐이었다. 민주당 정부가 출범했을 때 육본에만 해도 감군 대상자로 꼽힌 영관 장교가 100명을 넘었다고 한다.

김동복 대령은 1960년 9월 24일 오전 육본의 영관급 장교들 수십 명을 이끌고 연참 총장 최영희 중장을 찾아갔다. 출발할 때는 10여 대이던 지프가 도착해보니 다섯 대로 줄어 있었다. 한주흥 대령은 김종필, 석정선, 김형욱 중령을 불러서 "너희들은 빠지는 게 좋겠다. 너희들까지 구속되면 누가 뒷일을 책임지겠나" 하고 타일러 육본으로 돌려보냈다고 한다.

김동복 대령은 최영희 중장에게 용퇴와 정군의 필요성을 건의했다. 최영희 장군은 이들 장교를 잘 타일러서 보냈다고 생각했는데 다음날 이 사실이 신문에 났다. 헌병대가 수사에 착수하여 16명 장교들을 모두 중앙징계위원회에 넘겼다. 최영희 장군도 증인으로 나와서 선처를 요청한 때문에 김동복 대령 등 세 명만 정직 3개월과 감봉 처분을 받고 나머지 장교들은 근신 처분을 받았다.

16인 장교들은 '일은 똑같이 했는데 왜 처분이 이렇게 다른가' 하며 또 시비를 걸어서 불복, 모두 군법회의에 넘어가기를 자원했다. 16인 중에는 법률에 밝은 李錫濟(이석제) 중령 같은 장교들이 있어 공판 중에 재판부 기피 신청 등 끈질긴 법정 투쟁을 벌였다. 요사이 기준으로는 운동권 같은 집단행동이었는데 재판부는 김동복 대령을 제외한 전원에게 무죄를 선고했다. 김동복은 불경죄로 파면 및 1년간의 집행유예 처분을 받았다. 김동복은 군복을 벗은 뒤 혼자서만 억울하게 당한다고 생각했는지, 아니면 동료들이 자신을 섭섭하게 대한다고 생각했는지 김종필과 석정선을 물고 들어가는 폭로를 하고 나온 것이다.

그 결과 김종필과 석정선은 헌병대 감방에 갇혔다. 마루 틈으로 찬바람이 새어 들어와 모포를 네 장이나 포개 놓고 잤다. 헌병대에선 그들을 잡아넣어 두고는 조사도 하지 않고 날을 보냈다. 그러던 중 헌병감 曺興萬(조홍만) 준장이 김종필을 찾아왔다.

金鍾泌, 군복 벗다

헌병대 감방에서 수염이 검게 자란 김종필 중령에게 조홍만 헌병감이 말했다.

"자네, 자진해서 사표를 내주어야겠어."

"못 냅니다. 군법회의에 넘기십시오. 법정에서 남길 말을 다 하고 나가겠습니다. 국민들에게 호소하고 싶은 것이 많으니 다 털어놓겠습니다."

"지금까지 자네들이 저지른 일들은 다 군을 사랑해서 한 것이라고 이해를 하네. 그래서 많은 선배 장군들이 군복을 벗고 나간 것 아닌가. 이제는 정군 문제 같은 것은 총장님에게 맡기고 군대가 조용해져야 돼. 그러니 자네가 나가주어야겠어. 그러면 이 사건도 불문에 부치겠어."

"그래도 못 냅니다."

"그러면 박정희 장군이 편치 못하게 되네. 자네들이 박 장군을 업고 혁명한다면서."

"한번 알아보십시오. 제가 지금 여기 들어앉아 있는 것도 모르시고 있습니다."

"내가 부하들을 다 동원하여 뒤지면 얼마든지 박정희 장군을 집어넣을 수 있어. 자네가 정말로 박 장군을 존경한다면 조용히 군복 벗고 나가. 자네만 나가면 박 장군 문제도 덮어 두겠어."

김종필은 "생각해 볼 시간을 달라"고 했다. 한 40분 생각해보다가 그는 사표를 쓰는 길을 선택했다. 1961년 2월 15일 김종필과 석정선 중령은 자진 예편 형식으로 13년간 입었던 군복을 벗었다. 김종필이 감방에서 풀려나 집에 가니 동기생들이 와 있었다. 그들에게 김종필은 "이제는 시간이 많을 테니 좀 뛰어다녀 보겠어"라고 했다.

닷새 뒤인 2월 20일 김종필은 형 金鍾珞(김종락)에겐 "삼촌한테 가서 용돈이나 뜯어와야겠다"고 말한 뒤 대구로 내려갔다. 조카사위로부터 저간의 사정을 전해들은 박정희는 깜짝 놀랐다.

"이거 안 되겠군. 이래 가지곤 안 돼. 나도 결심을 할 때가 된 거야. 그동안 그 날이 멀지 않았다고 보고 나대로 준비는 해왔어. 서울 사정은 어떤가."

"서울 주변에 있는 예비사단을 동원할 정도는 되어 있습니다."

"나도 전방의 2개 사단 정도는 동원할 수 있도록 해놓았어. 조용히 본격적으로 추진하자."

김종필 전 총리는 자신의 예편이 5·16 준비를 본격화시켰다고 말한다. 군복을 벗으니 홀가분한 마음에서 거사 준비에 집중할 수 있었다는 것이다. 그는 "그 전에는 구상 단계였고 사실상의 준비는 내가 군복을 벗고 뛴 석 달 동안에 이루어진 것이다"고 말했다. '5·16은 나의 작품'이란 자의식이 강한 김종필의 이런 시각에 대해 박정희 측근에선 "5·16

때 서울로 들어온 해병대, 공수단, 6군단 포병단, 5사단 병력은 모두 박정희 장군이 직접 포섭한 부대였다"면서 '박정희의 충실한 작전참모로서의 김종필'로 보아야 한다는 주장을 한다.

박정희가 말한 '동원 가능한 전방 2개 사단' 중 하나는 채명신 준장이 사단장으로 있던 5사단이었다. 채 준장은 박정희가 육사 중대장일 때 생도였고, 1군 참모장일 때는 그 밑에서 작전참모로 있었다. 개혁엔 의기투합하는 사이였다. 채명신은 5사단장으로 부임하여 사이비 기자들의 등쌀에 시달리면서 시대의 모순에 울분이 쌓여 가고 있었다.

당시 영외 거주를 하는 장교들과 하사관들은 땔감을 사는 데도 많은 부담을 느끼고 있었다. 채명신 사단장은 일요일엔 전 장교, 하사관들을 부부 동반으로 집합시켜선 도시락을 싸들고 산으로 땔감을 찾으러 갔다. 꼭 소풍 가는 기분이었다. 이것이 기자들에 의해서 '사단장 이하 장교들이 군용트럭을 이용하여 나무를 해서 팔아먹는다'로 왜곡되는 바람에 상부에서 나온 감찰반의 조사를 받기도 했다.

물을 먹여서 납품한 소를 적발하여 업자를 혼내주었더니 이들이 상부에 투서를 하여 또 조사반이 내려왔다. 채명신은 하루가 멀다 하고 내려오는 조사에 진절머리가 나면서 '4·19로 얻은 자유가 이런 것이란 말인가' 하는 회의가 생겼다고 한다. 이런 채명신은 박정희가 대구에서 서울로 올라오면 육본의 장경순 준장, 청주 37사단장 金振暐(김진위) 준장과 함께 자주 만나 울분을 터뜨리기도 했다.

"이거 무슨 조치가 있어야지 이러다간 빨갱이한테 먹히는 게 아닌가 몰라."

이런 걱정을 함께 나누던 박정희 소장은 1961년 새해에 들어서면서는 대구에서 경비행기를 타고 직접 5사단을 찾아오곤 했다. 사단 비행장에서 만나 잠시 잡담을 하다가 돌아가곤 했다.

"이대로 앉아서 빨갱이들한테 당할 수는 없소. 그렇잖소, 채 장군."

어느 새 두 사람의 대화 중에는 '쿠데타'란 말이 섞이기 시작했다. 채명신 준장은 그러나 기름을 넣기 위해서 잠시 기착한 박정희가 순수한 우국충정을 털어놓는 것이라고 생각하고 있었다. 2월 초순 어느 날이었다. 채명신은 박 장군으로부터 전화를 받았다. 착 가라앉은 목소리였다. 비행장에 나가니 황량한 활주로로 인해 더욱 춥게 느껴졌다. 박정희가 탄 L-19 경비행기가 착륙 선회를 하고 있었다. 채명신은 박정희를 비행장에 있는 비행대장실로 안내했다. 박정희가 무겁게 말을 꺼냈다.

"이젠 방법이 없습니다. 개혁하지 않으면 북괴에 먹히고 맙니다. 일단 우리 군부가 주동이 돼 하루빨리 개혁의 길로 나가야 합니다. 벌써 8기생들 중엔 많은 움직임이 있소. 청년 장교들은 거사 시기를 앞당겨야 한다고 하는데 채 장군 생각은 어떻소."

"안 됩니다. 쿠데타를 논의하는 건 해방 이후 처음일 겁니다. 신중해야 합니다. 한국군이 미군 지휘하에 있다는 걸 잊어선 안 됩니다. 자칫 했다간 미군과 충돌할 우려도 있습니다. 차라리 미국도 장면 정권 가지고는 안 되겠다고 생각할 때까지 기다리는 게 어떻습니까."

"역시 장군이라 신중하오. 젊은 장교들이야 혈기만 왕성해 가지고…."

"다음달부터는 우리 사회가 또 시끄러워질 겁니다. 4·19 발발 1주년에 즈음해선 과격한 데모가 일어날 겁니다. 그렇게 되면 자연히 조건이 성숙되는 게 아니겠습니까."

"그렇겠군. 시기는 차후에 의논하도록 합시다."

박정희의 포섭은 이런 식으로 진행되었다. 사전에 시간을 두고 자주 만나 잡담을 하는 척하면서 상대의 시국관을 확인한 다음 결정적인 말을 꺼내는 것이었다.

공공연한 '혁명 모의'

1군 사령부 작전처장 李秉衡(이병형) 준장은 1961년 4월 초 미국으로 미사일 관련 교육을 받으러 가기 위해 이한림 사령관에게 인사를 하러 갔다. 이한림 사령관은 뒷짐을 지고 창밖을 바라보면서 이렇게 말하는 것이었다.

"글쎄, 박정희가 군사 혁명을 한대."

'이런 중대한 시기에 작전참모가 자리를 비우면 어떻게 하나' 하는 뜻이 담긴 말이었다. 이병형 준장의 직속 부하로 있던 작전처의 육사 8기 출신 네 과장 曺昌大(조창대), 嚴秉吉(엄병길), 李鐘根(이종근), 沈怡燮(심이섭) 중령은 몽땅 김종필 측에 포섭이 되어 있었다. 이런 사실을 몰랐던 이병형 준장도 '박정희 장군이 쿠데타를 꾸미고 있다'는 말을 듣고 있었다. '박정희에 의한 혁명 모의'는 장교들 사이에선 공공연한 비밀이었다. 문제는 그런 '반란 모의'에 대해 들은 많은 장교들이 신고도 하지 않고 속으로는 '성공해야 할 텐데'라고 생각하고 있었다는 점이다.

당시 2군단장은 민기식 중장. 그는 민주당 구파 徐珉濠(서민호) 의원이 6·25 전쟁 중 현역 장교를 사살한 사건의 군사재판장을 맡았던 이였다. 이승만 대통령으로부터는 '사형 선고를 내려라'는 압력이 왔지만 정의감이 강한 민 장군은 무기징역을 선고하곤 피신해 버렸다. 이런 인연으로 해서 민기식 군단장에게 인사차 찾아온 서민호 부의장을 환영하는 술자리가 있었다. 2군단 소속 사단장들과 대령들이 참석했다. 이 자리에 있었던 12사단 부사단장 鄭昇和(정승화·육군참모총장 역임) 대령의 기억에 따르면 한 대령이 서민호에게 직설적으로 말하더라고 한다.

"지금 후방에서 일어나고 있는 작태를 보니 머지않아 우리나라는 공산화가 될 것 같군요. 그렇게 되면 우리 군인들이 제일 먼저 맞아죽을 테니 살기 위해서라도 쿠데타를 해야겠습니다."

서민호는 이런 요지의 대답을 했다고 한다.

"쿠데타는 원래 최후 수단으로 하는 겁니다. 나라를 구하는 길이 그것밖에 없다는 판단이 섰을 때 하는 거지요. 그러나 우리나라는 지금까지 자유당과 민주당 신파가 다스리면서 망쳐 놓았는데 나 같은 구파는 아직 健在(건재)하고 있어요. 우리 구파가 정권을 잡고 일하는 것을 보아야지요. 구파까지도 안 되겠다 싶으면 그때 해도 늦지 않아요."

12·12 사건 때 계엄사령관이었던 정승화 장군은 "5·16은 국민과 군인들의 지지를 업고 당당하게 혁명이라고 선언한 쿠데타였고 12·12는 합법을 위장한 반란이었다"고 비교했다. 박정희 장군은 모의 단계부터 거사를 혁명이라 성격 규정했다. 5·16이 성공한 다음 이한림 장군 등 혁명에 반대했던 장군들, 즉 불법인 혁명을 합법적으로 진압하려고 했던 사람들이 '反(반)혁명'이란 죄목으로 재판을 받았다. 혁명의 본질이 기존 헌법 질서를 무효화하고 새로운 질서를 창출하는 것이기에 이런 '세상 뒤엎기'가 가능했던 것이다.

반면에 민심과 軍心(군심)을 업지 못한 12·12 사건의 주역들은 '우리는 혁명을 했다' 고 당당하게 밝히지 못하고 '우리의 행동은 불법이 아니었다' 는 변명조의 守勢的(수세적) 입장을 취하다가 법률의 해석권을 가진 정치 권력이 바뀌자 감옥으로 가게 되었다.

1961년 봄으로 접어들면서 장교들이 부대 내 식당에 모여 앉아 식사를 하면서 대놓고 "야, 박정희 장군이 쿠데타를 한대"하는 말들을 할 정도였다. 모의자 가운데서는 이런 분위기에 고무되어 '우리가 박정희 장군을 모시고 혁명을 준비하고 있으니 참여하라' 는 식으로 광고를 하고 다니는 이들도 생겼다. 어쨌든 민심과 맞물려 있는 군심은 反정부 쪽으로 크게 선회하고 있었다. 이런 분위기 때문에 박정희의 모의는 여러 번 누설되었으나 적극적으로 신고하려는 사람이 적어 보호를 받을 수 있었다. 이 무렵 김종필과 함께 혁명 모의에 핵심적으로 참여하고 있던 이석제 중령(당시 육본 군수참모부 근무)은 이렇게 말했다.

"나는 민심 동향을 살피기 위해서 무교동의 술집에 자주 들렀다. 기자들과 중견 회사원들이 단골인 술집이었다. 내가 군복을 입고 나타나면 술에 젖은 기자들은 농담을 하곤 했다. '이러다 나라가 망하겠소' 로 시작되는 농담 속에 은근히 군부 거사를 부추기는 言中有骨(언중유골)의 메시지가 들어 있었다. 민심이 완전히 돌아서고 있다는 자신감을 가질 수 있었다."

이런 공공연한 포섭 공작이 진행되는데 육군 방첩대가 모를 리가 없었다. 박정희 2군 부사령관과 至近(지근) 거리에 있었던 사람은 2군 사령부 방첩부대장 李熙永(이희영) 대령이었다. 박정희가 2군 부사령관이 되어 대구로 내려오는 것과 동시에 방첩대장 朴昌錄(박창록) 준장으로부터 그에게 '박정희를 엄중 감시하여 1주일에 한 번씩 동태를 보고하라'는 지시가 떨어졌다. 이 대령은 '또 사상 문제로 그러는구나'라고 생각하고는 대수롭게 여기지도 않았다. 이희영은 또 박정희와 인연이 오래였다. 1954년 박정희가 2군단 포병사령관일 때 이희영은 군단 파견 특무대장이었다. 훗날 장도영 일파 反혁명 사건의 주모자로 몰렸던 李晦榮(이회영) 대령은 군단 병기참모였다. 두 이 씨는 육사 5기생으로서 박정희가 육사 중대장일 때 생도였으니 일종의 사제 간이었다. 박정희는 이 두 후배들을 데리고 개고기를 안주로 막걸리 잔을 자주 기울였다. 이희영은 계급을 떠나서 스스럼없이 지냈던 그 박정희를 부사령관으로 다시 모시고 있었다. 1961년 1월 어느 날 박정희가 이희영을 관사로 부르더니 편지봉투를 내놓으면서 꺼내 보라고 했다.

육영수가 써 보낸 편지와 함께 군고구마 장수 사진이 들어 있었다. 박정희는 "이 자들이 나를 빨갱이라고 감시를 붙여 놓고 있는 모양인데 이 대령이 방첩대에 이야기를 해서 이런 일 안 하도록 해주시오"라고 간청하듯 말했다. 이희영은 서울로 올라와서 방첩대장 박창록 준장에게 건의했다고 한다.

"정 위험한 인물로 보이거든 옷을 벗기시죠. 그러지 않고 장성을 내놓고 감시하는 것은 좋지 않습니다."

박창록 준장은 "우리가 하고 싶어서 하는가. 위에서 시키니까 하는 거지"라고 했다고 한다. 육본 수뇌부를 지목하는 말이었다. 대구로 돌아온 이희영 대령이 박정희를 찾아가 박창록 준장과 나누었던 대화를 소개하면서 보고를 올렸다. 심각한 표정으로 듣고 있던 박정희의 반응은 약간 의외였다고 한다.

"흥! 저희들이 내 옷을 벗겨? 아마 저희들이 나보다도 먼저 옷을 벗게 될걸."

방첩대장에 혁명 권유

1961년 1월 하순 박정희 2군 부사령관은 2군 방첩대장 이희영 대령에게 "영천 정보학교에 함께 다녀오자"고 했다. 정보학교장은 한웅진 준상. 이 내령은 이때 모르고 있었지만 박, 한 두 사람은 자주 만나 거사 계획을 의논하고 있었다. 박정희는 영천을 오가는 차중에서 이희영을 한번 떠보려고 했다. 부사령관 승용차 안에서 박정희는 방첩대장 앞에서 할 화제가 아닌 정치 이야기로 始終(시종)했다.

"우리도 버마식 쿠데타를 해야 합니다. 그래야 나라를 구할 수 있는 것이오. 이 대령, 아시겠소. 우리도 버마식 쿠데타를 해야 한단 말입니다."

"버마식 쿠데타라니요. 그게 어떤 식의 쿠데탑니까."

"버마식 쿠데타란 군부가 정권을 잡은 다음에 일정 기간 통치하다가 민간 정부에 정권을 넘겨 주는데 민간 정부가 군의 의향대로 움직이지 않을 때는 다시 쿠데타를 일으켜서 정권을 잡는 것이에요."

이희영은 이 말을 듣고는 비로소 '박정희가 쿠데타를 모의하고 있는 것이 아닌가' 하는 느낌이 왔다. 이희영은 '방첩대장인 나에게 이런 이야기를 할 정도이면 장도영 사령관하고도 이야기가 된 것이 아닌가' 하는 생각도 했다. 그는 기회를 봐서 장도영 사령관이 쿠데타에 대해서 어떤 생각을 하고 있는지 알아보아야겠다고 생각하고 있는 사이 장 장군은 육군 참모총장이 되어 서울로 올라가고 최경록 참모총장이 2군 사령관으로 내려왔다.

박정희는 이 무렵 자신과 장도영의 관계에 대해서 증언한 적이 있다. 5·16 직후에 있었던 '장도영 일파 반혁명 사건' 재판의 증인으로 나온 박정희 최고회의 의장이 한 증언이 그것이다. 그 요지는 이랬다.

〈혁명에 관해서는 과거(편집자 注: 1960년 3·15 부정선거 직전 박정희가 이승만 정부를 뒤엎는 쿠데타를 모의할 때) 장 장군으로부터 실망을 느껴 보았으나 가까운 사이이고 하여 다시 그 이야기를 꺼내어 동조할 것을 권고했다. 어떤 때는 동조하는 듯하다가 또 반대도 하였으며 그 태도가 분명치 않아서 내가 생각하기에는 장 장군은 우리가 암만 설득해 보았자 선두에 나서서 일할 만한 결단성이 있는 사람은 아니지만 우리가 성공하여 같이 일하자고 하면 반대할 사람은 아니라는 판단을 했다. 장 장군이 참모총장이 되었을 때 나는 우리가 하고 싶은 대로 사람을 배치할 수 있어 잘 되었다고 생각했다. 나는 서울에 올 때마다 장 장군을 찾아가서 거사에 대한 이야기를 하였다. 그는 동조할 것 같기도 하다가는 구체적으로 따지고 들어가면 말머리를 돌려 회피하고 있었다〉

박정희가 군사 혁명을 준비하면서 '버마식 쿠데타'를 염두에 두고 있었다는 것은 주목할 만하다. 박정희는 김종필이 초안을 잡아온 5개항의 혁명 공약에 6항을 직접 써 덧붙였다. 그것이 '이와 같은 우리의 과업이 성취되면 참신하고도 양심적인 정치인들에게 언제든지 정권을 이양하고 우리들 본연의 임무에 복귀한다'는 문장이었다.

박정희는 정치인들에게 정권을 넘겨준 뒤에도 군대는 정치의 지배를 받지 않고 오히려 정치를 감독하는 大兄(대형)의 역할을 생각하고 있었다. 버마 이외에도 터키의 군부가 국가 이념의 수호자로 자처하면서 파당적인 정치가들을 감시, 감독하는 역할을 하고 있다. 터키 근대화의 아버지로 불리는 케말 파샤에 심취했던 박정희는 이로부터도 영향을 받았을 것이다. 박정희의 그런 생각은 조선 시대와 광복 이후 한국을 지배해 온 양반—문민 정치세력보다 군대가 더 실용적·애국적·자주적이며 선진된 집단이란 역사관을 반영하고 있었다.

박정희 근대화 이념의 핵심인 그의 역사관을 이해하지 못한 일부 학자들은 '박정희가 쿠데타로 정권을 잡았다는 자신의 약점을 은폐하기 위하여 경제발전에 주력했다'는 해석을 하고 있다. 박정희는 군사 혁명에 대한 그런 죄책감(또는 열등감)을 아예 가져 본 적이 없는 사람이다. 그는 조선조 양반 세력, 광복 후의 한민당, 자유당, 민주당 세력을 同類(동류)의 봉건적 정치세력으로 보았다. 《국가와 혁명과 나》에 이런 문장이 있다.

〈4·19 학생 혁명은 표면상의 자유당 정권을 타도하였지만 5·16 혁명은 민주당 정권이란 가면을 쓰고 망동하려는 내면상의 자유당 정권을 뒤엎은 것이다〉

박정희는 집권 후엔 군인이 일단 정권을 넘겨주면 내부 단결이 깨져 정치에 대한 통제력을 잃게 된다고 판단하고 군복을 벗고 대통령에 출마하는 쪽으로 선회하여 버마식, 터키식의 군부개입을 포기한다.

쿠데타 계획을 전반적으로 지휘하는 박정희 입장에서는 김종필을 중심한 8기 중령급 장교들로써만은 정권을 뒤엎는 행동이 불가능하다고 판단했다. 8기생들은 거의가 사단, 군단, 군사령부의 참모로 있었고 實兵(실병) 지휘관이 아니었다. 채명신 5사단장, 朴春植(박춘식) 12사단장, 朴致玉(박치옥) 공수단장, 文在駿(문재준) 6군단 포병단장 같은 수도권의 실병 지휘관들은 박정희가 육사 중대장으로서 가르친 육사 5기 출신들이었다. 이들 5기 그룹을 포섭하는 데 있어서 박정희의 대리인 역할을 한 사람이 당시 6관구 참모장 김재춘 대령이었다. 1961년 2월 하순 박정희는 서울로 올라오자마자 김 대령을 모 요정으로 불러 냈다. 여기서 두 사람은 중요한 합의를 했다고 한다.

'4·19 기념일에 학생 시위가 발생하면 정부는 수도권 부대를 진압 부대로 동원할 것이다. 그때 서울로 들어오는 이 부대를 혁명군으로 이용하여 서울 시내의 정부 기관을 접수해 버린다'는 시나리오였다. 진압군으로 위장한 혁명군이 합법적으로 서울 시내로 들어오기 위해선 4·19 그날 대규모 시위가 발생하여 정부가 위수령이나 계엄령을 편 다음 진압군을 동원해야 한다.

이 진압 작전 계획을 입안할 사람은 수도권을 관할하는 6관구 작전참모 朴圓彬(박원빈) 중령이었다. 육사 8기인 그는 이미 여러 가지 인맥을 통해서 박정희와 연결되고 있었다. 그를 작전참모로 데리고 온 김재춘 참모장, 자유당 말기부터 박정희와 혁명을 모의했던 유원식 대령, 그리고 육사 동기로서 김종필 그룹에 속해 있었던 옥창호, 김형욱 중령으로부터 '박정희 장군을 모시고 하는 혁명에 참여할 것'을 권유받고 있었던 것이다.

박원빈은 거사일엔 혁명군 출동 계획으로 둔갑할 이 폭동 진압 계획을 '비둘기작전'이라 이름 붙이고 세부 계획을 짜기 시작했다. 이 계획은 3단계로 되어 있었다. 1단계 폭동에 대해선 서울 시내 5개 헌병대로 대처한다. 시위가 2단계로 악화되면 서울 근교의 제30, 33사단과 제1201건설공병단 병력을 동원한다. 제3단계에선 야전군(1군) 산하의 1~3개 사

단을 서울로 불러들인다. 나중에 해병대와 공수단이 포섭되자 박원빈은
이들 부대도 동원 대상으로 계획에 집어넣었다.

朴致玉 공수단장

합법을 위장한 혁명군 출동 계획이 될 폭동 진압 '비둘기작전' 계획을
짜면서 6관구 작전참모 박원빈은 자신을 신임하는 6관구 사령관 서종철
소장을 속이는 일이 괴롭기도 했다. 참모장 김재춘 대령은 같은 혁명파
니까 이 작전 계획의 숨은 뜻을 알고 결재를 해주는데 서 사령관은 박
중령이 올리는 작전 계획서를 검토하고는 칭찬을 아끼지 않았다.

1961년 3월 6일부터 11일까지 이 작전 계획에 따른 훈련이 서울에서
실시되었다. 한강 백사장에 지휘소(CP)를 설치하고 도상 연습을 했다. 7
일 영등포 6관구 사령부로 박정희 2군 부사령관이 시찰을 나왔다. 서종
철은 박원빈으로 하여금 비둘기작전에 따른 상황 보고를 올리게 했다.
이 계획에 담긴 비밀에 대해서 알고 있는 두 박 씨는 의미 있는 문답을
주고받았다. 다른 사람들은 그 진정한 의미를 알 턱이 없는 문답이었다.

이때까지만 해도 박원빈은 직접 박정희로부터 군사 혁명 이야기를 들
어본 적은 없었다. 박정희는 보고회가 끝나자 서종철 사령관실로 들어
갔다. 박원빈이 따라 들어가서 "그동안 바빠서 찾아뵙지 못했습니다"고
인사했다. 박정희는 "곧 연락하겠으니 봅시다"라고 했다. 옆에 앉은 서
종철 사령관은 아무런 의심도 하지 않았다.

비둘기작전 계획에 의하여 서울로 들어올 30, 33사단과 김포 해병여
단, 공수단, 5사단, 그리고 이 계획에는 없었던 6군단 포병사령부의 지

휘부를 포섭하기 위한 공작이 거사 준비의 핵심이었다. 수백 명이나 되는 육사 8기생들은 수도권과 야전군 부대마다 작전참모 등 요직에 박혀 있었다.

6관구 사령부 작전참모 박원빈, 30사단 작전참모 李白日(이백일) 중령, 33사단 작전참모 吳學鎭(오학진) 중령, 6군단 포병단 대대장 申允昌(신윤창) 중령이 모두 8기생이었다. 박치옥 공수단장, 문재준 6군단 포병사령관은 육사 5기 출신이었다. 5·16은 대령급인 육사 5기와 중령급인 8기의 합작품이란 이야기를 들을 정도이다.

그때 국군엔 공수단이 하나밖에 없었다. 공수단장 박치옥 대령은 예비사단의 연대장으로 있을 때 장도영 육군참모총장 비서실장이던 安用鶴(안용학) 대령을 통해 인사 부탁을 했다. 안 대령은 박 대령과 장도영의 친구인 張益三(장익삼) 사장을 데리고 총장공관으로 갔다. 박치옥은 총장에게 말했다.

"저는 1사단, 9사단, 논산훈련소, 전주 예비사단만 돌면서 연대장만 하고 있습니다. 이제 보병 병과로서 갈 수 있는 곳은 공수단장뿐인데 꼭 좀 보내주십시오."

장 사장이 나서서 "야, 하고 싶다는데 한번 하게 해줘라"고 장도영에게 말했다.

"공수단장엔 강원채 대령을 보낼 생각이오."

장 사장이 또 거들었다.

"야, 강원채나 박치옥이나 똑같다. 강원채는 몸이 너무 커서 낙하산 못 탄다."

장도영은 마음을 바꾸었다.

"좋소. 한번 나가보시오. 그 대신 당신은 나에게 충성을 다해야 하오."

박치옥은 그 은덕을 잊지 않겠다고 다짐했다고 한다.

수도권 부대로서 쿠데타에 써먹기 좋은 공수단장에게 박정희 쪽에서 말들이 들어오기 시작했다. 어느 날 1대대장 金悌民(김제민) 중령이 찾아오더니 "길재호, 姜尙郁(강상욱) 중령이 찾아와서 박정희 장군 이야기를 하면서 집적거린다"고 보고했다. 박치옥은 "별명이 있을 때까지는 그들과 만나지 말라"고 지시했다.

박치옥은 육사 5기 생도 시절의 박정희 중대장을 기억하고 있었다. 박정희 중대장의 과묵함이 무언가 사람을 끄는 멋이 있었다. 육사에선 기합과 구타가 橫行(횡행)했다. 박정희는 그런 짓을 하지 않는 유일한 장교였다고 한다. 그가 주는 기합이란 것은 주말에 외출을 나갈 때 경례 연습을 하고 나가게 하는 정도였다. 한편으로 박치옥은 고향인 황해도에서 공산당에 붙잡혀 한 달간 고생한 적이 있었다. 공산당이 싫어서 월남한 그로서는 박정희의 좌익 전력에 본능적인 거부감을 갖지 않을 수 없었다.

오치성 대령과 옥창호 중령이 박치옥을 찾아왔다. 두 사람은 "박정희 장군이 한번 만났으면 한다"고 전했다.

"왜 나를 만나자고 하는지 한번 말해 봐."

"단장님이 생각하고 있는 그런 문제로 이야기하자는 것이겠지요."

박치옥은 쿠데타 문제로 이야기하자는 것으로 이해했다. 그래도 시큰둥해 있는데 김제민 대대장이 다시 오더니 "제 입장이 곤란합니다. 박 장군을 꼭 만나주십시오"라고 간청했다. 그 며칠 후 무교동에 있는 작은 술집으로 박정희를 만나러 갔는데 뜻밖에 육사 5기 동기생인 문재준 6

군단 포병사령관이 와 있었다. 김제민과 문재준은 그때 이미 박정희에게 포섭되어 있었다. 세 사람이 둘러앉아 술을 마시면서 오고간 대화는 대강 이러했다고 박치옥은 기억한다.

"동생, 안 할라나."

"뭘 말입니까."

"숙군해야 할 것이 아닌가."

"해야지요."

"우리 같이 해."

"각하가 중심입니까."

"장도영 장군을 받들고 한다."

"장 장군과는 어느 정도 이야기가 되어 있습니까."

"그분이 2군 사령관으로 있을 때 이야기가 되었다."

"그렇다면 더 이상 바랄 것이 없습니다."

이야기가 잘 되어 술판이 벌어졌는데 박치옥이 이런 건의를 했다.

"장도영 총장과의 연락은 제가 맡겠습니다."

박치옥은 이때 박정희와는 同床異夢(동상이몽)이었다. 그는 장도영 총장을 추대한 쿠데타를 상상하고 있었던 것이다. 박정희는 "장 장군과의 연락은 가급적 내가 하겠다"고 했다. 박치옥은 장도영을 추대하여 쿠데타를 하겠다는 의논을 장도영과는 한 적이 없었지만 박정희가 "장 장군을 받들고 한다"는 말을 하니까 마음이 가벼워졌다는 것이다.

박치옥은 장도영이 군사 혁명을 지원하고 있는 줄 알고 모의 과정에 참여한 경우이다. 박치옥은 옆자리에 있는 문재준에게 맞은편에 앉아 있는 박정희를 바라보면서 "박 소장은 남로당인데…"라고 귀엣말을 했다. 문재준은 "지금은 아니야"라고 속삭이듯 말했다.

金潤根 해병여단장

박치옥 공수단장이 박정희 소장과 술을 마시고 있는 자리에 자주 들락 날락하는 점퍼 차림의 사나이가 있었다. 박치옥은 '남자가 웬 술시중인 가' 하고 생각해 박 소장에게 물었다.

"내 조카사위 아닌가."

이래서 박 대령은 자신의 운명을 바꾸어 놓을 사람과 초대면을 했다.

김종필은 포섭한 장교들과 박정희가 직접 접촉하는 것을 제한했다. 그 자신이 주로 대구로 내려가서 처삼촌에게 보고하고 지침을 받아오곤 했다. 1961년 3월 10일 김종필 중령은 옥창호 중령과 함께 대구로 내려 갔다. 두 장교는 '육본 점령 계획, 수도권 부대 지휘관 포섭 계획'에 대 한 지침을 받고 올라왔다.

3월 13일 강화도 남산장이란 음식점에선 세 해병 장교들이 만나고 있 었다. 김포에 주둔하는 해병여단 소속 부연대장 趙南哲(조남철) 중령, 대대장 吳定根(오정근) 중령, 인사참모 崔龍琯(최용관) 소령이 나누는 밀담은 '해병대 단독 쿠데타 계획'이었다. 이들은 오는 4월 15일을 거사 일로 정하고 특공대를 편성하는 한편, 군인들을 의식화하기 위하여 외 부 인사들을 초청해 반공 강연을 많이 갖기로 했다. 이들은 사회가 돌아 가는 데 대한 울분을 이기지 못하고 무모한 쿠데타 계획을 추진하고 있 었다. 이때 해병여단장은 부임한 지 한 달쯤 되는 金潤根(김윤근) 준장 이었다. 그는 만주군관학교 제6기로 박정희보다는 4년 후배였다. 그는

4·19 후 이상한 악역을 맡은 적이 있었다. 허정 과도 정부는 뚜렷한 이유 없이 김동하 해병소장을 예편시켰다. 3·15 선거 전에 박정희와 쿠데타를 모의했던 김동하는 행정 소송을 제기했다. 金聖恩(김성은) 해병대 사령관은 행정참모부장이던 김윤근을 시켜 김동하로 하여금 행정 소송을 취하하도록 권해 보라고 했다.

김동하는 만주군관학교 1기생으로서 박정희보다 1년 선배였다. 말솜씨가 좋은 편이 아닌 김윤근 준장은 '귀찮을 정도로 자주 찾아가서 후배인 나의 난처한 입장을 동정해서 행정 소송을 취하하도록 만드는' 작전을 폈다. 자주 찾아가다 보니 이야기는 閑談(한담)이나 放談(방담)으로 흘렀고 김동하는 과격한 우국충정을 토로하곤 했다. 군부가 나서서 기울어 가는 나라를 바로잡아야 한다는 김동하의 주장에 대해서 김윤근은 '군부가 나서야 별로 뾰족한 수가 없지 않습니까' 하고 반박하고 싶었으나 선배의 기분을 건드릴까 봐 장단을 맞추어 주곤 했다.

김동하는 후배의 이런 태도를 쿠데타에 동조하는 것으로 이해했다. 김동하 장군 집을 자주 찾아가던 김윤근은 그곳에서 만군 선배 박정희를 몇 번 만났다. 그의 '憂國放談(우국방담)'도 매우 과격했다. '군부가 나서서 썩어빠진 정당과 정치인들을 싹 쓸어버리고 정치를 바로잡아야 한다'는 것이었다.

1961년 1월 하순 김윤근은 김포 해병여단장으로 발령을 받았다. 후임자에게 업무 인계를 하고 있는데 김동하 장군이 집으로 와달라는 연락을 해왔다. 가 보니 박정희 2군 부사령관이 대구에서 올라와서 그를 기다리고 있는 게 아닌가.

박정희는 "여보, 김 장군 정말 축하합니다. 하늘이 우리 일을 도와주시는 겁니다. 김 장군만 믿소"라고 했다. 김윤근은 속으로 '허, 이거 일이 난감하게 되어 가는구나' 라고 생각했으나 그렇다고 '나는 군부가 정치에 개입하는 걸 반대합니다' 라고 말할 용기가 나지 않았다. 그 대신 "감사합니다"라고 답했고, 그러니 '하늘이 돕는 일에 찬동하는 사람' 이 되고 말았다.

수도권을 위협할 수 있는 김포에 주둔한 해병여단은 비록 연대 규모이긴 했지만 그 전략적 위치로 해서 쿠데타를 성공시킬 수도, 마을 수도 있는 잠재력을 갖고 있었다. 김윤근 여단장이 부임한 지 한 달쯤 지난 3월 중순 저녁에 인사참모 최용관 소령이 조남철, 오정근 중령을 안내하여 여단장을 찾아왔다.

세 사람은 합세하여 우국충정의 말들을 쏟아놓기 시작했다. "이 암담한 시국을 보고 있을 수만은 없지 않은가", "군부가 救國(구국) 차원에서 나서야 되지 않겠는가" 하는 토로였다. 김 여단장은 "정치는 정치인에게 맡겨 두어야 하고 군인은 국방에만 전념해야 한다"고 타일러서 돌려보냈다. 약 1주일 후 세 사람은 다시 찾아왔다. 그들은 또 군부가 나서야 한다고 역설했다. 김 여단장은 속으로는 동지가 나타난 것이 기뻤지만 신중을 기하기 위해서 정색을 했다.

"그런 말 하려거든 앞으로는 내 앞에 나타나지 마라."

세 장교는 사과를 하고는 물러났다. 다음날 김윤근은 세 사람의 사람됨을 조사시켰다. 입이 무겁고 책임감이 강한 사람들이란 평이었다. 며칠 뒤 세 사람은 다시 여단장을 찾아왔다. 이 무렵 우리 학생들은 판문점에서 북한 학생들과 만나서 통일 문제를 의논해 보자고 나서고 있었다. 세 사람은 이 현상을 화제로 올리면서 학생들의 불장난이 나라를 위태롭게 하는데 군부가 수수방관만 할 수 있느냐고 흥분했다.

"도대체 군부가 나서서 무엇을 어떻게 하겠다는 거야. 계획이라도 있으면 설명해 봐."

세 사람은 구상하고 있던 해병대 단독 쿠데타 계획을 설명했다. 해병 연대의 일부 병력을 끌고 나가서 정부 청사를 점령하고 요인들을 체포한다는 것이었다. 그런데 그 뒤의 계획이 엉성하기 짝이 없었다. 새 정부를 어떻게 구성하고 정치를 어떻게 해나갈지에 대한 부분은 백지 상태였다.

"정부를 뒤엎은 후에 더 잘 할 수 있는 방도가 없다면 공연히 혼란만 일으키는 게 아닌가."

"그러니 여단장님을 모시고 하자는 것이 아닙니까."

김윤근 준장은 웃으면서 말했다.

"나도 정치를 잘 모르오. 그러나 당신들이 나를 지도자로 삼고 혁명거사를 하자는 것이라면 함께 의논해 봅시다. 우선 논의하기 전에 다짐받을 것이 있소. 혁명이란 大事(대사)를 논의할 땐 일신의 영달이라는 불순한 동기를 개재시키면 내분이 생겨 혁명은 실패해. 세 사람은 일신의 영달을 위해서 혁명을 하자는 것이 아니라고 자신 있게 맹세할 수 있는가."

세 사람은 "우리는 절대로 일신의 영달을 위해서 혁명을 하자는 것이 아니다"라고 맹세하고 김윤근도 맹세했다. 그런 뒤 김윤근은 박정희 장군과 김동하 장군이 주동하여 혁명을 계획하고 있다는 사실을 털어놓았다. 그는 바로 그 자리에서 오정근 중령의 대대를 거사 부대로 지정했다. 병력 보충이나 물자 보급에서도 오정근의 부대를 중점적으로 지원하기로 했다. 박정희는 공수단에 이어 해병여단을 포섭함으로써 쿠데타를 하는 데 적합한 기동력을 확보했다.

데모 유치 계획

박정희 혁명 계획의 핵심은 1961년 4월 19일 혁명 1주년 기념일에 대규모 시위가 발생할 것이고 이를 진압하기 위해서 수도권의 부대들이 폭동 진압에 동원되면 이미 포섭한 장교들에 의해서 이 부대가 쿠데타 군으로 돌변, 정권을 전복시킨다는 것이었다.

이 계획의 전제가 되는 것은 4월 19일에 과격한 학생 시위가 발생해야 한다는 것이었다. 혁명 모의 세력은 학생들을 포섭하여 시위를 일으키도록 하는 이른바 '데모 유치 공작'을 꾸민다. 이 공작 이야기는 일종의 公刊社(공간사)인 《韓國軍事革命史(한국군사혁명사)》(1963년 8월 한국군사혁명사편찬위원회 발간·위원장 장경순 소장)엔 빠져 있다. 이 혁명사의 원본이 된 비공개 〈革命實記(혁명실기)〉엔 적혀 있고, 이낙선의 〈혁명 참여자 증언록〉엔 자세히 그 경과가 실려 있다.

혁명사가 발행될 때는 박정희−윤보선 후보가 대결한 제5대 대통령 선거 투표일을 앞두고 있어 '쿠데타를 일으키기 위해서 학생들을 선동했다'는 내용을 빼버린 것으로 추정된다.

〈혁명실기〉는 '데모 유치 공작'이 김종필 중령과 박종규 소령에 의해서 주로 이루어졌다고 적고 있다. 국방부에서 근무하고 있던 박 소령은 미국 보병학교에서 유격 특수 교육을 받은 경험이 있었다. 김종필은 평소 자신의 은혜를 많이 입은 박종규에게 특명을 내렸다.

3월 초순 박종규는 우선 서울대, 고려대, 건국대 학생들을 포섭하여 의식화하는 일에 착수했다. 영어를 꽤 잘 하는 박종규는 알고 지내는 터키계 미국 여성 사이데 양의 신당동 집을 의식화 토론 장소로 빌렸다. 첫 회합은 3월 7일 저녁 8시에 있었다고 〈혁명실기〉는 적고 있다. 참석한 학생들은 '건국대 정치과 조병규, 이두현, 고려대 정외과 김수길 등 학생회 간부였다'는 것이다. 이들은 자유 토론에서 4·19 의거 학생들의 열망을 배신한 장면 정부를 뒤엎어야 한다는 과격한 토로를 했다. 박종규는 이들의 토론 상황을 미리 장치한 녹음기에 담았다.

박 소령은 이틀 뒤엔 10여 명의 학생회 간부들을 다시 불러 모아 의식화 토론을 가졌다. 박종규로부터 학생들의 동태를 전해 들은 김종필은 행동대를 조직하도록 지시했다. 박 소령은 학생회 간부 5명을 뽑아 각자 10명씩의 학생들을 포섭하도록 지시했다.

박종규는 이들을 일종의 특공대로 만들어 비밀 훈련을 실시했다고 한다. 이런 공작과 포섭엔 자금이 필요했다. 〈혁명실기〉는 '당시 비용은 김종필 중령이 金龍泰(김용태·공화당 원내총무 역임)의 협조를 얻어 부담했는데 300만 환이 소요됐다. 김 중령도 전역하며 받은 퇴직금 100만 환을 다 쓰고도 모자라 부인의 곗돈까지 동원하여 학생들이 데모 때 뿌릴 전단 2만 장을 인쇄했다'고 기록했다. 전단의 서두는 이러했다.

〈학생이여 궐기하자! 4·19의 피가 헛되었다. 이런 사회를 만들기 위하여 피를 흘렸던가!〉

박종규는 학생들과 자주 접촉하는 자신의 신분을 위장하기 위해서 기자를 사칭했다. 친구가 경영하는 대륙통신사에 가서 "이번에 군에서 제대를 했는데 내 취미가 사진 찍는 것이다. 사진을 찍어 전시회를 열려고 하는데 기자증을 하나 만들어 주게"라고 부탁했다. '사진기자' 박종규는 카메라를 메고 다니면서 학생들을 만났다.

4월 19일을 거사일로 잡은 혁명 주체들은 이즈음 조직 확대와 점검을 서두르고 있었다. 3월 15일 김종필, 오치성, 柳承源(유승원), 이석제, 옥창호, 길재호, 김형욱, 신윤창, 박종규는 명동 신도호텔 2층 객실에서 만났다. 이들은 몇 가지 사항에 합의했다.

〈1군 사령부 내의 공작은 조창대 중령에게 일임하고 수시로 감독한다. 해군, 공군, 해병대 등 타군 및 2군과의 연락은 사장(박정희)과 김종필에게 맡긴다. 공수단은 오치성과 김형욱이 책임진다. 33사단은 작전참모 오학진 중령을 포섭하여 책임을 맡긴다. 박종규 소령은 사장의 신변 경호에 책임을 진다〉

다음날 金東煥(김동환), 김형욱 중령이 대구로 내려가 박정희로부터 새로운 지침을 받고 올라왔다. 3월 22일에는 군인들뿐만 아니라 장면 정권과 보수층을 크게 자극하는 시위가 일어났다. 혁신계가 주동한 악법반대궐기대회가 폭력화된 것이다. 4·19 이후 표면으로 나온 혁신계 속에는 좌익도 포함되어 있었다.

1961년 2월 13일에 趙鏞壽(조용수)를 사장으로 하여 창간된 민족일보는 장면 내각 비판을 극렬하게 전개했다. 당시 장면 정부는 좌익의 발호를 차단하기 위해서 보안법과 반공법을 강화한 '반공임시특례법안'을 만들어 국회에 제출해 놓고 있었다. 혁신계와 민족일보는 이 법이 통과되면 자신들이 설 자리를 잃게 된다고 판단, 공세를 강화했다.

3월 22일 오후 2시 서울 시청 앞 광장에는 약 1만 명의 군중이 모였다. 그들은 '밥 달라고 우는 백성, 악법으로 살릴소냐'라고 외치면서 연좌

농성을 벌인 뒤 장면 총리의 사저가 있는 명륜동으로 행진하기 시작했다. 혜화동에서 경찰은 약 30발의 최루탄을 쏘아 시위대를 해산시켰다. 밤이 되자 시위대는 횃불을 들고 중앙청 문을 부수고 일부는 택시를 잡아타고 난동을 부렸다. 이 시위에 맞서 우익 단체에선 '반공법 지지' 시위를 벌였다. 마치 광복 뒤의 좌우익 대결을 연상시키는 사건이었다.

그 다음날 김종필과 오치성은 서울 근교에 주둔하는 33사단 작전참모이자 육사 동기인 오학진 중령을 서울 소공동 일식집 '남강'으로 초대하여 자연스럽게 어지러운 시국에 관련한 이야기를 유도했다.

"민주당 정부는 반공에선 자유당보다 더 무능하다. 이대로 가다가는 공산당과 싸워 보지도 못하고 저들의 수중에 들어갈 판이다."

"조국을 구출하는 일은 우리 장교들이 궐기하는 것뿐이다."

"그러면 육군 장성들 가운데서 가장 신망이 높고 양심적인 사람을 꼽아 보라."

"박정희 장군, 한신 장군…."

"우리하고 생각이 같다. 우리가 바로 그 박 장군과 손잡고 일하고 있다."

이런 식으로 자연스럽게 포섭된 오학진 중령은 33사단 병력을 혁명에 동원하기로 합의했다는 것이다. 이 무렵 졸업을 앞둔 육사 17기 생도들 가운데서도 쿠데타 계획을 세우는 이들이 있었다. 이 사실을 탐지한 한 장교가 주동 생도를 찾아가서 "야, 좀 기다려. 우리가 다 준비하고 있어" 하고 말렸다. 정부가 무능하고 만만하게 보이니까 생도들까지 정권 탈취를 꿈꿀 정도였다.

국가 근대화

1961년 4월 7일 저녁, 서울 명동 양명빌딩 4층 姜尙郁(강상욱) 중령 집으로 수십 명의 장교들이 모여들었다. 4월 19일을 거사날로 내정했던 박정희 소장은 포섭한 주체 세력 전체 회의를 소집한 것이다. 많은 영관 장교들은 이날 비로소 박정희 소장과 처음 만났다. 비공개 자료 〈5·16 혁명실기〉는 이 자리에 참석한 사람들의 명단을 이렇게 기록해 놓았다.

〈박정희 소장, 김재춘 대령(6관구 사령부), 이병엽 대령(33사단), 오치성 대령(육본), 유승원 대령(육본), 박치옥 대령(공수단), 문재준 대령(6군단 포병단), 김제민 중령(공수단), 김종필 예비역 중령, 김형욱 중령(육본), 옥창호 중령(육본), 길재호 중령(육본), 이석제 중령(육본), 김동환 중령(육본), 신윤창 중령(6군단 포병단), 정문순 중령(육군대학), 조창대 중령(1군 사령부), 김용건 중령(육본), 박원빈 중령(6관구 사령부), 강상욱 중령(육본), 이백일 중령(30사단), 오학진 중령(33사단), 박순권 중령(육본), 최홍순 중령(육본), 정치갑 중령(육본), 홍종철 대령(6군단), 이지찬 중령(육본), 이낙선 소령(육본), 차지철 대위(공수단)〉

5·16 거사가 성공한 이후 이들 29명 가운데선 한 사람의 대통령, 세 사람의 중앙정보부장, 두 명의 대통령 경호실장, 일곱 명의 장관과 국회의원이 배출된다.

이날 회의에서는 4월 19일을 거사일로 결정한 것 외에 몇 가지 중요한 방침을 확정했다. 혁명지휘부의 구성을 작전반, 행정반으로 나누고 작전 책임자는 박원빈, 행정 책임자는 이석제 중령으로 삼았다. 박정희 소장의 명을 받들어 행정반과 연락할 담당자는 오치성 대령, 작전연락은 강상욱 중령, 이들 두 班(반)을 통합하여 조정하는 임무는 김종필에게 주어졌다. 1군 사령부의 조직은 조창대 중령에게 맡기기로 했다. 조직이 확대되어 보안의 필요성이 한층 높아졌으므로 앞으로의 회합은 班 중심의 소규모로 하기로 했다.

이틀 뒤 명동 신도호텔에선 작전반 회의가 열렸다. 연락 장교 강상욱은 박정희의 지시를 전달했다. 중앙청, 반도호텔(총리실), 방송국, 송신소, 육본 등 주요 시설의 점거 계획을 만들고, 공수단 병력으로써 총리와 장관 등 정부 요인들의 체포 계획을 세우라는 지시였다. 아울러 가두 방송과 전단 공중 살포 계획 수립도 지시했다.

행정반은 그동안 이석제 중령이 중심이 되어 계속해 왔던 혁명 정부의 권력 구조 및 정책안의 작성에 박차를 가하는 한편 국민, 학생, 재향 군인, 유엔군 사령관에게 보내는 메시지 작성에 골몰했다. '전국 학생에게 고함'이란 제목의 글은 거사의 명분을 '배신당한 4·19 혁명 정신을 되살리는 것'에 두었다.

《(전략) 군은 이 모든 亡國滅民(망국멸민)의 화근을 과감히 拔本(발본)하여 정치를 혁신하고 국가 경제의 안정, 국민 도의의 앙양, 반공 자주 통일을 성취해서 국운의 신장을 기함과 아울러 세계 자주 열강과 더불어 공존공영, 세계 평화에 공헌함이 시대적인 요청이며 국가민족의 지상 명령임을 신념하고 궐기 행동한 것이다. (후략)》

행정반장 이석제 중령은 한때 고시 공부를 한 적이 있어 그 법률 지식을 아주 요긴하게 쓸 수 있었다. 그는 도서관을 누비고 신문을 참고하며 명치유신 등 외국의 혁명 사례들을 연구했다. 4월 초 그는 서울대학교로 韓泰淵(한태연) 교수를 찾아갔다. 고시 공부를 할 때 한 교수의 저서를 달달 외우다시피 했던 이석제 중령은 세상 돌아가는 이야기를 주고받으면서 생각을 떠보려고 했다. 한 교수는 우리 사회에 무엇인가 큰 변화가 있어야 한다는 데는 공감하면서도 군인들이 집권할 가능성을 아주 낮게 보고 있었다.

그때 장면 총리가 여러 차례 쿠데타 계획에 대한 정보 보고를 받고도 신속히 조치를 취하지 않은 이유 중의 하나로 민간 정치인들의 머릿속에는 '군사 쿠데타에 의한 집권'이란 개념이 아예 들어 있지 않았다는 점을 들 수 있다. 조선조 개국 이후 정치를 독점해 온 문민 정치인들의 입장에선 군인에 의한 정변은 외국에서나 있을 수 있는 일이었다. 12세기 고려 무신의 난이란 단 한 번의 군사정변밖에 없었던 우리나라의 정치 생리에 비추어 군인이 무력을 앞세워 정권을 장악한다는 것은 그들의 상상력 바깥에 존재했다.

이석제가 혁명 이후의 국가 구조와 정책을 그리는 데는 박정희와 김종필로부터의 지침과 제안이 뼈대가 되었다. 이석제는 일찌감치 富國强兵(부국강병)과 반공을 국정 목표의 제1儀(의)로 삼았다. 이 중령을 비롯한 주체 세력의 태반이 공산당이 싫어서 월남한 장교들이었으므로 노골화된 좌익 활동에 대한 반응은 유달리 예민했다.

이석제가 계획서를 만들고 있을 무렵에 김포 해병여단 소속 장교 두 사람이 한낮의 종로 뒷골목에서 깡패들에게 몰매를 맞는 사건이 일어났다. 이 소식을 들은 해병여단에선 트럭 두 대에 군인들을 태우고 달려와 종로 일대를 포위하곤 깡패들을 잡아내 개 패듯이 두들겼다. 경찰력이 약화되니까 곳곳에서 군인들과 깡패들이 격돌하는 풍경이 벌어졌다. 이석제는 '깡패 소탕'을 혁명 후 사업 리스트에 올렸다. 혁명 후의 국정 방향 수립에 참여한 박정희, 김종필, 이석제 세 사람은 일본의 자주적인 근대화 혁명인 명치유신에 대한 이해가 깊었다. 자연히 '국가 근대화' 란 말이 혁명이념으로 등장했다.

당시 제3세계에서 유행하던 군사 쿠데타의 대부분은 민족주의를 명분으로 내세웠다. 반면, 박정희는 근대화, 즉 경제 발전을 핵심 목표로 하는 혁명을 추진한 점에서 특이하다. 박정희는 1951년 6·25 동란 중에 이미 "공산화를 막기 위해선 빈곤 퇴치뿐이다"고 말하곤 했다.

5·16 혁명의 특이점은 민간 정치인이나 관료 출신도 아닌 군인이 경제 개발을 혁명의 중점 목표로 설정한 점이다. 박정희는 정치적 문제의 근본이 경제라는 점을 이해한 사람이었다. 그가 한때 사회주의에 傾倒(경도)되었다가 배우고 나온 점이 하나 있다면 '경제란 하부 구조가 정치, 문화 등 상부 구조를 지배한다' 는 시각이었을 것이다.

국가재건최고회의와 경제기획원, 그리고 중앙정보부 설치는 김종필의 발상이었다. 정보장교 출신인 김종필은 미군으로부터 미 CIA에 대한 강의를 여러 번 들었다. 그는 여러 정보기관을 통합, 조정하여 국가적 차원의 정보 판단을 할 수 있는 기관으로서 CIA와 같은 국가 정보기관의 설치를 생각했다고 한다.

"아울러 혁명을 뒷받침할 무서운 기관으로서 수사권을 부여하기로 했습니다. 혁명이 끝나고 민간 정부가 세워질 때는 수사권을 분리시켜 FBI와 같은 기구를 만들고 국가 안전에 관한 수사를 전담시킬 생각이었습니다."

白雲鶴의 예언

행정반장으로서 혁명 성공 후의 국정 방향을 짰던 이석제(총무처장관, 감사원장 역임)는 '육군 중령이 신문 기사와 도서관에서 수집한 짧은 지식을 바탕으로 혁명 정부의 전략과 계획을 수립했으니 그 수준이 어느 정도인지는 짐작이 갈 것이다' 고 고백했다.

행정반에서 연구된 사안들은 보고서로 작성하여 박정희 장군에게 보고하고 한 부는 이석제 중령이 보관했다. 참고 자료는 즉시 불태웠다. 이석제는 혁명이 성공하면 헌법의 기능을 정지시키고 임시 헌법을 공포하기로 마음먹었다. 임시 헌법안을 검토하는 자리에서 김종필이 차관직에 군인을 임명하여 민간인 장관을 끌고 국정을 개혁하는 발상을 제안했다.

차관은 국무위원이 아니기 때문에 강력한 국정 운영이 어렵지 않을까 하는 반론이 많았다. 김종필이 제시한 국가재건최고회의란 명칭에 대해서도 "최고회의라고 하니까 공산 국가에서나 즐겨 쓰는 용어 같네"란 반응이 있었다.

이석제는 민주당에서 수립하고 있던 경제개발 5개년 계획안을 구해보려고 했으나 실패했다. 이석제의 기억에 따르면 박정희는 혁명 준비 단계에서부터 외자 도입에 의한 경제 개발과 일본의 역할에 대해 생각을 하고 있었다고 한다. 이석제는 박정희와의 이런 대화를 소개하고 있다.

〈박정희: "국가를 지도하려고 마음먹은 사람들은 우선 두 가지 문제에 근본적인 대안을 가져야 합니다. 우선 국민들이 배고프지 않게 밥을 먹이고, 그 다음에 나라를 자기네 힘으로 지키게 하는 것이 통치의 근본입니다."

이석제: "각하, 국가 근대화란 뭐를 어떻게 한단 말입니까?"

박정희: "이론상으로는 복잡하고 나도 잘 모릅니다. 하지만 쉽게 해석하자면 농업 사회를 뜯어고쳐서 공업화를 추진한다는 정도로 생각하면 이해가 쉬울 거요. 우리나라 인구가 3,000만인데 언제 농사를 지어서 국민들의 배를 불리겠소. 농토에 매달리는 농민들을 공장으로 끌어내어서 소득을 높여 주는 국가 시스템을 잘 연구해 봅시다."

이석제: "공장 지을 돈은 어디서 조달합니까?"

박정희: "가진 게 없다고 굶어 죽을 수는 없으니까 우선 급한 대로 돈 있는 집에 가서 돈을 좀 빌려다가 장사를 해서 갚으면 될 게 아니오.">

그때 혁명 주체들은 자신들이 미군 몰래 병력을 동원하여 혁명을 일으키면 미국이 원조를 끊을 것이라고 걱정했다. 박정희는 "너무 걱정하지 맙시다. 미국 문제도 잘 해결될 거요. 앞으로는 일본이 있잖소"라고 했다고 한다. 이석제가 5·16 거사일까지 검토하여 보고서로 작성한 혁명 정부 정책안의 제목은 대강 이러했다.

<임시 헌법 제정, 국가재건최고회의 구성, 반공 태세의 실질적 정비 및 강화, 민족 자주 외교의 정비 강화, 재건 국민운동 전개, 정치 활동 금지와 정당 사회단체 해산, 폭력배 단속과 사회 정화, 교통질서 확립과 공중도덕 앙양, 병역 기피자 처리, 밀수 근절과 稅吏(세리) 부패 방지, 공무원 인사 제도 개혁, 행정 관리 제도 개혁, 공무원 처우 개선, 금융 민주화, 부정 축재자 처리, 원조 효율의 제고, 稅制(세제) 개혁, 언론계 정비, 증권 시장 육성, 중소기업 육성, 수출 진흥과 수입 시책, 산림녹화 및 조림 사업 강화, 농협의 운영 쇄신과 확대, 광산 개발 촉진, 민족 예술 문화

의 진흥, 水利(수리) 사업의 혁신…〉

4월 19일로 거사일이 결정되자 주체 세력 장교들은 자신들에게 부여된 임무에 따라 구체적인 행동 계획에 들어갔다. 김종필은 서울 중구 정동에 있던 KBS 점령 계획을 세운다, 장면 총리 체포 계획을 세운다 해서 바쁘게 돌아다녔다.

공주중학교 후배인 金石野(김석야)는 그때 방송작가로 근무하고 있었다. 어느 날 김종필이 김석야를 찾아왔다. 근처 다방으로 후배를 불러낸 김종필은 "나는 요사이 따라다니는 사람이 많아"라면서 벽을 등지고 앉았다.

그는 "우리 아이를 어린이 합창단에 넣으려고 하는데 무슨 방법이 없을까" 하고 말을 꺼내더니 "나라가 이러다간 안 되겠어. 토치카 공사비까지 중간에서 다 떼먹으니 전쟁 나면 우리 사병들이 다 죽게 생겼어"라고 했다. 며칠 뒤 김종필은 또 방송국에 와서 이번엔 좀 이상한 질문을 했다.

"방송국에서 방송을 내보낼 때 키 같은 게 있는 거요?"

"주조정실이란 데서 합니다. 거기서 연희송신소로 전파를 보내면 방송이 됩니다."

"숙직은 어디서 하오?"

김석야는 김종필을 데리고 당직실을 구경시켜 주었다. 그는 '방송국을 견학하러 와서 당직실을 보자는 사람은 처음인데…' 하는 생각만 했다. 김종필은 방송국의 구조를 확인한 뒤엔 총리 체포조의 팀장인 박종규(대통령 경호실장 역임) 소령을 데리고 반도호텔에 들어가서 "이것이 총리실이다"고 가르쳐 주었다. 鄭一亨(정일형) 외무장관의 체포를 책임진 오치성 대령은 공수단 1개 분대를 배정받아 놓고 있었다. 그는 잡지에 난 정일형의 얼굴 사진을 오려서 갖고 다녔다. 전화번호부에서 정일형의 주소를 알아내 지형 정찰을 해두었다.

김종필 중령과 함께 정군 운동을 주동했다가 함께 강제 예편당했던 석정선은 혁명 모의에선 빠져 있었다. 그는 트럭을 두 대 가지고 업자에게 빌려 주는 운송 사업을 하고 있었는데 교통 사고를 자주 일으켜 골치를 썩이고 있었다. 석정선이 하루는 김종필을 찾아오더니 점을 보러 가자고 했다. 두 사람은 정동의 한 여관 안채를 빌려 손님을 맞던 白雲鶴(백운학)을 찾아갔다. 먼저 온 여자 대여섯 명이 기다리고 있다가 안에서 부르면 들어가곤 했다. 석정선이 불려 들어가고 김종필은 문 밖에서 기다리게 되었다. 백운학은 석정선의 관상을 보다 말고 힐끗 김종필을 쳐다보더니 한마디했다.

"혁명하시누만."

김종필은 거의 반사적으로 이렇게 말했다.

"아니, 누굴 죽이려고 그러시오?"

"다 됐어요. 걱정 마시오. 혁명하겠다고 얼굴에 다 씌어 있는데 뭘 그러시오."

"내 관상은 볼 필요가 없어요. 그 친구나 잘 봐주시오."

백운학은 석정선을 쳐다보더니 대뜸 이렇게 말하는 것이었다.

"어허, 그거 파쇼. 네 발 달린 거 가지고 다니누만. 그게 사람 죽여요. 빨리 파시오. 옷은 이렇게 입고 왔지만 당신네들 중령, 아니면 대령인데 아직 官祿(관록)을 먹고 살 사람이니까 자동차 같은 거 손대지 마시오."

미국의 우려

1961년 봄 미국 정부도 장면 정부의 지도력에 회의를 갖기 시작한다. 서울에 와 있던 미국 원조 기관 유솜(USOM)의 부원장 휴 D. 팔리는 한국의 부패와 유솜의 정책에 대해 환멸을 느끼고 사표를 제출한 뒤 워싱턴으로 돌아갔다. 유솜의 상급기관인 국제협력처(ICA=International Cooperation Agency)는 팔리의 사표 수리를 보류하고 '당신의 의견을 보고서로 만들어 국무부 관리들과 토의해 보자'고 했다.

팔리는 '1961년 2월 현재 한국의 상황'이란 제목의 보고서를 제출했다. 이 보고서는 3월 6일 케네디 대통령의 안보 담당 특별보좌관 대리인 로스토 박사에게 전달되었다. 보고서는 '장면 정부의 瀆職(독직), 부패, 무능이 한국을 위기로 몰고 가고 있는데도 미국 정부는 수수방관하고 있다'면서 '오는 4월 19일 혁명기념일에 대중의 불만이 폭발할 가능성이 있다'고 경고했다. 팔리 부원장은 또 '대통령의 특사를 한국에 급파하고 친서를 전달하는 등 긴급 대책이 필요하다'고 건의했다.

팔리의 이 보고서는 워싱턴 관가에 경보를 울렸다. 3월 15일 대통령 직속인 국가안보회의 요원 로버트 W. 코머는 로스토 박사 앞으로 이런 요지의 메모를 보낸다.

〈한국 문제의 본질은 다음과 같다.

a. 자원과 기술이 부족한 빈곤한 나라.

b. 견뎌 내기 힘들 정도의 군사비 지출.

c. 민주 정부의 경험 부족에 기인한 부패의 확산.

d. 민족주의적 열정의 浮上(부상)과 좌절감.

한국 문제의 본질은 경제난이다. 다음 10년간 미국 정부가 취해야 할 조치로서 한국군의 상당한 감축도 검토해 볼 만하다. 減軍(감군)으로 남은 미국 예산을 한국 경제 발전에 투입할 수 있을 것이다〉

이날 로스토 박사는 케네디 대통령 앞으로 짤막한 보고서를 올려 한국 문제에 대한 관심을 환기시켰다. 이 보고서의 결론 부분에서 로스토는 이런 건의를 했다.

〈한국에 대한 우리의 많은 원조는 한국이 세 번째로 추락하는 것을 막는 데 쓰여야 할 뿐 아니라 한국을 전진시키도록 하는 데 쓰여야 한다. 이승만 정권이 퇴진한 다음 한국 사회에는 이런 전진에 우리와 함께 동참할 만한 세력이 생겨났다. 이 세력은 그러나 우리의 반대 세력으로 변할 수도 있다. 각하께서는 이 문제로 러스크 국무장관과 한번 대화를 나눠보는 것이 좋을 것으로 판단됨〉

한국의 위기 상황에 대한 워싱턴 관가의 관심이 갑자기 높아진 것을 반영하여 정보기관들도 움직였다. 미국 CIA(중앙정보국)의 주관하에 국무부, 국방부, 육해공군, 그리고 합참의 각 정보기관이 참여한 가운데 한국 상황에 대한 종합 정보 판단서가 3월 21일에 작성되었다. 특별국가 정보판단서(Special National Intelligence Estimate)라고 불리는 이런 보고서는 장기적인 정책 수립에 참고가 되는 중요한 문서이다. 이 문서는 다가오는 4·19 혁명 기념일에 일어날지도 모르는 폭력 시위에 대한 우려를 깔고 장면 정부의 대처 능력을 검토하고 있다.

이 보고서는 장면 정부가 정치적으로는 사면초가의 상태에 몰려 있다고 진단했다. '민주당의 내분과 그에 따른 分黨(분당), 민주당 내의 분열, 무책임한 언론의 가혹한 정부 비판, 공산당의 선동, 학생·노동자·

제대 군인들의 개혁 부진에 대한 불만 등으로 해서 집단시위와 대중 집회가 한국 사회의 일상적 현상이 되었다'는 것이다. 이 보고서는 또 '경찰과 공안 기관은 계속되는 숙청과 조직 개편 때문에 능력과 사기 면에서 크게 약화되어 폭력 시위가 일어났을 때 효과적으로 대처할지 의심스럽다. 군대를 동원하더라도 군은 시위 군중에게 발포하는 것을 주저할 것이다'고 분석했다.

'부정부패는 한국 사회의 모든 계층에 보편화되어 있으며 민주화되었다고 해서 옛날에 비해 달라진 것이 하나도 없다. 현재의 공무원 봉급으로는 아무리 부패 추방 운동을 벌여도 해결되지 않을 것이다.'

이 보고서는 '정치적 위기의 뿌리에는 경제 문제가 있다'고 분석했다.

〈연례적인 식량 부족에다가 1월에만 물가가 10%나 오르고 실업률은 약 20%에 이르렀다. 올해 대학과 전문학교를 졸업한 4만 5,000명의 취업 문제가 사회 불안을 심화시킬 것이다〉

이 보고서는 결론적으로 '인화 물질은 많다. 계획되거나 우연한 계기에 의해서 이 인화 물질을 폭발시키면 파괴적인 폭력 시위가 일어나 중대한 위기 상황을 맞게 될 것'이라고 예측했다. 이 보고서는 그러나 확률상으로는 그런 폭력 시위가 일어날 가능성이 한 해 전의 4·19 혁명 때와 비교하면 낮다고 했다. 지난해처럼 많은 사람들을 흥분시킬 만한 주제가 없고 정부가 공개적으로 그런 사태에 대처하겠다고 선언했으므로 이번 4·19 기념일은 무사히 지나갈 것 같다고 예상했다.

4월 1일 러스크 국무장관은 국무부의 극동 담당 차관보로 내정된 매카나기 주한 미국 대사에게 전문을 보내 한국 사태에 대한 좀더 원초적인 문제를 제기한다. 러스크는 이런 요지의 분석을 했다.

〈20세기 후반 아시아 나라들의 젊은층과 지식인들은 지금까지는 그냥 아시아적인 병폐로 넘어갔던 독직, 부패, 권력자의 친인척 발호를 묵인하지 않을 것이다. 현 정권에 실망한 이들은 공산주의의 독재성과 인명 경시 풍조까지도 애써 무시하면서 공산주의자들의 엄격성과 집념을 높게 평가하고 그들의 유혹에 빠질 위험성이 있다.

한국 정부는 언론의 비판에 너무 신경을 쓰고 있다. 정부는 젊은층에게 희망을 줄 만한 생활 수준 향상 부문에서의 가시적인 성과를 보여주어야 한다. 만약 근시안적인 세력이 집권하고 이들이 다시 쫓겨나고 하는 혼란이 일어난다면 통일을 외치는 목소리가 높아져 한국을 공산주의자들의 함정에 빠뜨릴 가능성도 있다〉

4월 11일 매카나기 주한 미국 대사는 러스크 장관에게 보낸 한국 정세에 대한 보고문에서 장면 총리의 지도력을 신랄하게 비판했다.

〈장면 총리의 박력 없는 지도력은 그의 인간성을 반영하는 것으로서 바꾸기가 힘들다. 장면 총리와 측근들은 準(준)비상사태 하에선 상투적인 정치로써는 문제를 해결할 수 없음을 알아야 하는데 그러지 못하고 있다. 지난 몇 달 동안 장면 총리와 장관들은 기근으로 고생하고 있는 지역을 한 번도 찾아가지 않았다.

우리는 여러 차례 장면 총리에게 충고했다. 자신의 패거리나 서울의 정치판으로부터 벗어나 국민들의 문제를 동감하고 그들의 이익을 대변하는 지도자로 바뀌어야 한다고. 장면 총리는 젊은층을 많이 등용해야 하는데 동양적인 서열 의식 때문에 이것이 어렵다. 한국의 30대층은 그 위의 세대와 사고방식이 크게 다르다. 이들 젊은층이 사회의 지도층으로 등장하면 독직과 부패를 척결하는 데 도움이 될 것이다〉

혁명계획서와 張都暎 총장

1961년 봄 강원도 화천 북방 사창리에 있던 15사단장 柳陽洙(유양수·駐越 대사 및 동자부 장관 역임) 소장은 어느 날 아침에 일어났다가 깜짝 놀랐다. 사단 작전 지역 내 산기슭 여기저기에서 연기가 피어오르고 있었다. 헌병부장을 시켜서 알아보게 했다.

"민주당 정권과 결탁한 업자가 도청으로부터 벌목 허가를 받아 숯을 굽고 있습니다."

이런 보고를 받은 유 소장은 "세상에, 작전 지역 안에서 무슨 짓이냐"고 호통을 치고는 업자들을 쫓아내 버렸다. 부대 매점의 납품 가격을 조사해 보았더니 시중의 시세보다 비쌌다. 불쌍한 군인들을 상대로 이런 폭리를 취하는 납품 업자가 누군지 알아보았더니 양조장 업자 출신 민주당 국회의원이었다. 유양수 소장은 납품 가격을 내리지 않으려면 철수하라고 했다. 민주당 의원이 말을 듣지 않자 납품을 금지시켰다. 주미 한국 대사관에서 무관으로 3년간 근무하고 돌아와서 사단장이 되었던 유양수 소장은 군내에선 온건하고 합리적인 사람으로 정평이 나 있었다. 그도 민주화가 몰고 온 자유라는 것이 '부패의 자유'이자 '자유의 부패'가 아닌가 하는 懷疑(회의)가 들었다고 한다. 정치적이지 않은 일선 사단장들조차도 사석에서 모이면 "이런 정권을 뒤엎어야 해"라고 울분을 터트리고 있었다는 것이다.

4월 중순 유양수 소장은 장도영 참모총장에 의하여 육본 작전참모부 차장 및 전쟁계획통제관으로 발탁되어 서울로 갔다. 당시 미 8군은 우리 육군에 대해서 '전쟁계획(War Plan)'을 만들도록 강력하게 요구하여

유 소장이 그 책임자로 뽑힌 것이다. 그는 육군회관 앞마당에 천막을 쳐 놓고 작업을 하던 중 5·16을 맞아 다른 일을 맡게 된다.

당시 육본의 副官監(부관감)은 유양수와 동기(육사 특7기)인 方熙(방 희) 장군이었다. 부관감은 영관급까지의 육군 인사를 관장하는 요직이 었다. 방희 장군은 박정희가 육사 중대장일 때 생도로서 교육을 받았다. 그는 박정희에 대한 강렬한 기억을 한 토막 갖고 있었다.

1949년 박정희가 군복을 벗고 육본 정보국에서 민간인 신분으로 일하 고 있을 때였다. 방희 대위는 동기 김흥식과 함께 수표동의 방 두 개짜 리 요릿집에서 술을 마시고 있었다. 옆방에선 박정희가 만군 시절 친구 인 이주일, 윤태일과 함께 술을 마시고 있다가 방희 쪽으로 옮겨 합석했 다. 한참 술을 마시고 있는데 순찰 중이던 용산 헌병대장(소령)이 들어왔 다. 헌병대장은 박정희와는 평소 무슨 유감이 있었던지 기분 나쁜 이야 기만 털어놓았다. 묵묵부답하던 박정희는 꿀이 담긴 접시를 말없이 손 으로 받쳐 들더니 헌병 대장의 얼굴을 향해서 던졌다.

헌병대장의 얼굴에선 꿀물이 줄줄 흘러내리고 접시는 산산조각이 났 다. 낭패를 당한 헌병소령은 권총을 뽑아 장전했다. "죽여 버리겠다"고 소리치면서 박정희를 향해 조준했다. 박정희는 泰然自若(태연자약)에 묵묵부답 그대로였다. 방희 대위가 상을 넘어 가서 권총을 빼앗고 운전 병을 불러 헌병대장을 태워 보냈다. 그래도 박정희는 말없이 술만 마시 고 있었다. 방희 장군은 최근 《老兵(노병)의 追憶(추억)》(육사 7기 특별 동기생회)이란 책에서 이렇게 썼다.

〈만약 그때 그 헌병소령이 취중에 방아쇠를 당겼더라면 역사는 달라 졌을 것이다. 궁정동에서의 최후 때도 같은 광경이 재연되었을 것이라

고 확신하기에 무엇인지 운명적인 終生(종생)의 길이 아닌가 느끼게 된
다〉

박정희 장군에 대한 이런 체험을 가진 방희 장군은 사회가 혼란해지자
그가 생각났다. 방희는 박정희를 단독으로 찾아가서 '혁명의 불가피함'
을 역설했다. 이때도 박정희는 묵묵부답이었다. 5·16 새벽에 육본으로
달려간 방희는 용변을 보고 나오던 박정희 소장과 맞닥뜨렸다. 두 사람
은 어색한 웃음을 짓고 헤어졌다고 한다. 박정희는 좀처럼 속을 드러내
지 않았다. 그의 침묵은 상대를 긴장시키고 상대를 자신의 磁場(자장)
안으로 끌어들이는 힘이 있었다.

박정희가 거사일로 정한 4월 19일은 다가오고 있었다. 박정희의 증언
을 듣는다.

〈4월 10일경이라고 생각되는데 그때는 상당히 계획이 진전된 때인데
우리가 논의하여 기록해 놓은 혁명위원회의 구성, 정부 기구의 개편, 임
시헌법 등을 녹취 기재한 서류를 장도영 장군에게 보이며 4·19가 무사
히 넘어가겠느냐, 무슨 일이 있지 않겠느냐 등의 이야기를 한 끝에 그
서류를 장 장군에게 교부하고 돌아왔다. 그런데도 장 장군이 군사혁명
이 있으리라는 것을 전연 알지 못했다는 것은 말이 안 되는 말이다〉

이상의 진술은 5·16 거사 뒤에 장도영과 그 측근들이 反혁명 재판을
받고 있을 때 박정희가 증인 자격으로 한 내용이다. 〈신동아〉 1984년 8
월호에 실린 장도영의 회고는 다르다.

〈4·19 혁명 1주년을 4, 5일 앞둔 일요일 아침 내가 총장 공관에서 정
장으로 단장하고 육군본부 교회에 나가려고 현관에 나서자 박정희 장군
이 불쑥 나타났다. 그는 "2군 상황과 4·19 혁명 1주년 기념일에 대비할

계획에 대해 보고할 일이 있어서 잠깐 들렀습니다. 시간을 좀 내주십시오"라고 하는 것이었다. 나는 "당신 보다시피 지금 예배당으로 가는데 시간이 다 됐다"고 하였더니, "시간은 얼마 걸리지 않습니다. 속히 간략하게 말씀드리겠습니다"하므로 할 수 없이 현관에서 다시 응접실로 들어와 둘이 마주 앉았다.

당시 육군은 이미 3월에 서울 지구 주둔 부대와 일선 제5사단의 출동을 포함한 폭동 진압과 질서 유지를 위한 '비둘기작전 계획'의 지휘부 연습을 끝내고 이번에 무슨 시위 난동이 있어서 계엄이 선포되면 계엄 업무를 한번 본격적으로 철저히 수행할 준비를 갖추고 있었다.

박정희는 4·19에는 무엇이 꼭 일어날 것이라면서 "지금 군 사령관(최경록 2군 사령관은 도미 시찰 여행 중)도 부재 중이고 해서 제가 대략 계엄 시행 계획을 작성하여 놓았습니다" 하며 접은 원고지 몇 장을 내놓았다. 나는 "잘 했소"하면서 "시간이 있을 때 읽어 보지요"하고 표지에 '서울 지구 계엄 실시 계획안'이라고 쓰인 원고를 옆에 서 있는 부관에게 주며 "저 책상에 갖다 두라"고 하고 일어나서 예배당으로 향했다.

그날 저녁 책상에 있는 그 계획서를 잠깐 들여다보니 계엄이 선포되면 그 해당 지역에 군정을 실시하게 되는 것이며, 전국 또는 서울 지역의 계엄일 경우에는 현행 헌법에 의해서 육군 참모총장이 계엄사령관이 되며 계엄 업무를 육군의 일상 업무와 분리하기 위해서 별도로 계엄사령부를 설치하고 별개의 참모진으로 그 업무를 수행케 한다는 내용 등이 포함되어 있었다. 부대 배치 약도가 첨부되어 있었다. 아무 특이한 것도 없었고 또 그 내용이 이미 비둘기작전 계획에 포함되어 있는 것이어서 박 장군 자신이 제6관구 사령관과 긴밀한 연락을 해야 할 따름이라고 생

각했다〉

逆情報

박정희 소장이 장도영 총장에게 혁명 계획서를 건네주었느냐의 여부에 대해서 두 사람의 증언은 타협이 불가능할 정도로 상반된다. 두 사람 중 한 사람은 거짓말을 한 것이다. 김종필 전 총리의 최근 증언은 이렇다.

4월 중순에 처삼촌인 박 소장이 부르더니 "혁명 계획서 좀 가져와"라고 하더란 것이다.

"뭐 하시게요."

"장도영 총장에게 이것 좀 보여야겠어. 여러 가지 이유로 장 총장이 선두에 서 주었으면 좋겠는데 설득을 좀 했으면 해."

"뭘 믿으시고 이걸 내보여줍니까. 재고하실 수 없겠습니까."

"장도영 총장하고 나는 이야기할 수 있는 사이야. 나한테 맡겨. 날 믿고 줘."

김종필은 내키지 않았지만 부대 동원 계획, 혁명 공약, 취지문 등 서류를 꺼내드렸다고 한다.

"되받아 오시는 겁니다. 그냥 놓고 오시는 게 아니라 보고 달라고 하셔서 갖고 오셔야 합니다. 원본인데 사본은 없습니다."

김종필은 혁명 계획서를 건네주면서 원본은 천장 위에 숨겨 놓고 사본을 박정희에게 넘겨주었다고 한다.

"그런데 그분이 '염려 마' 하시면서 가져가셨는데 나중에 올 때는 이걸 놓고 오신 겁니다. 가슴이 덜컥 했지요. '대체 뭘 믿고 그걸 놓고 오셨습니까' 하고 따졌어요. '그걸 좀 보고 충분히 생각한 뒤에 답할 테니까 내일까지 좀 달라는데 안 줄 수 있나. 그리고 그렇게 믿지 못하는 사람이라면 이야기할 필요가 없지 않나'라고 하셔요. 박 장군께선 '장도영 총장이 그걸 읽어 보고 어떻게 하는가에 따라서 우리 계획을 변경할 수도 있지 않나'는 취지로 말씀하시더군요. 하지만 나는 그날 저녁에 잠을 못 잤어요. 그 계획서는 돌아오지 않았습니다."

김종필 전 총리는 이렇게 덧붙였다.

"장도영 총장은 그때 박정희 장군이 추진하는 혁명 계획 이외에 미국 측이 추진하던 정권전복 계획에도 관심을 두고 있었습니다. 미국 측은 그때 공작원들을 불러와서 장도영 총장을 내세워 장면 정부를 쓰러뜨리는 공작을 하고 있었어요. 장도영 총장은 우리와 미국 측 양쪽에 다리를 걸치고 있었으니 마음을 정하지 못한 것이지요. 미국 측의 공작 사실은 혁명이 성공한 뒤에야 정보부에서 밝혀낸 것입니다. 그래서 제가 미국 공작원들을 추방해 버리고는 없었던 일로 하기로 당시 미국 대사와 합의했어요."

당시 육사 8기 그룹의 핵심인 오치성 대령은 김종필에게 '박정희 장군에게 녹음기를 드려 장도영 총장과의 대화를 녹음해 오도록 하는 것이 어떻겠느냐'고 말한 적도 있다고 한다. 박정희는 김재춘(6관구 사령부 참모장) 대령 등 측근들에게도 장도영 총장에게 혁명 계획서를 갖다 주었다는 이야기를 했다. 따라서 박정희의 측근들은 장도영이 '그 문건을 받아 보지 않았다'고 한 해명을 믿지 않고 있다.

장도영은 1988년 〈월간조선〉과의 인터뷰에서 "필치로 보니 내가 받은 것은 박정희가 쓴 '비둘기작전 계획서'였지 김종필 씨의 글씨가 아니었다"고 말했다. 물론 미국이 자신을 미는 쿠데타 공작을 하고 있었다는 주장도 부인했다. 장도영의 해명 중 납득이 잘 가지 않는 부분이 있다. 장도영의 설명이 사실이라면 '통상적인 비둘기작전 계획을 왜 박정희가 직접 가져와 교회로 나가는 총장을 굳이 붙들어 두고 보고했을까' 하는 의문이 남는 것이다.

이 쟁점은 장도영이 박정희의 모의를 어느 정도 알고 있었는가를 판단하게 해주는 문제다. 혁명 전후의 흐름 속에서 사실 관계를 종합적으로 판단할 때 장도영의 주장을 그대로 받아들이기가 힘든 부분이 너무 많다.

당시 서울 지구 방첩대장은 이희영 대령이었다. 그는 2군 사령부 방첩대장으로 있을 때 박정희로부터 "버마식 쿠데타를 하자"는 제의를 받은 적도 있었으니 서울로 올라온 뒤에는 박정희 소장을 더욱 예의주시하고 있었다. 그는 군내의 족청계 장교들도 쿠데타를 모의하고 있다는 첩보, 족청계로 지목된 박병권 소장(본인은 李範奭(이범석) 국방장관의 부관이었지 이범석이 만든 족청, 즉 민족청년단에 가입한 적은 없다고 한다)과 박정희가 비밀 회동했다는 첩보도 들어와 이를 확인한다고 바빴다. 이희영은 "4월 중순부터는 박정희 소장과 김종필을 중심으로 한 쿠데타 계획에 대한 확실한 정보를 수집하여 李哲熙(이철희) 방첩부대장에게 보고했다"고 말했다.

장면 총리와 친한 韓昌愚(한창우) 경향신문 사장이 선물한 독일제 녹음기로 육사 8기 장교들의 모의를 녹음한 적도 있다고 했다. 이들이 무교동의 한 호텔에서 비밀리에 만나는 것을 주체 세력 내에 박아 둔 프락치로부터 미리 통보받아 그 방에 녹음 장치를 했다고 한다. 이희영 대령도 리시버를 끼고 녹음 내용을 들어본 적이 있었다. 모의에 관한 정보를

방첩대에 제공해 준 장교는 5·16 거사 뒤에 고위직으로 출세했다고 하
는데 이희영은 그의 이름을 밝히길 거부했다. 이희영의 서울 지구 방첩
대는 박정희가 4월 19일을 거사일로 잡고 있다는 첩보까지 입수했다는
것이다.

문제는 이런 보고를 상부로 올려도 "박정희 일당을 잡아넣어라"는 지
시가 내려오지 않았다는 점이다. 자연히 장도영 총장이 박정희 소장 그
룹과 짜고 쿠데타를 추진하고 있다고 판단하게 되었다. '총장이 비호하
고 박정희 소장이 지휘하는 쿠데타 모의'란 정보로 해서 방첩대는 과감
한 수사를 할 수 없었고 혁명 주체 장교들은 안심하고 모의에 참여했다.

정보를 활용할 줄 아는 박정희는 이때 張太和(장태화·서울신문 사장
역임)를 통해서 장면 정부 측에 대한 정보 공작을 하고 있었다. 장태화
는 1949년에 박정희와 함께 육본 정보국 이용문 국장 아래서 문관으로
근무한 적이 있었다. 장태화의 형은 박정희와는 대구사범 동기였다. 장
태화는 정치 정보 수집이 전문이었고 정계에 발이 넓었으며 뛰어난 時
局(시국) 감각을 갖고 있었다. 1952년 부산 정치 파동 때는 이용문−박
정희가 이종찬 당시 육군 참모총장을 업고서 추진하던 이승만 정권 전
복 계획에도 깊숙이 관여했다. 박정희는 5·16 혁명을 준비하면서 장태
화로부터 시국 관련 정보를 정기적으로 보고받고 있었다.

비공개 〈혁명실기〉에 따르면 1961년 3월 박정희는 장태화에게 두 가
지 임무를 부여했다고 한다. 이쪽의 활동이 정보기관에 노출되지 않도
록 역정보를 흘리는 일과 정보기관이 어느 정도로 이쪽 사정을 파악하
고 있는가를 알아서 보고해 달라는 것이었다.

장태화는 평소 친하게 지내던 치안국 特情課(특정과) 정보분실장 崔

蘭洙(최난수)를 만나 족청계 쿠데타설을 흘렸다. 장면 총리와 가까운 신부와 국회의원을 만나서도 같은 역정보를 띄웠다. 당시 장면 총리, 경찰, 군 정보기관에 들어간 족청계 쿠데타 첩보는 많았지만 실체가 없는 과장된 것이었다. 역정보로 띄운 족청계 쿠데타설로 박정희 측에 대한 당국의 정보 수집 활동 노력은 분산되었다.

4·19 기념일 시위 不發

박정희 소장이 거사일로 결정한 1961년 4월 19일이 다가오자 주체 세력은 분주하게 움직인다.

▲4월 12일: 종로 4가 술집에서 박정희, 박치옥 공수단장, 문재준 6군단 포병단장, 홍종철 6군단 작전참모, 김종필 등이 만나 6군단 포병단을 출동부대로 삼기로 결정했다.

▲4월 13일: 공수단 차지철 대위는 전날 명동 미도파 백화점 앞길에서 우연히 만나 시국 이야기를 나누었던 박종규 소령과 재회했다. 에어 코리아社(사) 앞에 있는 日本(일본)식당에서 두 사람은 사회의 혼란상에 대해 울분을 토로했다. 박종규와 차지철은 미국에서 공수 훈련을 함께 받은 사이였다. 박 소령은 차지철을 포섭하기로 결심하고 이날 저녁 7시에 명동 사보이호텔 지하 다방에서 다시 만나기로 약속했다. 여기서 박종규는 사복을 입고 나온 김종필을 차지철에게 소개해 주었다. 박종규는 다방 한구석에 앉아 있는 키 작은 사람을 가리키면서 "저 분이 박정희 장군이다"고 했다.

잠시 후 박종규와 차지철은 바로 옆 건물에 있는 육사 9기 강상욱 중령 집으로 옮겼다. 거기에는 20여 명의 혁명 주체 장교들이 모여 있었다. 車(차)대위에게는 놀랍게도 직속상관인 공수단 대대장 김제민 중령이 와 있었다. 차지철은 별실로 불려 들어갔다. 박정희 소장 옆에는 김종필, 오치성 중령이 배석했다. 박정희는 차지철에 대한 일종의 면접 시험을 실시한 것이다. 박정희는 "장면 정권은 지금 4월 위기설에 대비하여 학생들을 무마시키기 위해서 매수 작전까지 펴고 있다. 이런 무능하고 부패한 정권은 넘어뜨려야 한다"고 역설했다. 다음날 차지철 대위는 공수단의 營內(영내) 다방에서 동료 장교들을 불러 모아 혁명 동지로 포섭했다고 한다.

▲ 4월 15일: 2군 사령부가 있는 대구에서는 이주일 참모장 중심으로 혁명 계획이 진행되고 있었다. 이날 밤 참모장 관사에 공병참모 朴基錫(박기석) 대령, 통신참모 朴升圭(박승규) 대령이 불려왔다. 세 사람은 4·19 혁명 1주년 기념일 시위로 인해 전국에 계엄령이 펴질 때 2군이 취할 조치를 확정했다. 대구에 있는 3개 공병대대와 3개 통신중대를 동원하여 경북도청, 경찰국, KBS 대구 방송국, 도지사 관사, 대구역을 점령하기로 했다. 동시에 대구 전신전화국의 전화선을 절단하여 외부와의 통신을 두절시키기로 했다.

▲ 4월 16일: 박정희의 쿠데타 계획에 반대하는 이한림 1군 사령관 예하의 참모 부서에선 작전처의 육사 8기 장교들을 중심으로 혁명 주체 조직이 형성되었다. 11명의 장교들은 이날 朴龍琪(박용기) 중령 집에 모였다. 이들은 서울에서 거사가 이루어지면 군사첩보대와 235수송중대 병력을 동원하여 이한림 장군의 숙소와 사무실을 포위하고 특공대를 편성, 그를 체포한다는 계획을 확정했다.

▲4월 17일: 월요일인 이날 박정희는 군용기편으로 서울로 올라왔다. 오후 명동 입구 아스토리아호텔 객실에서 박정희는 행정반과 작전반의 대표들인 김종필, 오치성, 이석제, 박원빈, 강상욱을 만나 이틀 뒤로 다가온 거사 준비 계획에 대한 보고를 받았다. 박정희는 "복잡한 계획보다는 간단하면서도 실천이 가능한 방법을 선택하라"고 강조했다. 박정희는 명동 강상욱 중령 집으로 옮겨 출동 부대 대표들을 접견했다. 박정희는 한 사람, 한 사람씩 불러내 악수를 하면서 "잘 해 봅시다"고 말했다. 다음날 박정희는 대구로 내려갔다.

▲4월 18일: 박정희는 대구에서 광주 육군항공학교 교장인 李元燁(이원엽) 대령을 불렀다. 이 대령은 강풍이 불어 다음날 가기로 했다.

▲4월 19일: 박정희는 2군 부사령관실에서, 서울의 주체 세력 장교들은 종로 부근 은성이란 음식점을 통째로 빌려서 대기하고 있었다. 그들은 4·19 혁명 1주년 기념식이 대규모 유혈 폭동으로 발전하여 장면 정부가 계엄령을 선포하면 출동하게 되어 있는 폭동 진압 부대를 그대로 쿠데타 부대로 전환시킬 준비를 하고 있었다. 모든 시나리오는 이날 대규모 시위가 벌어진다는 전제에서 출발하고 있었다. 그들은 또 김종필, 박종규가 공작한 비밀 학생 조직원들이 시위를 선동해 줄 것으로 기대하고 있었다. 이날 아침에 배달된 조간신문엔 '경찰은 民統系(민통계) 학생들이 4·19 기념 행진 때 反정부 시위를 선동할 것이란 정보를 입수, 특별 경비 태세에 들어갔다'고 보도했다.

박종규 소령은 이날 국제호텔 내의 '정글'이란 바, 서울 시청 앞 한일다방을 연락처로 정했다. 포섭한 학생들이 시위를 일으킨 뒤 박 소령에게 연락을 주면 박 소령은 김종필에게 보고하는 연락망을 만들었다. 이날 기념식은 화창한 봄 날씨에 약 3만 명의 인파가 모인 가운데 오전 10시부터 서울운동장 야구장에서 열렸다. 4·19 기념행사 학생준비위원회가 주최하고 윤보선 대통령, 장면 총리가 참석한 이날 행사에서 학생 대표는 선언문을 낭독했다.

〈민족 분열의 책임은 김일성에게만 있는 것이 아니라 모든 국민들이 가슴속에서 그 책임을 느껴야 한다. 동족상잔을 극복할 한국적 이념을 만들어내야 한다. 경제적 자유가 없는 곳에 정치적 자유가 있을 수 없다. 우리는 미국의 잉여 농산물에 의존하는 조건부 자유를 누리고 있다. 현 정부는 정권 유지에만 급급하고 있다〉

기념식을 마친 학생들은 광화문을 향해서 시가행진을 했다. '이 이상 못살겠다, 장 정권 물러가라'는 구호를 외치는 학생들도 있었으나 시위 행렬은 질서 있게 행진했다. 이 군중 속에는 약 2,000명의 사복 경찰관들이 박혀 있었다. 비공개 자료 〈5·16 혁명실기〉는 이렇게 묘사했다.

〈광화문에 도착한 행진 대열 속에서는 데모를 더 하려는 세력과 만류하는 세력 사이에서 트러블이 발생했다. 사복 경찰관들의 물 샐 틈 없는 포위 속에서 학생들의 행동은 제약되었고 봉쇄되고 말았다. 당시 정부는 4월 위기설을 극복하기 위하여 2억 환의 돈을 뿌렸다. 매수된 학생 간부들의 데모 방해는 광화문에 이르러서 눈에 띄게 나타났다. 사전에 인쇄하여 놓았던 2만 장의 삐라는 한 장도 뿌리지 못하고 말았다. 오후 5시가 지날 무렵 경찰이 비밀 조직의 학생 간부들을 체포하려 한다는 보고가 박종규에게 들어왔다.

지난 한 달 동안 많은 노력과 비용을 들여가면서 학생 훈련 공작을 맡았던 박 소령은 크게 실망하고 학생들의 무기력을 한탄했다. 하루 종일 거사 본부로 삼은 은성을 들락날락하던 장교들은 허전한 마음을 어디 비할 곳 없다는 표정으로 물러나야 했다. 그들은 '이제는 학생들을 믿을 수 없으니 우리 힘으로 初志(초지)를 관철시키자'고 다짐했다〉

美 CIA는 알고 있었다

비공개자료 〈5·16 혁명실기〉는 4월 19일의 데모 유치 계획이 실패한 데 대하여 아주 감상적인 묘사도 하고 있다.

〈광화문 거리에는 낮의 긴장을 풀어 주는 듯 봄비가 죽죽 내리고 있었다. 그때 이 비를 맞으면서 김종필 중령은 혼자서 밤거리를 걷고 있었다. 박종규 소령도 울분을 발산할 수 없어 광화문을 거닐고 있었다. 두 사람은 딱 마주쳤다. 두 사람의 마음을 위로해줄 것은 술밖에 없을 것 같았다. 어느 술집으로 들어갔다. 狂想的(광상적)인 관현악이 귓전을 어지럽게 하는 바였다. 술은 비통에 젖은 눈물을 삼켜주었다.

"내일엔 또 새로운 길이 시작될 테지."

술에 흠뻑 젖은 채 김종필은 박 소령과 헤어지고 화신 쪽으로 걸어갔다. 희다방에 들어갔다. 장태화가 거기에 있었다.

"장 형, 정말 울고 싶은 심정이오."

"울지 맙시다. 모든 것을 끝마치고 난 다음에 실컷 울어 봅시다."

김종필은 동지들의 연락처 은성으로 가려고 했다. 동지들은 술로써 눈물을 마시고 있을 것이다.

"지금 술 기분으로 그런 말을 하지 않는 것이 좋소. 오늘은 이대로 서로 헤어져야 합니다."

장태화가 만류했다. 두 사람은 한없이 보도를 거닐었다. 빗방울도 보도를 적시고 있었다〉

한편 박정희는 이날 대구 2군 사령부에 L-19 경비행기를 대기시켜 놓고서 서울로부터 "일이 터졌으니 상경하십시오"란 연락만 오기를 기다리고 있었다. 점심 때는 이원엽 육군항공학교장과 식사를 함께 했다. 그는 박정희의 부름을 받고 광주에서 경비행기를 타고 대구에 온 것이다. 이 자리에서 박정희는 혁명 계획을 설명하고 거사한 사실이 방송에 보도되면 항공기로 전단을 뿌려 줄 것을 요청했다. 이 자리에서 박정희는 "오늘은 무사히 넘어갈 것이다. 장면 정권이 학생들을 상대로 매수, 무마 공작을 폈다"고 말했다. 이날 오후 박정희는 부사령관실에서 혼자 기다렸다. 오후 3시 이주일 참모장이 박승규 통신참모, 박기석 공병참모를 데리고 방으로 들어왔다. 박정희가 말했다.

"오늘은 이대로 넘어가는 모양이군. 다음 기회를 만들어 봅시다."

4월 20일 서울에서 김종필, 이석제, 길재호가 대구로 내려왔다. 박정희는 이들에게 "폭동 진압 계획에 편승하려는 소극적 계획을 수정하여 적극적인 계획으로 돌려라"고 지시했다고 한다. 박정희 소장은 또 병력 동원 계획도 재정비하고 출동 부대 지휘관들로 하여금 지형 정찰을 해두도록 하라고 지시했다. 다음 거사일은 5월 12일로 잠정 결정했다.

김종필은 다음날 형 김종락의 약수동 집에서 행정반, 작전반 연석회의를 소집했다. 4월 23일엔 6관구 사령부 작전참모이자 쿠데타 작전반장인 박원빈 중령 집에 작전반원들이 모였다. 여기서 거사 출동 부대를 서울로 진입시키는 방안이 논의되었다. 6관구 사령부가 먼저 예하 부대와 배속 부대에 대해서 비상 훈련을 실시한다는 계획을 통보해 두기로 했다. 그렇게 해놓고 12일에 비상을 걸면 야간 비상 훈련을 가장한 출동이 가능해질 것이다.

1단계 비상 훈련은 5월 4일부터 10일까지 부대 내에서 자체적으로 실시한다. 2단계 훈련 계획은 5월 11일부터 30일 사이에 날을 잡아 실시하는데 6관구 사령부에서 불시에 비상을 걸면 각 부대는 '출동 차량에 기름을 넣고 출동 병력을 차량에 승차시킨 다음 명령을 기다린다' 는 것이다. 이 비상 훈련 계획으로 위장된 쿠데타군 출동 계획은 박원빈 중령이 작성, 서종철 6관구 사령관의 결재를 받아 30사단, 33사단, 공수단에 내려 보냈다.

박정희 소장의 쿠데타 모의는 이 무렵 미군 정보기관과 CIA(미국 중앙정보국)의 집중적인 감시를 받고 있었다. 당시 매그루더 주한 미군 사령관 보좌관은 짐 하우스먼 대령이었다. 국군의 창설 때부터 간여해 온 하우스먼은 한국군 수뇌부와 장면 총리로부터 신임을 받고 있었다. 장면 총리는 그에게 "군사관계의 자문을 해 달라"고 부탁했다. 하우스먼은 매그루더에게 이 요청을 전달했는데 매그루더는 그 부탁을 거절하라고 지시했다. 하우스먼은 박정희와 친한 편은 아니었지만 알고 지내는 사이였다. 그는 8군 사령관 옆방을 쓰고 있었다. 길만 건너면 육군본부. 박정희 소장이 육본 작전참모부장일 때는 가끔 부장실에 들러 말을 붙여 보려고 했다.

하우스먼은 자신의 회고록에서 1961년 3월 1일 한국군 내에 쿠데타 모의가 진행되고 있음을 매그루더 대장에게 보고했다고 썼다. 매그루더 대장은 적어도 한 차례 이상 장도영 총장에게 이 정보를 전해 주면서 "주의하라"고 충고했다는 것이다. 장 총장은 "한국군에 관한 한 내가 알아서 할 테니 걱정 말라"고 약간 반발적인 태도를 취했다고 한다.

기자가 문서로써 확인할 수 있는 최초의 쿠데타 관련 미국 측 정보 보고는 4월 21일자이다. 이날 미국 CIA 계획국 극동과가, 서울 지부로부터 받은 보고서를 기초로 하여 작성한 정보 보고의 요약문은 이러했다.

〈4월 21일: (비밀이 해제되지 않아 한 문장 삭제) 진행되고 있는 두 갈래의 쿠데타 모의 중 하나는 2군 부사령관 박정희 소장에 의해서 지도되고 있다. 다른 하나는 이범석 전 국방장관과 민족청년단[약칭 族靑(족청)] 단원들에 의해서 모의되고 있다. 사단장들을 비롯한 한국 육군 전체에 걸쳐서 쿠데타 계획이 논의되고 있다. 육군 수뇌부 인사들은 현 정치인들을 무능하고 부패한 집단으로 경멸하고 있으며 그들이 군대를 집단적으로나 개인적으로 상처받도록 환경과 조건을 조성하거나 허용했다고 믿고 있다.

4월 21일: (비밀이 해제되지 않아 한 문장 삭제) 군사 쿠데타의 가능성에 대한 요약. 명백한 위협이 존재한다. 하지만 정치의 안정, 폭력과 무질서의 진정, 경찰력의 증강은 쿠데타 기도를 저지시킬 수도 있을 것이다〉

4월 23일 CIA 극동과는 두 가지 보고서를 작성하여 알렌 덜레스 부장에게 보고했다.

〈4월23일: (비밀이 해제되지 않아 한 문장 삭제) 진지하게, 또 활발하게 쿠데타 모의를 진행하고 있는 무시 못 할 집단이 존재한다는 충분한 증거가 확보되었다. 이 집단은 울분에 차 있고 과격하며 목표 의식이 확고하고 전격적인 행동을 할 수 있는 인물들로 구성되어 있다.

4월 23일: 이 쿠데타 모의는 육군, 학생 집단, 그리고 개혁파들로부터

지지를 받고 있다. 박정희가 지도자인 것으로 추측되며 서종철 6관구 사령관도 가까운 지원자인 것 같다〉

이상의 CIA 정보 보고는 두 가지 오해를 하고 있다. 이범석과 족청계 장교들이 쿠데타 모의를 하고 있다는 첩보는 장태화를 비롯한 박정희 소장 측에서 퍼뜨린 역정보에 넘어간 때문으로 추측된다. 서종철 6관구 사령관은 쿠데타 모의를 모르고 있었다. 6관구 참모장(김재춘)과 작전참모(박원빈)가 모의 과정에 깊숙이 참여한 것을 서종철 사령관의 지지로 오해했을 가능성이 있다.

張都暎, "張勉은 모른다"

4월 24일 미 CIA 극동과가 서울 지부로부터 받은 정보 보고를 요약한 내용은 이러하다.

〈4월 24일: 장도영 육군 참모총장의 쿠데타 모의에 대한 견해. 장 장군은 박정희를 체포하고 싶어도 증거가 없다고 한다. 그는 박정희의 체포는 쿠데타를 촉발할 것이라고 믿고 있다. 그는 또 이범석과 족청계는 박정희의 쿠데타를 지지할 것이라고 생각하고 있다〉

4월 25일의 두 가지 보고서는 중대한 내용을 담고 있다.

〈4월 25일: 한국 육군 방첩대가 쿠데타 음모를 수사하고 있다. 만약 쿠데타가 4월 26일에 기도되지 않는다면 주동자들은 좀더 유리한 기회를 기다릴 것이다. 4월 24일 현재 장도영에 따르면, 장면 총리는 쿠데타에 대해서 모르고 있다. 그러나 한 신문 발행인이 4월 25일, 장면 총리에게 쿠데타에 관한 정보를 설명하기로 되어 있다.

4월 25일: (비밀이 해제되지 않아 최소한 한 줄 이상 비공개) 4월 24일에 장도영 총장과 한 시간 동안 만나서 쿠데타에 대한 제보가 우리 사무실에 들어 왔다고 말해 주었다. 그리고 우리는 이 정보를 신속히 매그루더 사령관에게 전달할 것이며, 매그루더는 이 문제로 장도영 장군과 의논하려 할 것이라고 귀띔해 주었다. 장도영은 일주일 전 박정희가 자신한테 한 말이 있다면서 급작스러운 거사는 임박하지 않았다고 말했다〉

4월 26일자 미 CIA 보고서는 묘한 느낌을 갖게 한다.

〈4월 26일: 장면 총리는 불만을 품은 군부 내의 한 집단이 어떤 종류의 쿠데타를 모의하고 있다는 요지의 소문들을 알고 있다. 그는 이런 說(설)들을 별로 중요하게 여기지 않고 있으며 상황이 그리 위험하지 않다고 생각하고 있다. 장면은 참모총장의 업무 자세에 대해서 만족하고 있다. 그는 장도영이 박력 있고 유능하며 미군 측의 존경을 받고 있다고 생각하고 있다. 그는 장 장군을 2년간 데리고 있을 계획이다〉

이상의 정보 보고는 CIA 서울 지부장 피어 드 실버가 장도영과 접촉하여 얻은 정보를 바탕으로 하고 있음이 확실하다. 이 보고서에 따르면 미 CIA 서울 지부와 장도영 총장은 박정희의 쿠데타 음모를 훤히 알고 있으면서 서로 정보를 교환하고 그 대책까지 서로 논의하고 있다. 더구나 장도영 총장은 자신과 미국 측이 알고 있는 이 엄청난 정보를 장면 총리한테는 보고도 하지 않고 있는 것으로 나타나 있다.

미국 CIA 보고서를 읽고 있으면 미군과 정보기관은 장면 총리가 장도영 총장에게 속고 있음을 알고도 경고하지 않고 구경만 하고 있다는 인상을 받게 된다. CIA 서울 지부장과 장도영이 한 패가 되어 매그루더와 장면의 눈을 가리고 무엇인가를 꾸미고 있다는 의구심마저 갖게 한다.

이런 의심과 관련하여 새겨둘 만한 것은 김종필의 증언이다.

"장도영 장군을 추대하여 미국 측이 쿠데타를 일으키려고 했다. 5·16 뒤 이 사실을 밝혀내 미국 측 공작원들을 추방하고, 양국 정부의 합의하에 덮어버렸다."

이 증언이 사실이라면 장도영은 박정희와 미국 양쪽으로부터 쿠데타 지도자로 추대받고 있었다는 얘기가 된다. 지금 미국에 살고 있는 장도영은 이런 주장을 부인하고 있다.

張勉(장면)은 5·16을 앞두고 벌어진 제2공화국 상층부의 희한한 상황을 이해하는 데 도움이 될 만한 기록을 남겼다.

〈5월 16일 일주일 전에 나는 군 일부에서 군사 쿠데타 모의가 진행되고 있다는 정보를 입수하였다. 그 전에도 2, 3차 다른 부류의 쿠데타 모의가 있다는 미확인 정보를 입수하고 비밀리에 內査(내사)케 한 일이 있었다. 내사 결과 쿠데타 모의가 전혀 없었는지 내사가 철저하지 못했는지는 알 수 없으나 하여튼 2, 3차 모의설은 불발이었다. 그러던 차 이것이 네 번째의 정보였다.

나는 당시 육군 참모총장인 장도영을 불렀다. 내가 입수한 정보는 박정희 소장을 주동으로 한 일부 군인들이 쿠데타 모의를 진행하고 있다는 것이었다. 내가 입수한 정보를 장도영에게 전하고 "이것이 어떻게 된 일인가" 하고 물었다. 내 말을 들은 장도영은 "천만의 말씀이십니다. 그런 일이 있겠습니까" 하고 태연한 대답이었다. 내가 입수한 정보는 막연한 것이 아니라 상당히 구체적인 것이었다. 대구 어느 중국 음식점에 몇몇이 모여 모의한 사실과 민간인 모 씨가 지금 조달을 위해 활약하고 있다는 내용도 알았다.

"염려 말고 안심하십시오"라는 말만 반복하는 대답이 불만스러워 나는 정색을 하고 그에게 말했다.

"참모총장이 먼저 알아서 나에게 보고해야 될 성질의 사건을 반대로 내가 참모총장에게 지시하고 있으니 책임지고 내사해 보시오."

"알아는 보겠습니다만 그럴 리가 없습니다."

나는 이 사건에 관련된 민간인도 확인해 보라고 검찰에 명했다〉

이 기록은 1966년에 희망출판사가 펴낸 《政界秘史(정계비사)─사실의 전부를 말한다》에 실려 있는 張勉의 수기에 들어 있다. 이 만남에 대한 장도영의 회고록의 일부도 소개한다(1984년 8월호 〈신동아〉).

〈4·19 혁명 1주년이 지난 후의 어느 토요일 오후, 총장 공관 바로 뒤에 있는 미 8군 골프장에서 골프 게임을 막 시작하려고 하는데 나의 부관 金東洙(김동수) 소령이 달려왔다. 총리실에서 속히 오라는 연락이 왔다는 것이다. 나는 총리 공관이던 반도호텔로 달려갔다. 비서실에 들어서니 지금 누가 와서 총리와 면담을 하고 있으니 좀 기다리라는 것이었다. 약 30분 가량 지나고 나서 총리실에서 나온 사람은 내가 알고 있는 어느 부인이었다. 그 부인은 오래 전부터 이범석 장군과 친근한 사람으로 알려져 있었다. 그 부인과 지나가는 인사를 하고 넓은 총리실에 들어서니 장면 총리 옆에는 李太熙(이태희) 검찰총장이 앉아 있었다. 총리께서 먼저 나에게 물었다.

"여보, 장 장군. 족청계 장교들이 쿠데타를 한다는데 알고 있소?"

나는 그런 설이 있어서 현재 조사를 하고 있다고 대답했다. 장 총리는 또 조금 소리를 높여 "내가 알기로는 그 음모가 상당히 진척됐다고 하던데 총장은 어떻게 생각하시오" 하고 물었다. 총리의 나에 대한 태도는 내가 무슨 잘못이나 한 것 같은 그런 느낌을 주는 것이었다. 나는 "좀더 면밀하게 조사하여 보고하겠습니다"라고 말하고 총리실을 나왔다. 승강기에 몸을 싣고 내려오면서 나보다 앞서 총리를 만난 그 부인이 무슨 이야기를 했길래 내가 총리실에 들어설 때부터 냉랭한 분위기였을까, 하는 생각을 했다. 그 후 나는 계속 족청계 군부 거사에 관한 정보 수집, 특히 확실한 증거 포착에 힘을 썼다. 그러나 증거가 될 만한 보고는 없었다〉

장면은 자신이 박정희 장군 중심의 쿠데타 모의에 대해서 조사해 보라고 지시했다는 것이고, 장도영은 총리가 족청계에 관한 정보를 주면서 조사를 지시했다는 것이다. 뒤에 나오지만 여러 증언들과 앞서 소개한 CIA 보고서를 종합하여 판단할 때 장도영의 증언엔 너무나 허점이 많다.

양다리 걸치기?

이날(1961년 5월 6일) 장면 총리가 장도영 총장을 부른 이유는 민주당 尹炳漢(윤병한) 의원이 중요한 제보를 했기 때문이다. 공보비서관 송원영이 질린 표정으로 찾아온 윤 의원을 총리실로 데리고 들어갔다. 윤 의원은 이렇게 말했다.

"큰일 났습니다, 박사님. 제가 잘 아는 吳(오)라는 사람이 있는데 金德勝(김덕승)이라는 사람과 친합니다. 공사가 있다 하여 대구로 갔는데 김덕승이 2군 부사령관 박정희 장군한테 데리고 가더랍니다. 공사는 주지 않고 박 장군은 '쿠데타를 하는 데 돈 500만 환만 대라'고 하더랍니다. 그 자리에서 거절하기가 곤란해서 '돈은 서울에 가서 주마' 하고 나왔대요. 만일 돈을 주면 자기도 쿠데타 모의에 관련되는 것이 아닌가 고민하다가 어젯밤에 저를 찾아와서 전모를 이야기하는 것입니다. 어떻게 된 것일까요."

이 보고를 들은 장면 총리가 검찰총장과 육군 참모총장을 부른 것이다. 그렇다면 총리는 박정희 장군을 거명하여 조사를 지시했을 것이다. 장도영의 주장대로 장 총리가 족청계만 수사하도록 지시할 리가 없다.

장도영은 자신의 회고록에서 박정희 소장의 쿠데타 모의에 대한 정보를 몇 차례 들었다고 기록했다. 5월 6일쯤, 즉 장면 총리로부터 쿠데타 모의설을 조사란 지시를 받은 무렵 육군 방첩부대 副부대장인 白雲祥(백운상) 대령이 자신의 집으로 찾아와 이런 보고를 하더란 것이다.

"박정희 소장을 중심으로 하는 군대 거사설이 박 장군에 대한 모함이 아니라 사실인 것 같습니다. 그리고 족청계 쿠데타설은 아직 그 계획이 진척되어 있는 것은 아니고 혹은 역정보인지도 모르겠습니다. 오히려 박 소장의 계획이 사실이며 그것이 더 많이 진척된 것 같습니다."

"무슨 증거라도 있는가."

"그게 문제입니다. 서울에서는 너무 복잡해서 그 증거를 잡기가 아주 곤란합니다."

"그럼 대구에 직접 내려가서 조사하는 것이 어떻겠소."

"그럴까요."

"여보, 이것은 중대한 문제이니 내일 당장 당신이 직접 내려가서 조사하시오."

4, 5일 후 백운상 대령이 다급하게 장도영 총장 집 현관으로 들어서더니 좀 흥분된 어조로 수집한 정보를 자세히 보고했다고 한다. 그 보고는 결론적으로 박정희 소장의 지휘하에 쿠데타를 하려 한다는 것은 확실

한데 그 세부 방법과 조직은 알 수 없다는 것' 이었다.

"여보, 2군 사령부 참모들은 박정희 소장을 포함하여 내가 잘 아는 사람들인데 그들이 그런 음모를 한다면 내가 전혀 모를 리가 없는데."

"조직은 주로 육군본부에 있고 모의는 2군 사령부 밖에서 이뤄지고 있습니다. 육본의 주모자들을 체포하여 조사하면 증거가 나올 것입니다."

"무슨 증거를 가져야지, 이 혼란한 시기에 장성들을 쿠데타 음모 혐의로 체포했다가 증거 불충분으로 질질 끌려가면 군의 내외가 어떻게 될 것 같소."

"증거라고는 박 소장이 잘 다니는 중국 요리집과 청수장이란 한식집에서 장교들과 식사를 하는 것뿐인데 어떻게 합니까."

"나도 대구에서 근무할 때 그 두 군데서 때때로 장교들과 같이 식사를 했는데 그것만으로 무슨 증거가 될까. 여하간 실제 모의에 관한 시일과 장소 내용, 또 조직 등 무엇이든지 간에 증거가 있어야 하지 않을까. 특히 장성들을 체포하려면…."

장도영이 이렇게 말하자 백운상 대령은 입을 다물고 조용히 생각에 잠기더라고 한다. 장도영은 다시 이렇게 말했다고 한다.

"백 대령, 좀 수고스럽지만 다시 대구에 내려가서 무엇이든 증거가 될 만한 것을 하나만이라도 잡아 오시오. 일거에 육본 내의 조직을 일망타진합시다."

백운상은 무슨 착상이 생긴 것같이 "알았습니다. 내일 새벽 대구로 다시 내려가겠습니다. 돌아와서 보고하겠습니다"고 하더니 일어서더라는 것이 장도영의 증언이다. 그 2, 3일 후 2군 사령부 인사참모 宋仁律(송

인율) 대령이 원효로에 있는 장도영 총장의 집으로 찾아왔다. 육사 5기 출신인 그는 두 번 장 장군의 직속 부하로 근무한 적이 있었다. 송 대령은 "박정희 장군을 중심으로 거사 모의를 한다는 소문이 있습니다"라고 했다. 장도영은 "그런 일이 있으면 속히 알려 주어야지"라고 나무란 뒤 "빨리 돌아가서 잘 알아보고 속히 보고를 해달라"고 지시했다는 것이다.

이상의 장도영 증언을 읽고 있으면 진행 중인 쿠데타 음모에 관해서도 철저하게 증거주의를 요구하는 장도영 총장의 인권 의식에 감동하기보다는 의구심을 갖게 된다. 쿠데타 음모의 증거는 관련자들을 일단 연행, 조사하면 저절로 나오는 것인데 내사 단계에서 증거를 요구하고 있으니 이상한 것이다.

미 CIA 보고서에 따르면 장도영 총장은 보름 전인 4월 24일에도 미국 정보 기관원에게 '박정희를 체포하고 싶어도 증거가 없다'고 말하고 있다. 쿠데타가 임박했다는 정보가 여러 군데서 들어오고 더구나 총리가 직접 그를 불러서 철저한 수사를 지시하고 있는 가운데 왜 장도영 총장은 증거론을 주장하면서 수사를 미루고 있었던가.

박정희가 주장했던 대로 4월 중순 장도영은 박정희로부터 자신을 지도자로 추대한다는 혁명 계획서를 받아 보았던 것은 아닐까. 그 자리에서 장도영은 "지금은 혁명할 시기가 아니다"라고 말린 뒤 '거사를 하면 혁명 지도자가 되고, 안 하면 그만'이란 양다리 걸치기의 심정으로 위험한 줄타기를 하고 있었다는 것이 박정희 측근의 거의 일치된 견해이다.

6관구 사령부의 참모장으로서 쿠데타 모의에 핵심적으로 참여하고 있던 김재춘 대령은 이런 기억을 갖고 있다.

〈박 장군이 장도영 총장에게 혁명 계획서를 들고 간 사이 나는 남강이란 음식점에서 기다리고 있었어요. 돌아온 박 장군은 "지금은 때가 아니라면서 서류를 서랍에 넣어버리더군"이라고 해요. 제가 "그러면 우리는 그만둘 겁니까"라고 했습니다. 박 장군은 "그만두기는 왜 그만둬"라고 버럭 소리를 질렀습니다.

제가 계속해서 "계속 그분을 지도자로 모시는 겁니까"라고 물었는데 묵묵부답이었습니다. 그 이후 장도영 장군은 일종의 이용 도구로 전락한 셈이지요〉

쿠데타 비호?

장도영 육군 참모총장에게 '박정희 소장 중심으로 쿠데타 모의가 진행 중이다'는 귀띔을 한 것은 총리, 미 8군 사령관, 그리고 현석호 국방장관이었다. 현 장관은 5·16 거사 열흘 전 국방부 조사대장 金在鉉(김재현) 장군으로부터 '박정희 소장이 쿠데타 모의를 하고 있는데 장도영 총장도 알고 있다는 정보가 들어왔다'는 보고를 들었다고 한다. 장관은 총장을 불러서 물었다. 물론 '장 총장이 비호한다는 말이 있다'는 부분은 묻어 두었다. 그런데 장도영 총장이 먼저 이렇게 말하더란 것이다.

"그럴 리가 없습니다. 박 장군에 대한 모략입니다. 심지어는 저도 가담했다고들 이야기하고 있습니다."

자신의 문제까지 드러내 놓고 부인하니 더 추궁할 수도 없었다.

"알았소. 5만의 미군이 있는데 누가 어리석게 자살 행위를 하겠소. 하지만 경계심을 가지고 한번 잘 조사해 보시오."

박정희 소장은 장도영 일파의 反혁명 사건 재판에 증인으로 나서서 증언하는 가운데 이런 말을 했다.

〈'증인(박정희)을 중심으로 쿠데타를 일으키려 계획 중이고 본인(장도영)도 이를 묵인하고 있다는 말이 미 8군의 귀에 들어간 모양인데, 이 말이 장 총리 귀에도 들어간 것 같아서 본인(장도영)이 그것은 모략이라고 말하였다' 운운〉

장도영 총장이, 장면 총리로부터 '박정희 소장을 중심으로 한 쿠데타 설이 있는데 조사하라'는 지시를 받고 박정희에게 그 사실까지 털어놓았다는 뜻이다. 김종필은 5·16이 성공한 뒤 장도영 중장이 최고회의 의장으로 있을 때 기자들에게 혁명 비화를 이야기한 적이 있다. 그 요지가 '혁명 경과보고'라는 문건으로 남아 있는데 이런 대목이 적혀 있다.

〈거사 계획 간에 별반 누구에게서나 의심은 받지 않았으나 정보가 여러 번 누설되었다. 참모총장에게 보고되는 우리들의 계획은 그때마다 묵살되어 위기일발로 모면되곤 하였고 8군 사령부에도 보고되었으나 참모총장께서 부인해 버렸다. 만일 장도영 장군이 아니었던들 우리들의 계획은 실패로 돌아가고 나라꼴이 이만저만이 아니었을 것이다〉

쿠데타 모의를 탐지하는 임무를 갖고 있던 육군 방첩부대는, 부대장 이철희 준장과 서울 지구 506부대장 이희영 대령부터가 박정희 소장의 쿠데타 모의를 총장이 비호하고 있다는 정보에 영향을 받아 과감하게 수사를 하지 못하고 있었다. 지금의 기무사처럼 방첩대가 국방장관 휘하였으면 장관과 총리에게 直報(직보)가 가능했을 것이지만, 육군 총장 아래에 있는 방첩대로선 직속상관의 눈치를 보지 않을 수 없었다.

비공개 자료집인 〈5·16 혁명실기〉에 따르면 이철희 준장은 1961년 4월, 모의 장교 중 한 사람인 육본 李鍾泰(이종태) 대령의 발설을 토대로 장도영에게 보고했다고 한다. 장도영은 "나와 박정희 소장에 대한 무서운 모략이다"고 극구 부인했다. 이 준장은 이로써 '장 총장이 쿠데타 계획을 알고 있구나' 하는 心證(심증)을 가지게 되었다고 한다. 그래서 이 사건을 더 확대하지 말도록 부하들에게 지시했다는 것이다. 이 사건의 진행과정을 자세히 들여다보자.

4월 하순, 육군본부 통근 버스 안에서 이종태 대령이 옆자리의 張世顯 (장세현) 중령(인사참모부 기획과)에게 과격한 말을 했다. 장 중령이 들어 보니 장면 정부에 대한 막연한 불평만은 아닌 것 같았다. 그는 출근하자 506방첩대장 이희영 대령에게 전화로 통근 버스에서 있었던 일을 알렸다. 이희영 대령은 이종태를 불렀다. 그는 머리를 썼다.

"이 대령, 쿠데타는 장도영 총장과 박정희 소장이 손을 잡고 준비하고 있는 걸 다 알고 있는데 안심하고 털어놔 봐요."

이렇게 하니 이종태 대령은 별다른 경계심 없이 자랑하듯 모의 장교들의 이름과 역할을 설명했고, 이희영 대령은 이를 토대로 조직도까지 작성할 수 있었다는 것이다. 이철희와 이희영은 박정희系(계)의 조직도와 함께 족청계의 거사설에 대한 정보까지 정리하여 장도영 총장을 찾아가서 보고를 하니 총장이 가로막았다고 한다.

"이미 내용은 잘 알고 있어. 설명할 것도 없어."

도표를 접어 들고 사무실을 나오려 할 때 장도영이 이희영 대령을 부르더니 "쿠데타 문제에 대해선 이 대령만 알고 있어. 누구한테도 발설해선 안 돼"라고 말하더란 것이다.

장면 총리에게 쿠데타 모의 정보를 제공한 요인 중에는 조폐공사 사장 선우종원도 끼어 있었다. 1952년 부산 정치 파동 때 장면 총리의 비서실장으로 있다가 이승만 정권의 탄압을 피해서 일본으로 망명했던 그는 4·19 뒤 귀국했었다.

4월 어느 날, 그의 방으로 3대 국회의원 宋宇範(송우범)이 찾아와 李成佳(이성가) 예비역 장군에게 들었다면서 한 장의 도표를 내놓았다. 명단 중에는 박정희와 김종필의 이름도 들어 있었다. 한때 반공 검사로 유명했던 선우종원은 "이 장군을 직접 만나 보자"고 했다. 그리하여 선우, 송, 이성가 세 사람이 '남강'이란 일식점에서 회동했다. 이성가 장군으로부터 정보를 확인한 선우종원은 반도호텔의 총리실로 가서 이를 보고했다.

이튿날 장도영 총장이 선우종원에게 전화를 걸어왔다. 장도영은 총리한테 쿠데타 음모에 대해서 알아보라는 말을 들은 과정을 설명한 뒤 "왜 나에게 직접 이야기해 주지 않고 총리한테 보고하느냐"고 항의했다. 선우종원은 "아니, 그런 중대사를 총리한테 보고하지 않을 수 있소" 하고 말한 뒤 전화를 끊었으나 왜 장면 총리가 자신의 이름을 댔는지 이해할 수 없었다고 한다.

장도영의 되풀이되는 부인에도 불구하고 그가 박정희의 쿠데타 모의를 알고도 방치했다는 증언은 너무나 많다. 한 5·16 주체 인사는 이렇게 말했다.

"장도영 총장은 박정희 소장의 쿠데타 계획을 알고는 있었지만 지지하지는 않았다. 그렇다고 박정희를 잡아넣을 배짱도 없었다. 당시 군내의 분위기에선 장도영의 지지 기반이 튼튼하지 않았다. 그는 이기붕의 사람으로 알려져 있어 젊은 장교들의 눈에는 정군 대상으로 비쳐졌다. 그도 이런 시선을 의식했을 것이다. 그런 그가 젊은 장교들로부터 절대적인 지지를 받고 있던 박정희를 잡아넣을 수는 없었다. 그는 박정희와의 氣(기), 勢(세) 싸움에서 이미 밀린 것이다."

장도영을 잘 아는 송원영은 이런 표현을 했다.

'장도영의 군인답지 못한 태도가 박정희의 군인 정신에 휩쓸렸다.'

白雲祥과 CIA 지부장 실버

CIA 서울 지부장 피어 드 실버는 퇴직한 뒤 쓴 《서브로자(Subrosa · 라틴어로 비밀이란 뜻)》란 제목의 회고록에서 미국이 5 · 16 前(전) 한국군 안에서 등장하고 있던 새로운 세력에 대해서 무지했었음을 반성하고 있다.

〈미국은 한국 장성들을 부패시켰다. 골프, 테니스, 포커, 칵테일파티를 통해서 미국은 한국 장성들이 한국의 전통과 문화, 그리고 한국인들의 소망에서 멀어지게 만들었다. 한국군에선 미국 고위층이 주최하는 사교 모임에 전혀 참석하지 않는, 소외되고 알려지지 않은 일단의 장교들이 있었다〉

최근 공개된 CIA 문서에 따르면 미국은 박정희 소장의 모의 과정을 늦어도 1961년 4월 21일부터 추적해 왔다고 기록되어 있다. 그러나 피어 드 실버가 1970년대 초에 쓴 회고록에선 5 · 16 며칠 전에 정보를 입수했다고 했다.

〈우리는 박정희 직속 참모의 일원인 어느 한국군 장교로부터 며칠 전에 군사 혁명에 관한 사전 제보를 받았다. 그 장교는 우리 지부의 요원과 친한 사이였다. 나는 매카나기 대사에게 이 사실을 보고했다. 그는 이 보고를 확인할 수 없으므로 당분간 기다려 보는 수밖에 없다는 태도를 취했다. 그는 내가 장 총리에게 통보해 주는 것을 허락했다. 나는 정보의 출처를 밝히지 않은 채 행동 개시 일자만이 확정되지 않은 상태라고 알려 주었다.

장 총리는 이 보고를 심각하게 받아들이는 것 같지 않았다. 몇 달 전부터 군사 혁명에 관한 루머들이 있었다. 군사 혁명의 가능성이 짙어 가고 있었기 때문에 나는 대사관 사택 제2단지 내에 있는 내 집에 작은 송수신 무전기를 설치하여 대사관 건물 옥상에 있는 전용 통신실과 연락할 수 있도록 했다. 통신실에는 2명의 무전사들을 배치하여 24시간 밤낮없이 근무하도록 조치했다〉

실버 지부장한테 이 정보를 제공한 사람이 누구인가. 실마리가 될 만한 것을 실버는 남겼다.

〈쿠데타가 성공한 뒤 그 전에 정보를 우리에게 제공했던 한국군 장교는 불안해했다. 그는 미국으로 탈출, 망명처를 구하겠다고 했다. 우리는 그를 도와주기로 했다. 그를 오키나와로 보냈다가 미국으로 데리고 갔다. 가족도 데려다 주었다. 얼마 뒤 고향이 그리워진 그는 박 대통령으로부터 면책 보장을 받은 뒤 한국으로 돌아가 지금 평화롭게 살고 있다〉

실버 같은 冷戰(냉전)의 戰士(전사)가 정보원을 사실대로 밝혔을 리는 없다. 그는 5·16 거사 며칠 전에 정보를 입수했다고 주장했으나 공개된 CIA 보고서엔 '4월 24일 전에 쿠데타 정보가 자발적으로 들어왔다' 고 되어 있다. 그의 記述(기술)엔 사실과 각색이 뒤섞여 있다. 그러나 실제로 혁명 주체 세력 가운데 미국으로 망명한 장교는 없다. 5·16 거사가 성공한 뒤 미군의 도움으로 가족과 함께 미국으로 피신한 사람은 오직

한 사람뿐이다. 장도영 총장을 찾아가 박정희의 쿠데타 모의에 대해서 보고했던 육군 방첩부대 부대장 백운상 대령. 5·16 직후 방첩대장으로 부임했던 김재춘(중앙정보부장 역임)은 이렇게 말했다.

"내가 방첩대로 갔더니 백운상 대령이 며칠간이나 보이지 않아요. 미 8군 정보부대에 문의했더니 자신들이 백 대령을 오키나와를 거쳐 미국으로 피신시켰다고 실토하더군요."

백운상 대령은 육사 3기 출신. 키가 크고 미남인 그는 육군 방첩대의 전신인 특무대의 대장으로 일하다가 암살되었던 김창룡과 동기였다. 백 대령은 1948년 육본 정보국에 특무대의 전신인 특무과가 만들어졌을 때부터 근무한 방첩부대의 터줏대감이었다. 5·16 무렵 방첩부대장이었던 이철희 준장은 첩보부대에만 오래 근무한 때문에 방첩 업무엔 어두운 편이었다. 이 때문에 발이 넓은 백운상 대령이 큰 영향력을 행사하고 있었다. 백 대령은 국군 수뇌부, 미군, 정치인들과 관계가 좋았다. 백운상은 장도영 총장에게 두 번이나 '박정희의 쿠데타 모의가 확실하다'고 보고했으나 '증거를 갖고 오라'는 말을 듣고 대구로 다시 내려갔다.

이 무렵 2군 사령부 인사참모 부서에 근무하고 있던 육사 8기 全在球(전재구·유정회 국회의원 역임) 중령은 방첩대 출신이었다. 그에게 어느 날 백운상 대령으로부터 "대구에 볼일이 있어 왔는데 퇴근길에 호텔에 들러다오"라는 연락이 왔다. 동인호텔로 찾아가 방첩대 시절의 상관을 모시고 나온 전재구는 저녁을 함께 했다.

백운상은 "박정희 장군이 요즈음 이상하지 않나"라고 캐물었다. 전재구 중령은 8기 동기생들의 움직임을 어렴풋이 짐작하고 있었다. 그는 딱 잡아뗐다. 백운상이 "내가 이번에 단단히 결심하고 내려왔다"고 말하는 것이 곧 강제 수사에 들어갈 태세였다. 전재구 중령은 "나도 방첩대 출신이라 좀 아는데 여기는 아무 일도 없으니 안심하고 돌아가십시오"라고 말하곤 헤어졌다.

1964년 정보부 국장이던 전재구는 미국에서 살고 있던 백운상 대령이 박정희 대통령에게 보낸 편지를 본 적이 있다고 한다. 자신이 미군의 도움을 받아 미국에 건너온 경위를 밝히면서 한국 정부에 협조하겠다는 뜻을 전하는 내용이었다는 것이다. 그 뒤 백운상 대령의 행방에 대해선 '홍콩에서 봤다'는 첩보 정도이다. 백운상과 함께 미국으로 갔던 가족은 귀국이 허용되어 왕래가 자유롭게 되었으나 백운상은 끝내 조국을 밟지 않았다고 한다.

1961년 4월 말로 접어들면 박정희는 거사 자금 문제로 골치를 썩인다. 불어난 모의 장교들의 모임이나 회식에 드는 비용도 적지 않게 필요했고, 특히 장면 총리의 체포를 책임진 박종규 소령의 공작에 돈이 적지 않게 들게 되어 있었다. 공수부대원들의 지원을 받기로 한 박 소령은 장면 총리가 사무실로 쓰던 반도호텔 습격을 준비하고 있었다. 박 소령은 호텔 안에 무역 회사 사무실로 위장한 방을 하나 얻어 총리를 감시하려고 했다. 그는 대구로 내려와 박정희 소장에게 돈 문제를 의논했다. 박정희는 돈을 만드는 재주가 별로 없는 사람이었다.

〈5·16 혁명실기〉는 '이즈음 각각으로 다가오는 시기의 성숙과 이에 대비해서 극도의 자금 조달 곤란이 박 소장으로 하여금 밤잠을 못 이루게 하였다'고 했다. 5월 3일 박정희는 부산으로 내려가서 대구사범 동기 황용주 부산일보 주필을 송도 덕성관에서 만났다. 군수기지사령부의 참모장 김용순 준장을 데리고 온 박정희는 황용주를 옆방으로 불러내더니 거사 계획을 설명하고는 이렇게 부탁하는 것이었다.

"급히 김지태 사장에게 부탁하여 500만 환만 융통해줄 수 없겠나."

황 주필은 난감했다. 부산일보 김지태 사장에게 자신이 그런 부탁을 할 처지가 아닐 뿐만 아니라 김 사장이 과연 성공이 불확실한 쿠데타 계획에 돈을 댈 것인지 자신을 가질 수도 없었다. 박정희는 대답을 망설이는 황용주에게 이런 말을 덧붙였다.

"김 사장에게는 서울의 모 장성이 요청한다고 말하든지 그래도 반응이 없을 때는 쿠데타 계획을 약간만 비쳐 주어도 괜찮다."

"가능성이 희박하지만 어떤 계기를 만들어서 이야기해 보지."

擧事 자금

박정희로부터 '혁명 자금 500만 환만 김지태 부산일보 사장에게서 얻어 달라'는 부탁을 받은 황용주 주필이 김 사장에게 그 뜻을 전하지 못하고 있는 사이 쿠데타가 발생했다. 김지태가 그런 부탁을 전달받았다면 어떤 태도를 취했을지는 알 수 없다. 김지태 사장은 5·16 직후 밀수 혐의로 구속되고 부산일보와 문화방송의 운영권을 빼앗긴다. 협조해 주지 않은 데 대한 혁명 주체들의 보복이란 주장이 있다. 협조 요청을 받은 적이 없는 김지태 측으로선 할 말이 많을 것이다.

혁명 모의 자금을 마련하러 다닌 것은 박정희, 김종필, 그리고 민간인으로 참여한 김용태(공화당 원내총무 역임)였다. 김종필이 혁명 성공 후에 실토한 거사 자금 총액은 985만 환. 박정희가 네 차례에 걸쳐 총 40만 환을 냈다. 김종필이 제대비 90만 환을, 이주일 2군 참모장이 50만

환, 유원식 대령이 10만 환, 길재호 중령이 40만 환, 길 중령의 친구인 高鎭泳(고진영) 예비역 중령이 구멍가게를 판 돈 45만 환, 김용태가 150만 환, 실업가 南相沃(남상옥)이 550만 환을 냈다는 것이다.

당시 쌀 한 가마가 1만 8,000환, 금 한 돈쭝이 8,000환이었다. 거사 자금 985만 환은 요즘 가치로는 1억 원 남짓하다. 그런 거사 자금으로 나라를 얻었으니 가장 효과적인 투자였던 셈이다. 박정희의 지도력과 민심·군심의 뒷받침 때문에 돈으로 누구를 매수할 필요가 없어 돈이 많이 들지 않았다는 것이다.

민간인들 가운데 가장 많은 자금을 댄 사람은 중견 실업인 남상옥(뒤에 타워호텔 소유자)이었다. 그는 4·19 후에 유원식 대령을 통해서 박정희와 인사를 나누는 사이가 됐다. 박정희가 구상하는 혁명에 대해서 조언을 할 정도로 서로 믿는 사이로 발전했다. 1961년 3월 28일 김종필이 박정희의 私信(사신)을 갖고 삼화빌딩 309호실로 남상옥을 찾아왔다. 남씨는 편지를 펼쳐 읽어 보았다.

〈국내 정국은 日益複雜(일익복잡)과 多難(다난)을 조성하고 있고 사회 풍조는 혼란과 허탈 일로를 줄달음하고 있을 뿐 조국과 민족의 前途(전도)에 암담한 憂愁(우수)가 뇌리를 去來(거래)할 뿐입니다. 然(연)이나 上帝(상제)께서 헐벗고 가난한 이 나라 이 백성을 완전히 저버리지 않는 한 또한 우리들 자신이 자립 갱생하겠다는 개척의 정신이 완전히 소멸되지 않는 한 낙심과 실망할 필요는 없을 것이며 이런 시기일수록 大義(대의)를 위하여 大勇(대용)을 분발해야 할 시기라고 확신하는 바입니다. 금일 이 서신을 지참하는 김종필 군은 弟(제)와 모든 것을 상의할 수 있는 知己之友(지기지우)이며 또한 弟의 姪壻(질서·조카사위)입니다.

目下(목하) 弟가 추진하고 있는 사업을 위하여 金 君편에 자금을 좀 보내주시기 바랍니다. 情長紙短(정장지단)하와 이만하고 拜眉之機(배미지기)로 미루고 더욱 保重(보중)하시고 건투하시기 祈望(기망)하오며 擱筆(각필)하나이다.

朴正熙 拜上〉

이날 남상옥은 김종필에게 120만 환을 건네주었다. 4월 4일엔 박정희가 직접 남상옥의 사무실을 찾아왔다. 남 씨는 또 100만 환을 주었다. 그뒤 두 차례 김종필에게 100만 환씩 주었다. 5월 13일 박정희는 남상옥을 집으로 불러 "5월 16일에 결행하기로 했으니 마지막으로 부탁한다"고 했다. 그날은 토요일이라 갑자기 돈을 구할 수 없었던 남상옥은 일단 사무실로 돌아가서 400만 환을 구해서 김종필 편으로 보냈다. 남 씨는 월요일인 5월 15일에 다시 100만 환을 보냈다. 5월 14일 혁명 주체들의 마지막 작전회의 때 김종필이 "식구들에게 양식이라도 사 줍시다"라면서 돌린 돈은 남상옥이 낸 것이었다(이상의 액수는 〈5·16 혁명실기〉에 기록된 것인데 김종필이 기억한 액수와 다소 차이가 있다).

돈을 만드는 재주가 없었던 박정희는 대구에서 김덕승이란 민간인한테까지 도움을 요청한다. 1961년 3월, 박정희는 그에게 200만 환만 구해 달라고 했다. 김덕승이 며칠 뛰어보다가 구할 수 없다고 보고하자 이번엔 다시 300만 환을 구해 달라고 하는 것이었다. 5월 1일 김덕승은 다시 빈손으로 박정희를 찾아가서 자신의 무능을 호소했다. 박정희는 무서운 표정을 짓고는 "여보 김 형, 무슨 수를 써서라도 500만 환만 마련해 주시오"라고 부탁하는 게 아닌가.

김덕승은 서울에서 한양산업주식회사란 건설업을 경영하는 吳仁煥

(오인환) 사장이 떠올랐다. 박정희의 양해를 얻어 '군 불하물자가 있으니 급히 내려오라'는 요지의 전보를 쳤다. 김덕승은 대구로 내려온 오인환을 박정희에게 인사시켜 준 뒤 '혁명 자금을 보태라'고 말하는 실수를 저지른다. 이 말에 겁을 집어먹은 오 사장은 서울로 돌아오자마자 아는 국회의원을 찾아가서 쿠데타 음모를 제보하고 장면 총리한테까지 이 정보가 들어간다.

5월 12일을 거사일로 결정하고 준비 작업이 막바지로 치닫던 4월 말, 4·19 학생 데모 유치공작을 맡았다가 실패한 박종규 소령은 그 일의 뒤치다꺼리로 골치를 앓고 있었다. 4월 24일 포섭했던 한 대학생이 박종규를 찾아왔다.

"경찰이 우리가 시위를 일으키려 했다는 것을 탐지하고는 쫓고 있습니다. 어디 좀 숨겨주십시오."

박종규는 2만 환을 건네주고는 보냈다. 이때 이낙선 소령이 오더니 "김종필 선배가 좀 보자고 한다"고 했다. 따라간 곳은 명동 사보이호텔의 객실. 김종필은 박종규에게 신경질을 냈다.

"아직도 학생들과 손을 끊지 않았나?"

"간부급과는 계속 접촉하고 있습니다."

"오늘도 만났어?"

"한 30분 전에 만났습니다."

김종필은 동화통신에 난 기사를 보여주었다.

'모 예비역 육군 중령이 조종하는 정부 요인 암살단 간부 학생 한 명이 치안국에 체포되었다'는 기사였다. 김종필과 박종규는 자신들이 포섭했던 학생 중 한 사람이 경찰에 붙들려 진술한 것이라고 지레 짐작했다. 박 소령은 다섯 명의 간부급 대학생들을 불러 모았다. '경찰에 붙들려 갈 때는 각자 가공의 인물을 만들어 배후 조종자라고 대라'고 지시했다. 며칠 뒤 동화통신에 보도된 기사의 주인공은 과대망상증 환자로 밝혀졌다.

4월 26일, 김종필은 박종규 소령을 대구로 보내 반도호텔 내 장면 총리 사무실의 정찰에 필요한 자금을 구해 오라고 했다. 그날 저녁 박 소령은 박정희 소장의 관사를 찾아갔다.

"반도호텔에 사무실을 하나 내놓고 장면 총리를 감시하려고 합니다. 아무래도 돈이 좀 필요할 것 같습니다."

"김덕승한테 부탁을 해놓았는데 오늘 오후에 오더니 어렵겠다고 하더군."

마침 그때 영천에 있는 육군정보학교장 한웅진 준장이 박 장군을 찾아왔다. 박정희는 한 준장에게서 3만 환을 빌려 차비에나 보태 쓰라면서 박 소령에게 주었다. 박종규는 그날 밤을 박정희의 관사에서 보내고 다음날 빈손으로 서울로 돌아왔다.

延期

박정희 2군 부사령관에게 자금을 얻으려 대구로 내려갔다가 4월 27일 빈손으로 올라온 박종규 소령은 상경 즉시, 명동의 자유중국 (대만)대사관 앞에 있던 왕실다방으로 갔다. 김종필과 김용태가 기다리고 있었다. 딱한 이야기를 듣고는 김용태가 나서서 돈을 구해 보겠다고 했다.

다음날 박종규는 신당동의 박정희 장군 집으로 갔다. 상경한 박정희가 혹시 돈을 만들어 가져왔는가 싶어 갔더니 해병대의 김동하 예비역 소장이 와 있었다. 세 사람은 장면 총리 체포 계획을 의논했다.

그 다음날 김종필은 박종규 소령을 데리고 김동하 장군 집을 찾아갔다. 반도호텔 안에다가 무역 회사 사무실을 하나 내고서 자연스럽게 총리를 감시하기로 했다. 무역 회사 사장으로는 김동하가, 전무로는 박종규가 위장하기로 했다.

반도호텔 내에 사무실로 위장한 거점을 마련하여 장면 총리의 거동을 감시한다는 계획은 결국 돈을 구하지 못해 그만두었다. 박종규는 그 대신 호텔 내부의 정밀 정찰에 들어갔다. 당시 그는 가짜 사진기자 신분증을 소지한 채 카메라까지 메고 다녔다. 덕분에 호텔의 엘리베이터, 비상 계단을 이용하면서 지형 정찰을 자연스럽게 할 수 있었다. 장면 총리가 쓰는 808호실로 올라가려면 승강기와 계단을 이용해야 했다. 7층에서 8층으로 통하는 문은 잠겨 있으나 쉽게 돌파할 수 있다는 판단을 내렸다. 건물 양쪽에 붙은 철제 비상 사다리는 밤에는 지상에서 2m쯤 높이에 들려 있었다. 박종규는 808호실 부근의 복도를 배회하다가 사복 경찰관에게 두 번이나 검문을 당했다. 박 소령은 그때마다 기자를 사칭했다.

총리는 방 4개를 쓰고 있었다. 그 옆방을 무턱대고 두드려 보았다. 일본 기자가 투숙하고 있었다. 박종규는 "전화 좀 씁시다"라고 말한 뒤 방에 들어가 내부 구조를 살펴보았다. 호텔 2층 모퉁이엔 통신실이 있다는 것도 확인했다.

5월 3일, 대구 박정희 소장의 관사에서는 중요한 모임이 있었다. 5·16 쿠데타 작전의 작전참모역을 하던 박원빈 6관구 사령부 작전참모, 수도권에 위치한 33사단 작전참모 오학진 중령, 30사단 작전참모 이백일 중령이 박정희와 머리를 맞대었다. 4월 말부터 2군 사령부에서 있었던 비상 훈련에 참여한 세 장교들은 자연스럽게 박정희를 찾아본 것이다. 이 자리에서 박원빈은 "거사일을 5월 12일에서 5월 16일로 연기하는 것이 어떻습니까"하고 건의했다. 그는 "제가 5월 13일부터 16일까지 주번 사령으로 근무하기 때문에 출동 명령을 내리기가 좋습니다"라고 덧붙였다. 박정희는 "생각해 보자"고 했다.

5월 6일, 박정희는 안동 주둔 36사단장 尹泰日(윤태일·서울 시장 역임)과 宋贊鎬(송찬호) 준장을 대구로 불렀다. 이 자리에서 윤태일이 "지금 결행하는 것은 다소 빠른 느낌이 든다"고 했더니 박정희는 "빠를수록 좋다"고 했다. 박정희와 거의 일심동체처럼 움직이던 이주일 2군 참모장은 통신참모 박승규 대령에게 "5월 중순에서 늦어도 하순 사이엔 거사한다"고 암시를 주었다.

5월 8일, 박정희는 부산으로 내려가 군수기지사령부 참모장 김용순 준장을 만났다. 거사 날짜가 임박했음을 알리고 "부산 지역을 책임져라. 방송이 나가면 부대를 동원하여 상황을 장악하라"고 지시했다.

5월 9일, 박정희는 서울로 올라왔다. 그날 오전에 김종필은 이종태 대령의 발설로 방첩대가 5월 12일 거사 계획을 알게 되었다는 판단을 했다. 이날 밤 10시 아스토리아호텔 객실에서는 긴급회의가 열리고 있었다. 박정희 장군을 비롯, 김종필, 오치성 대령, 김동환 중령, 김형욱 중령, 신윤창 중령, 이낙선 소령이 모였다. 이 모임에서 박정희는 일단 5월 12일 거사를 중지하기로 결정하고 대구로 내려갔다.

5월 12일, 박정희는 다시 대구에서 상경했다. 이 무렵 최경록 2군 사령관은 미국으로 장기간 출장 중이었으므로 박정희의 행동은 자유로웠다. 대구를 떠나기 전, 박정희는 광주의 육군항공학교장 이원엽 대령에게 전화를 걸었다. '대구로 와서 이주일 참모장을 만나라'는 내용이었다.

박정희를 태운 경비행기는 고향인 선산과 금오산 위를 날았다. 박정희는 이것이 고향을 마지막으로 보는 일이 될지도 모르겠다고 생각했다. 박정희는 경비행기를 5군단 비행장에 내리게 했다. 미리 연락을 받은 5사단장 채명신 준장이 비행장에 나와 있었다. 박정희는 "이제 준비는 끝났다. 곧 연락을 줄 것이니 출동 준비를 하고 대기하라"고 지시하고는 서울로 향했다.

박정희는 서울에 도착한 뒤 주체 장교들과 잇따라 만났다. 일본 음식점 남강으로 김재춘 6관구 참모장, 박치옥 공수단장, 송찬호 준장, 김종필을 불렀다. 김재춘은 이날 오전까지도 이날 밤으로 예정된 거사일이 연기된 줄은 모르고 박정희 장군으로부터 연락이 오기를 기다리고 있었다. 오후 3시쯤 박정희의 전화가 왔다.

"오늘은 틀렸어. 최종적으로 날짜를 잡고 의논도 할 겸 남강으로 나와요."

김재춘이 남강으로 들어가는데 방첩부대장 이철희 준장과 서울 지구대장 이희영 대령이 식사를 하고 있는 게 목격되었다. 김재춘은 '이들이 벌써 낌새를 차렸군' 하고 박정희에게 귀띔했다.

"별것 아닐 거야. 저희들끼리 식사하러 왔겠지."

박정희는 장도영 총장을 지도자로 모시려고 공작한 것이 잘 안 되고 있다고 걱정했다. 송찬호는 "장도영 총장에게 다녀왔는데 도무지 이야기가 안 되던데요"라고 했다고 한다. 박정희는 이런 말로 결론을 내더라고 한다.

"장도영 장군이 동의하든 안 하든 계획대로 한다. 그러나 장도영 장군 명의로 혁명한다."

이런 증언으로 미루어 장도영 총장은 박정희의 쿠데타 모의를 잘 알고 있었지만 지도자가 되어 달라는 권유엔 응하지 않았던 것으로 보인다. 그렇다고 자기를 쿠데타 지도자로 모시겠다면서 일을 꾸미고 있는 박정 희를 집아넣을 만한 결단력도 없었다.

박정희는 이 자리에서 5월 16일 새벽 3시를 'D데이 H아워'로 하기로 결정하였다. 혁명 주체 장교들은 15일 밤 11시까지 6관구 참모장실에 모여 박 장군의 지시를 받기로 했다. 박정희는 12일 밤에 김동하 장군 집으로 갔다. 해병여단장 김윤근 준장이 와 있었다. 박정희는 5월 16일로 거사일이 확정되었다고 알려 주었다.

박정희 소장은 이날 육사 8기 중심의 영관급 장교들을 불러 모아 5·12 거사의 연기와 새로운 거사일에 대해 의논했다. 이석제 중령이 말했다.

"각하, 거사일이 늦어지니 정보가 누설될까 걱정입니다. 동지들도 불안해져 잠을 못 자는 형편인데 언제 혁명하실 작정입니까."

박정희는 씩 웃으면서 이석제의 손을 끌어당겼다. 그러고는 손바닥에다가 손가락으로 5·16이라고 썼다.

검찰총장, '박정희 체포 건의'

토요일인 5월 13일, 혁명 주체 장교들은 저마다 점검과 확인으로 바빴다. 부산의 군수기지사령부 참모장 김용순 준장은 작전참모와 본부사령을 불러 거사 계획을 털어놓고는 "혁명 방송이 나가면 본부를 장악하라"고 지시했다. 1군 사령부의 李鐘根(이종근·국회의원 역임) 중령은 서울로 올라와서 유승원 대령을 만났다. 유 대령은 "2~3일 안으로 거사할 것이고 인편으로 알려줄 것이니 밤차로 귀대하여 대기하라"고 말했다. 대구 2군 사령부에서 이주일 참모장은 논산훈련소 崔泓熙(최홍희) 소장에게 전화를 걸어 "한 대령을 내일 중에 대구로 보내 달라"고 했다. 최홍희는 일찍부터 혁명 주체 세력으로 포섭되어 있었다.

이원엽 육군항공학교장이 광주에서 날아왔다. 이주일은 박정희가 써 놓고 간 편지를 이 대령에게 건넸다. 펴 보니 '조국의 장래와 민족의 운명을 건 이 유신대업에 동참하고 수일 후 서울에서 감격의 악수를 나누자'고 적혀 있었다.

박치옥 공수단장도 김제민 대대장과 차지철 대위 등 중대장들을 불러 거사일이 임박했다고 통보하고 정부 요인 체포 계획을 알려 주었다. 해병대도 이날 김동하 장군 집에서 회의를 했다. 김윤근 해병여단장과 출동 대대장 오정근 중령을 부른 김동하 장군은 거사 날짜가 16일로 확정되었음을 통보했다.

5월 13일 저녁, 서울 옥인동의 '백양'이란 요정에 장도영 육군 참모총장, 민주당 金在淳(김재순·국회의장 역임) 의원, 선우종원 조폐공사 사장, 송원영 총리 공보비서관이 모여 식사를 하고 있었다. 송원영의 기억에 따르면 김재순은 단도직입으로 이렇게 물었다고 한다.

"박정희라는 소장의 쿠데타 음모설이 있는데 참모총장은 총리께 보고했는지요?"

"오늘 낮에 총리께 보고드렸습니다. 박정희 소장은 나의 꼬붕입니다.

형님, 참모총장을 못 믿겠습니까?"

"하긴 참모총장을 못 믿고 누굴 믿겠소? 옛날 신하는 군주에게 충성했지만 현재의 군인은 헌법에 충성해야 하지 않겠소. 합헌적 정부를 전복하려는 쿠데타 기도를 총장이 책임지고 분쇄해야 합니다."

송원영이 보니 장도영은 매우 당황한 듯 보였다고 한다. 그날따라 장도영은 무슨 고민이 있는 얼굴을 하고 술도 많이 마시지 않았다는 것이다. 장도영은 방바닥에 벌렁 눕더니 "형님, 정말 못 해먹갔어요"라고 했다. 송원영은 일주일쯤 전에 윤병한 의원으로부터 들은 김덕승 건을 상기시켰다. 장도영은 "그에 관해선 총리로부터 이미 이야기를 들었는데 대수롭지 않은 사건이다"라고 하더란 것이다. 이들은 이날 일찍 자리를 떴다. 장도영 총장이 "어디 갈 데가 있다"면서 총총히 일어서 나갔기 때문이다. 장도영은 선우종원에게 "내일 골프나 칩시다"라고 했는데 선우종원은 냉정하게 거절했다.

장도영은 장면 총리의 '박정희 쿠데타 기도설에 대한 조사 지시'에 대하여 "낭설이다"라고 보고했으나 같은 지시를 받은 검찰은 제대로 수사를 하고 있었다. 이태희 검찰총장은 서울지검 金洪洙(김홍수·대한변호사협회 회장 역임) 부장검사에게 수사를 맡겼다. 김 부장은 박정희로부터 500만 환의 거사 자금을 마련하도록 부탁받았던 김덕승에게 미행을 붙였다.

김홍수에 따르면 김덕승이 박정희 집에 출입하는 것도 확인했다고 한다. 검찰은 5월 12일 오전에 김덕승을 체포했다. 김홍수는 김덕승이 조사를 받고 있던 남대문 근처의 한 호텔로 가서 김을 만났다. 〈5·16 혁명실기〉에는 김덕승이 수사관의 문초를 받고도 끝까지 비밀을 지켰다고 적혀 있으나, 김홍수의 증언에 따르면 그는 죄다 털어놓았다고 한다. 김홍수는 내란음모죄로 그를 구속하면 사회에 너무 큰 충격을 줄 것 같아서 우선 사기미수 혐의로 구속했다. 그러고는 이태희 검찰총장을 찾아갔다. 김홍수는 '박정희 쿠데타 음모설은 사실로 판명되었다' 고 보고했다.

"이 총장은 보고를 듣더니 '내가 이미 아무 일도 아니라고 장면 총리에게 보고했다' 고 합디다. 저는 '아닙니다. 이번만은 틀림이 없습니다' 라고 했습니다. 나를 앉으라고 하더니 이 총장은 장도영 총장한테 전화를 걸더군요. 이 총장은 장도영에게 '검찰에서 수집한 정보에 따르면 박정희 소장이 쿠데타 모의를 하고 있는 것은 사실이다' 고 말했어요. 그렇게 한 15분쯤 앉아 있는데 장도영한테서 전화가 왔습니다. 장도영은 이 총장에게 대략 이런 말을 한 것 같습니다.

'내가 대구의 박정희 소장에게 전화를 걸어 물어 보았는데 전혀 그런 뜻이 없다고 합니다.'

이 광경을 보면서 저는 이 총장과 장 총장이 쿠데타 모의 문제를 신중하지 않게 다루고 있구나 하는 느낌을 받았습니다."

김홍수 부장검사는 5월 13일엔 경찰로부터 결정적인 정보를 입수했다. 경찰에서 군부대 사이의 전화를 감청하고 있었는데 부대의 움직임이 쿠데타를 준비하고 있다는 확신을 갖게 한다고 보고하는 것이었다. 김홍수는 이 정보를 가지고 이태희 총장실로 달려갔다. 이태희 총장은 김 부장의 보고를 받더니 얼굴이 확 붉어지더라고 한다. 이 총장은 장면 총리가 머물던 반도호텔로 달려갔다.

총장의 긴급 보고를 들은 총리는 장도영을 불러들였다. 이태희 변호사의 기억에 따르면 장도영은 손을 저으면서 "내가 알아보았는데 군에는 별일이 없습니다"라고 말하더란 것이다. 이태희 총장은 "나는 군에 관련된 권한이 없으니까 당신이 조치하시오"라고 말했다고 한다.

육군 방첩부대 산하 506서울 지구 대장 이희영의 증언에 따르면 이날 저녁 506방첩대장실에서 '박정희 체포문제'를 협의하기 위한 회의가 열렸다. 이철희 방첩부대장, 이희영 대령, 그리고 이태희 검찰총장이 참석했다고 한다.

이태희 총장은 그간의 수사결과를 설명하면서 "박정희는 지금 서울에 올라와 있는 모양이니 빨리 잡으시오"라고 재촉했다. 이희영은 "장성 체포는 국방장관이나 참모총장의 내락을 받아야만 가능합니다"라고 대답했다고 한다. 이철희는 이날 밤 참모총장 공관으로 장도영을 찾아갔다는 것이다. 이태희 총장의 구속 요구를 전달하자 장도영은 "좀더 두고 봐"라고 했다는 것이다.

이희영은 박정희가 대구에서 상경한 5월 12일부터 방첩대의 4인 1조 미행 팀을 박정희에게 붙여 놓고 24시간 감시를 하고 있었다. 거사일이 12일에서 15~16일경으로 연기된 것도 알고 있었다. 모의 장교들 속에 방첩대 협조자가 있었던 것이다. 그러나 장도영 총장이 박정희를 끝까지 비호함으로써 장면 정부는 박정희의 쿠데타를 저지할 수 있는 최후의 기회를 놓치고 만다.

3 혁명 前夜

307

朴正熙 3 – 혁명前夜

지은이 | 趙甲濟
펴낸이 | 趙甲濟
펴낸곳 | 조갑제닷컴

초판 1쇄 | 2007년 4월16일
개정판 2쇄 | 2018년 5월23일
개정판 3쇄 | 2022년 1월22일

주소 | 서울 종로구 새문안로3길 36
전화 | 02-722-9411~3
팩스 | 02-722-9414
이메일 | webmaster@chogabje.com
홈페이지 | chogabje.com

등록번호 | 2005년 12월2일(제300-2005-202호)

ISBN 979-11-85701-15-8

값 12,000원

*파손된 책은 교환해 드립니다.